TEMPÊTE SOUS UN CRÂNE

L'Amérique en guerre (2003-2006)

SÉBASTIEN FUMAROLI

TEMPÊTE SOUS UN CRÂNE

L'Amérique en guerre (2003-2006)

Éditions de Fallois
PARIS

© Éditions de Fallois, 2007
22, rue La Boétie, 75008 Paris

ISBN 978-2-87706-615-0

AVANT-PROPOS

L'Amérique en guerre ? Oui, mais vous ne trouverez pas ici un reportage sur les kamikazes de Bagdad ou les djihadistes de Falludjia.

Tempête sous un crâne ? Oui, mais il s'agit du crâne de ces surdoués américains que les universités et les fondations d'outre-Atlantique entretiennent sur un grand pied pour penser, pour fournir leurs idées aux deux grands partis rivaux, les démocrates et les républicains, et à leurs courants internes, et éventuellement pour leur gagner l'opinion par leurs livres, leurs articles, leurs conférences payantes. Tous ont reçu l'éducation que réservent aux meilleurs, de Harvard à Chicago, de Cornell à Princeton, les prestigieuses universités américaines de l'Ivy League. En retour, ils se sentent investis de la responsabilité de la conduite de l'Amérique impériale.

Il est indéniable que leur réflexion est consacrée à l'examen inquiet et sans cesse renouvelé d'une question difficile où l'erreur est humaine : celle du meilleur usage que l'Amérique doit faire de sa puissance. « Une grande politique, a écrit Kissinger dans sa thèse consacrée au congrès de Vienne, se nourrit de création continue, elle redéfinit constamment ses objectifs. » Depuis le début de la guerre d'Irak, et surtout depuis qu'elle tourne mal, cette élite engagée alimente aux États-Unis un débat contradictoire sur la politique de l'administration Bush. Ce sont les bruits et les fureurs de l'intelligence américaine en conflit avec elle-même que vous trouverez dans ce livre.

J'entends l'objection : l'Amérique profonde nourrit depuis toujours une méfiance instinctive contre ce qu'elle appelle les *eggheads*, et qu'on appelle en Europe les « intellectuels », c'est-à-dire les penseurs qui prétendent orienter l'opinion publique, et participer aux grandes décisions politiques du pays. Elle est convaincue que ces « têtes d'œuf » sont une spécialité européenne, que leur influence a toujours été néfaste au Vieux Continent, et qu'il vaut mieux s'en passer. Il y a peut-être un fonds de sagesse à leur méfiance, mais il n'en est pas moins vrai que leurs grands journaux, hebdomadaires et revues de la côte Est, exercent un vrai pouvoir sur l'opinion américaine, qu'ils entretiennent un débat permanent qui tient en haleine tout l'establishment washingtonien, à la recherche du meilleur pour leur patrie.

Aussi m'a-t-il semblé utile d'explorer les différentes facettes de ce débat intellectuel et moral, au moment où la déroute irakienne le rend particulièrement anxieux, pour mieux comprendre d'où venait et où allait cette Amérique en guerre. Au moins aussi important que de prendre la température des provinces reculées de ce pays-continent qui a répudié Bush aux élections du 7 novembre 2006, ou que de faire un reportage *embedded* dans les unités commandos des forces de l'armée américaine en campagne au Moyen-Orient.

Ce livre est un dialogue avec quelques-uns des éditorialistes, des professeurs, des conseillers les plus avisés et les plus écoutés qui se sont engagés sur le front de la bataille d'idées qui agite les cercles de décision politique et militaire des États-Unis. C'est le contraire du livre à thèse. Au lecteur de se faire sa propre opinion à partir des arguments avancés par les différentes personnalités dont je dresse le portrait et que je confronte entre elles. Le lecteur pourra juger que certains protagonistes de cette tragi-comédie américaine se sont trompés. Pour ma part, je me suis bien gardé de trancher. Si ce livre est l'analyse d'une erreur, c'est l'Amérique elle-même qui en fait l'examen. Seuls trois Européens sont conviés à ce dialogue : le Français René Girard, l'Anglais Tony Judt et le Hollandais Frits Bolkestein.

Le point de vue de ce livre est bien délimité et n'a pas l'ambition de traiter de toute la vision mondiale de la politique étrangère des États-Unis : il se concentre sur la relation transatlantique, sur la relation des États-Unis avec l'Europe et la France en particulier, et sur la politique des grandes puissances occidentales, des États-Unis, de l'Angleterre et de la France au Moyen-Orient. La politique américaine a bien d'autres horizons et se préoccupe de bien d'autres enjeux, comme celui de l'immigration de la population hispanique des pays d'Amérique latine, celui de la concurrence asiatique et de la montée en puissance de la Chine, celui même plus global des questions d'environnement dont l'ancien vice-président Al Gore s'est récemment fait le porte-parole. Tous ces sujets n'entrent pas par définition dans mon propos.

J'ai entrepris cette enquête au lendemain de la capture de Saddam Hussein à Tikrit par les soldats américains au cours de l'hiver 2003. Je l'ai poursuivie pendant trois ans, jusqu'à la seconde guerre israélo-libanaise et les élections américaines de l'automne 2006. Le récit de ces trois années a son unité : c'est celle de la mise à l'épreuve par les faits du projet des néo-conservateurs américains en Irak. La première puissance mondiale, rattrapée par le tourment intérieur, s'exerce en direct à son propre examen critique. Cette période permet de dresser du point de vue américain un premier bilan de la politique étrangère de George W. Bush.

J'ai voulu que ce livre soit aussi vivant et contradictoire que possible, rendant compte chez tous mes interlocuteurs de leurs convictions, de leurs doutes, de leurs certitudes, de leur jugement ou de leur conscience en crise, au fur à mesure que l'orage irakien s'approchait de la Maison Blanche. D'une certaine manière, le sens de ce livre s'est précisé à mon insu, sous la pression dramatique des événements, au fur et à mesure que je l'écrivais.

*

Je souhaite rendre ici à chacune des personnalités présentées dans ce livre ce qui lui revient : je leur dois beaucoup et je les remercie pour le temps et la confiance qu'ils m'ont accordés au cours de nos différents entretiens, pour la simplicité et la sincérité avec lesquelles ils se sont ouverts à moi. Je me suis mis à leur école. J'espère qu'ils retrouveront sous ma plume, malgré le cours des événements qui donne parfois en politique une couleur cruelle aux conversations passées, un secrétaire de bonne foi qui n'aura point été trop indigne de leur pensée et de leurs convictions.

Je tiens à remercier également les précieux conseils que m'ont apportés, au début et à la fin de ce travail, Nicole Salinger, l'ambassadeur de France à Washington Jean-David Levitte, l'ancien ambassadeur de France auprès des Nations unies, Michel Duclos, aujourd'hui en poste à Damas, Bob Silvers de la *New York Review of Books* ainsi que le Pr Giuseppe Sacco de l'université de la Luiss (Rome), le Dr Émile Perreau-Saussine du Fitzwilliam College de Cambridge (UK) et tous ceux qui se reconnaîtront, dont l'amitié et les encouragements sont à l'origine de ce projet. Enfin, je remercie Franz-Olivier Giesbert du *Point*, Jean-Claude Casanova de la revue *Commentaire*, Michel Crépu de la *Revue des Deux Mondes*, et Frédéric Chaubin du magazine *CitizenK International*, pour m'avoir donné l'autorisation de reproduire dans ce livre plusieurs entretiens que j'avais publiés dans leurs colonnes.

CHAPITRE 1

LE RETOUR DE CALLICLÈS

> « *Si le plus fort domine le moins fort et s'il lui est supérieur, c'est là le signe que c'est juste.* »
>
> CALLICLÈS,
> dans le *Gorgias* de Platon

New York, juin 2005.

« Je voudrais féliciter les électeurs français, et leur dire de tenir bon. » Jeremy Rabkin me tend son verre de Martini pour trinquer au *non* français à l'Europe de Bruxelles. C'est un Martini new-yorkais, gin sec avec olive, servi impeccablement sur un sous-verre à écusson, aux armes de l'université de Cornell. Dans cette rue de New York, en plein Manhattan, les universités de l'Ivy League possèdent pour la plupart depuis la fin du XIXe siècle une « maison » tenue comme un club anglais de grand luxe, où professeurs cravatés et étudiants privilégiés se retrouvent en gentlemen. À Cornell House, dans le hall d'entrée tapissé de boiserie blonde, le thé et le café sont servis dans de l'argenterie. À son chapeau de feutre au large bord, à sa solitude provisoire, j'avais d'entrée deviné mon hôte : le contraire de l'intellectuel excentrique ou bohème, juste de l'aisance dans un costume d'été souple de coupe Armani.

Aux États-Unis, Jeremy Rabkin est l'un des plus brillants avocats de la politique « unilatérale » de George W. Bush. Un souverainiste à l'américaine, qui a donné un coup de vieux à la traditionnelle droite isolationniste, dont Pat Buchanan, ancien collaborateur de Richard Nixon et candidat à l'élection présidentielle en 2000, est le champion. Son dernier livre *Law Without Nations ?*[1], publié en 2005, est un réquisitoire en règle contre ce qu'il appelle l'« idéologie européenne », accusée de propager dans le monde une conception lâche et défaitiste du droit international.

> « Le plus grand danger pour le monde, me dit-il après quelques politesses, c'est que le peuple américain soit démoralisé. Je ne veux pas croire qu'aucune organisation internationale puisse réussir à contraindre les États-Unis, et ni que les États-Unis se laisseront contraindre par une quelconque organisation internationale. C'est une bataille d'idées et de morale. L'Europe est ce qu'elle est. Et je ne veux surtout pas être de ceux qui cherchent à tout prix à la casser en libérant les États membres de leur chaîne commune, même pour sauver l'âme de chacun. Ma seule préoccupation est que l'Union européenne n'exporte pas son modèle idéologique et moral dans le monde. En 1945, on a utilisé une machine légale pour contenir l'Allemagne, et on veut l'utiliser aujourd'hui pour contenir les États-Unis. Et cela m'apparaît tout à fait stupide. Ça a marché avec l'Allemagne, parce que l'Allemagne était vaincue et dévastée. Vous pouvez dire ce que vous voulez sur le déficit budgétaire américain, mais l'Amérique n'est vraiment pas un pays dévasté et encore moins vaincu. »

[1] Jeremy A. Rabkin, *Law Without Nations ? Why Constitutional Government requires Sovereign States*, Princeton University Press, 2005.

Pour Rabkin, la souveraineté nationale américaine ne se discute pas. Emporté par le patriotisme, mon interlocuteur se montre fier de ses concitoyens qui ne cèdent ni aux sirènes du droit international, ni au chantage de leurs intellectuels qui défendent une vue « eurocentrique » du monde.

« La plupart des intellectuels américains sont séduits par l'Europe, parce qu'elle les flatte. Les intellectuels, de façon générale, sont spécialistes des mots. Si les mots pouvaient mener le monde, ils s'en croiraient les maîtres. Mais il faut bien comprendre qu'ici, en Amérique, ce genre d'illusion n'est pas populaire. La Cour internationale de justice, par exemple : combien de membres du Congrès y sont favorables ? On les compte sur les doigts d'une main. Que les intellectuels soient favorables à ce genre d'institutions, ça n'a pour nous aucune importance. Même un Kerry y est indifférent. Lorsqu'il était en campagne pour la présidence, il a bien dit que Bush a endommagé nos alliances en déclenchant la guerre contre leur avis, et que l'Amérique avait besoin d'alliés, mais il s'est bien gardé de dire que nous devions nous plier au règne de la Cour internationale de justice ! »

La jeune cinquantaine, Rabkin représente cette « nouvelle garde » d'universitaires et publicistes de droite proches de l'administration Bush, qui ont grandi dans la résistance aux idées de Mai 68. À travers lui l'on peut remonter toute la généalogie intellectuelle des néo-conservateurs. À Harvard, il fut élève de Harvey Mansfield, le traducteur aux États-Unis de Tocqueville et de Machiavel, surnommé « le Prince des conservateurs ». Mansfield, professeur dans la School of Government de Harvard, où enseigna autrefois Henry Kissinger, a été le disciple et l'ami d'Allan Bloom, l'auteur de *L'Âme désarmée,* lequel, à Chicago, fut aussi le maître et l'ami de Paul Wolfowitz, autre étoile de cette « nouvelle garde ». Ami de Raymond Aron, Allan Bloom avait été lui-même à Chicago l'élève de Leo Strauss, le grand philosophe d'origine allemande de la génération d'Hannah Arendt, qui passe pour l'arrière-grand-père spirituel de cette nouvelle droite américaine. Avec Jeremy Rabkin, j'ai donc devant moi un représentant de la troisième génération de « straussiens », rebaptisés « néo-cons » depuis que nombre d'entre eux ont pénétré dans la garde rapprochée du président des États-Unis. Le 11 septembre 2001 a été leur « divine surprise ». George W. Bush est un grand frère qui les a compris. Et Ronald Reagan avait été la grande figure de leur jeunesse. En Europe, il passait pour un second couteau hollywoodien, un pitre. Eux et lui avaient vu dans son administration l'interprète résolue des idées du Prix Nobel d'économie de l'université de Chicago, Milton Friedman, et un sas qui avait déjà permis à plusieurs d'entre eux de s'approcher du pouvoir, voire de le conseiller.

Depuis le 29 mai 2005, Jeremy Rabkin est devenu un Américain presque francophile. À l'écouter se féliciter du *non* français à l'Europe de Bruxelles, c'est à croire que son patriotisme aurait plus d'affinité avec celui du général de Gaulle (période anti-CED, période anti-Otan) qu'avec celui du marquis de La Fayette. D'ailleurs, sur le héros français de la guerre d'Indépendance américaine, il a une version à lui, qu'il avait tenu à me donner d'entrée de jeu :

> « Gouverneur Morris, un des auteurs de notre Constitution, qui fut ambassadeur des États-Unis en France après Franklin et Jefferson dans les années 1790, fut chargé d'aider La Fayette à sortir de prison. Le marquis avait été contraint de fuir la Terreur mais, considéré par les Autrichiens comme un ennemi potentiel, il avait été arrêté sans jugement. La diplomatie américaine obtint des autorités autrichiennes

que le marquis fût libéré à condition de signer un engagement à ne pas se battre contre l'Autriche. La Fayette refusa ces conditions, au motif qu'un patriote français se reniait lui-même en s'interdisant de porter les armes contre un ennemi possible de la France. Morris, en tournée européenne avant de regagner les États-Unis, lui rendit visite en prison, crut bon de lui dire : "Mon cher marquis, vous pourrez faire ce que vous voulez, une fois sorti d'ici. Mais vous devez d'abord sortir d'ici. Ne soyez pas idiot. Signez ce morceau de papier. C'est juste un morceau de papier." Soit que La Fayette ait été contraint de signer, soit que Morris finalement ait signé pour lui, il est revenu à un Américain d'avoir aidé un Français à mettre de côté son passé d'aristocrate et un sens de l'honneur extravagant en cette situation, pour se concentrer sur la seule question d'urgence qui importait : sa survie et sa liberté. »

Plutôt ironique sur les chauds états d'âme de l'anachronique marquis, Rabkin se montre en revanche admiratif du nationalisme froid du général de Gaulle. Dans ce nationalisme-là, il n'y avait pas une ombre de fascisme !

« Je ne comprends pas cette idée que vous avez parfois en France qu'un patriote français est nécessairement un fasciste. Ce qui n'allait pas avec Vichy, ce n'était pas que le régime fût trop patriote, mais qu'il ne l'était pas assez. Que disait Vichy ? "Laissons les Allemands s'occuper de notre pays. Arrangeons-nous avec l'Allemagne." Vichy était supranational, il voulait faire toutes sortes d'arrangements avec l'Italie, l'Espagne, l'Allemagne, il voulait faire l'Europe avec eux. De Gaulle, lui, était le nationaliste vrai et conséquent. »

En compagnie de Rabkin, tout se passe comme si le gaullisme avait traversé l'Atlantique et nous regardait depuis Washington. Un gaullisme qui n'a pas besoin d'homme providentiel ou charismatique, car pour ce gaullisme d'outre-Atlantique, les Américains ne sont pas des veaux !

« Le bon côté des Américains, c'est qu'ils ne sont pas fatalistes. Ils pensent qu'ils peuvent faire des choses. Ils croient au progrès. C'est très important pour le monde d'avoir une Superpuissance qui sache qu'elle est capable de faire quelque chose pour le monde. Nous serions tous sérieusement menacés si la Superpuissance se mettait à penser à la manière européenne. »

La France du 29 mai 2005, celle du *non*, était donc pour Jeremy Rabkin la meilleure alliée de l'Amérique de George W. Bush.

« Voyez-vous, cher ami, une très bonne chose à propos de la France, une bonne et une mauvaise chose, c'est qu'elle ne prend pas les slogans idéalistes au sérieux. La France est plus cynique qu'aucun pays ne devrait l'être. Pour son propre bien, je vous dirais qu'elle est trop cynique. Mais enfin, si vous comparez la France et l'Allemagne, ce qui fait peur avec les Allemands, c'est qu'ils prennent au pied de la lettre les slogans idéalistes, ce que les Français, eux au moins, ne font pas : le résultat du référendum l'a prouvé. Permettez-moi de vous dire : c'est un excellent départ. Au fond, les Français comprennent qu'il est vain de croire que le monde sera plus sûr parce que l'on établit une Cour pénale internationale ; on se trompe si l'on s'imagine que cette Cour pénale est le meilleur garant contre la menace de la Chine. La Chine attaque Taiwan : que fera-t-on ? La communauté internationale pourra déclarer aux patrons de la

Chine : on va vous poursuivre, on vous fera un procès ! Et le monde aura la paix. C'est un peu comme ça que pensent les Allemands. Dans cette perspective kantienne, le dilemme est simple : ou l'on est complètement enchaîné dans le système du droit international, ou bien on retourne à Hitler. Eh bien, les Allemands sont prisonniers de ce dilemme. Et parce que nous, Américains, nous ne correspondons pas à leur idée de la loi, nous sommes à leurs yeux hitlériens. Ils ne sont pas beaucoup à l'admettre ouvertement, mais au fond, c'est ce qu'ils pensent. »

*

Interlude – Washington, juin 2005.

Les longues limousines noires glissent en silence devant les colonnades blanches du pouvoir. Fallait-il un Français pour imaginer au XVIIIe siècle ce Versailles républicain dont l'architecture classique sert de décor au Quartier général politique et militaire de la première puissance mondiale ? Étonnants Français, dont le style aristocratique des dernières années de l'Ancien Régime a créé le décor de la Rome républicaine des temps modernes. Le Washington dessiné par L'Enfant est le temple classique de l'idée démocratique, aux lignes d'épure, celle des Lumières politiques que l'Amérique n'a pas laissée dégénérer en Terreur. Le contraire du Berlin colossal d'Albert Speer, mais aussi quelque chose de plus monumental que la place de la Concorde, où la géométrie du pouvoir est tempérée par la grâce des fontaines et l'élégance des statues. Je me disais qu'être français à la fin du XVIIIe siècle et encore au siècle suivant n'était pas rien. Il fallait que l'esprit français ait été assez supérieur aux temps et aux lieux, quoique chez lui partout, pour concevoir cet urbanisme sobre et sévère qui, aujourd'hui, après deux siècles et demi, peut servir d'extérieur à une *caput mundi* où tout est fluide et propre comme dans l'univers virtuel de *Matrix*. Ici, le mot « empire » n'est jamais prononcé. Mais chaque jour, les plus hauts fonctionnaires de la Maison Blanche, du Pentagone et du Département d'État qui traitent des questions militaires et stratégiques, lorsqu'ils arrivent au bureau le matin, savent qu'ils ont en charge les affaires du monde. Quand on est décideur américain, on s'adresse au président des États-Unis comme au Président suprême d'un empire mondial, là-bas au fond du jardin, derrière la grille et le gazon vert de son petit Trianon.

Nous avions désespérément cherché un café français. Mais dans cette ville Quartier général il n'y a guère que des chaînes de restauration rapide, sur le modèle Starbucks, où l'on paye à la caisse, pour se verser soi-même dans des gobelets en carton une boisson chaude en libre service. Au moins là, c'était climatisé. Et la discrétion était garantie par des vitres fumées, comme le sont d'ailleurs la plupart des devantures des magasins des rues de cette ville, où le lèche-vitrines n'est jamais de saison. Moi aussi, comme ma compagne, j'avais mis des lunettes noires. En ce mois de juin, le soleil était mordant, et le bitume des avenues, déjà ramolli par la chaleur, faisait s'évaporer l'horizon, faisant de la ville un mirage en plein désert. Madame l'ambassadeur Avis Bohlen était venue au rendez-vous avec, de surcroît, un chapeau kaki de sherpa pour se protéger du soleil. Elle s'est installée dans le self-service avec un naturel parfait.

Madame Bohlen est née et a grandi dans le sérail du Département d'État, celui d'une Amérique francophile et tenant à ses liens avec l'Europe. Sa famille est une branche américaine de la dynastie industrielle allemande des Krupp. Son père, Charles Bohlen, fut un prestigieux ambassadeur des États-Unis à Paris dans les années 60. Avec Dean Acheson, George Kennan, et John J. McCloy, tous proches de Jean Monnet, Charles Bohlen a incarné la génération des diplomates américains de l'après-guerre qui ont favorisé le mouvement d'intégration économique de l'Europe de l'Ouest pour la renforcer face au communisme. Ancien ambassadeur elle-même en Bulgarie, après avoir occupé plusieurs années un poste clé à l'ambassade américaine à Paris, Madame Bohlen fut nommée en 1999, sous l'administration Clinton, sous-secrétaire chargée des questions d'armement au Département d'État à Washington. À l'élection de George W. Bush, elle resta en fonction sous la direction du néoconservateur pur sang John Bolton, nommé depuis, non sans résistance du Congrès, ambassadeur des États-Unis à l'ONU. Proche d'un Colin Powell, elle démissionna en juin 2002. Officiellement pour retraite anticipée. En réalité, pour désaccord avec la politique internationale de l'administration Bush.

Parmi les scandales qui ont ponctué à Londres et à Washington les préludes et le début de la guerre d'Irak, qui se souvient de l'affaire Bustani, du nom du directeur général de l'Organisation pour l'interdiction des armes chimiques (OIAC), contraint à la démission au printemps 2002 par John Bolton, avec le soutien du gouvernement anglais ? Avant l'intervention américaine, le diplomate brésilien José Mauricio Bustani avait tenté de persuader Bagdad et d'autres capitales arabes de signer le traité interdisant à ses signataires de fabriquer des armes chimiques. L'adhésion de l'Irak à ce traité aurait compliqué la tâche de Washington, en augmentant le rôle des observateurs de l'ONU chargés de surveiller l'industrie nucléaire irakienne, et en créant un obstacle juridique supplémentaire à l'entrée en guerre des États-Unis. Comme l'a révélé un mémorandum de Downing Street rendu public en juin 2005, la décision anglo-américaine d'intervenir militairement en Irak avait été prise d'un commun accord dès avril 2002, au cours d'une rencontre entre Tony Blair et le président américain au ranch de Crawford (Texas).

Logiquement, le Premier ministre anglais s'était engagé à soutenir Washington pour lever l'hypothèque « Bustani ». Ce mémorandum éclaire les circonstances de l'entrée en guerre des États-Unis. Il prouve que la guerre avait été décidée de longue date et que le Département d'État travaillait, depuis le début du premier mandat de George Bush, à lever les obstacles juridiques à cette intervention. Il donnait rétrospectivement tout son sens aux premières tentatives de déstabilisation de ce haut fonctionnaire brésilien, opérées par John Bolton, antérieurement au 11 septembre 2001. Ce mémorandum établissait aussi que la volonté britannique, officiellement affichée, de tenter de maintenir l'Amérique sur le chemin du droit international, n'avait été qu'un écran de fumée. C'est au moment où le limogeage de Bustani – un signal révélateur qui en disait long pour qui connaissait la musique sur les intentions de la Maison Blanche – fut obtenu, que Madame Bohlen avait démissionné du Département d'État.

Nous sommes assis devant nos tasses de café américain. Sans s'attarder sur les détails, Madame l'ambassadeur me fait très diplomatiquement comprendre que l'affaire Bustani était la preuve du caractère on ne peut plus sérieux de la première puissance mondiale et de sa liberté de mouvement. Sur ce point de fait au moins, elle rejoignait, sans le savoir et avec beaucoup moins d'ivresse, les analyses patriotiques et tranchantes de Jeremy Rabkin.

> « Blair et Chirac ont choisi des méthodes opposées pour essayer d'influer sur les événements. Blair a choisi la coopération avec les États-Unis. Il n'a rien obtenu. Chirac a choisi de s'opposer, il n'a pas obtenu grand-chose. Ils n'ont rien obtenu tous les deux. L'Amérique a fait ce qu'elle voulait. Nous avons mené cette guerre de la manière que nous voulions. Sans doute, il y a eu des moments très durs avec les Britanniques. Ils n'étaient pas d'accord pour

procéder à la dissolution de l'armée de Saddam mais, sur le terrain, ils n'ont pu s'y opposer. Si cette guerre a prouvé quelque chose, c'est que personne ne pouvait nous empêcher de la faire. »

Lucide, Madame Bohlen constate, sans éprouver le besoin de s'en réjouir, que la seconde guerre d'Irak a mis en évidence la perte d'influence très nette des chefs d'État européens sur la politique étrangère américaine :

« L'enjeu de la guerre froide, c'était l'Europe, dans ces conditions notre partenaire absolument indispensable. La guerre froide une fois gagnée, l'Europe a cessé d'être au centre de nos préoccupations et les chefs de l'Europe ont perdu un poids considérable à Washington. Il existait auparavant une relation de confiance, voire de conseil. Avec les Anglais, les Français et les Allemands, bien que nous entretenions des relations très différentes avec chacun de ces pays, il y avait un petit groupe discret qui se réunissait régulièrement pour discuter de toutes les questions d'intérêt commun : il s'appelait le " Quad ", abréviation pour Quadripartite Group. Tout cela a disparu. »

Mais ces échanges de bonnes manières modifiaient-ils beaucoup la disproportion entre le géant américain vainqueur en 1945 et les nains européens sortis exsangues ou vaincus de l'épreuve du feu ? La prétendue idylle de guerre froide entre l'Europe et les États-Unis ne fut pas toujours ce que les Européens imaginent après coup. Mon interlocutrice, en termes plus policés, ne se paye pas de ces mots dont Jeremy Rabkin accuse les Européens de se droguer :

« Même pendant cette période de solidarité contre l'URSS, beaucoup de républicains trouvaient que la relative influence européenne sur notre politique étrangère était une contrainte insupportable. Nous faisions certaines choses à la demande des Européens, comme le désarmement, par exemple, au moment des fusées Pershing. On faisait du désarmement parce qu'il le fallait pour satisfaire l'opinion publique européenne. C'était encore trop à leurs yeux. Les républicains se sont toujours méfiés de l'Europe. Ils étaient déjà prêts à faire tout le chemin seuls et à ne plus écouter l'opinion des Européens. Ils se sont encore plus affranchis, si possible, de l'opinion européenne après la chute du communisme et ils lui sont devenus résolument hostiles dans la critique du compromis bancal qui a suivi la première guerre du Golfe. Avec les résultats à long terme qu'on connaît. Aujourd'hui, comme il arrive souvent au cours du deuxième mandat d'un président, Bush se recentre, il cherche à avoir de bonnes relations formelles avec les Européens, sans pour autant changer de ligne, mais en sauvant au moins les apparences. La politesse s'est rétablie entre les deux côtés de l'Atlantique, c'est déjà ça ! »

L'administration Bush et son « décisionnisme » unilatéral ne tombaient donc pas d'une autre planète. La divergence de vues des deux côtés de l'Atlantique avait été longtemps masquée par la guerre froide, et si ce masque avait mis du temps à disparaître, le dur visage de George W. Bush et de sa politique étrangère se contentait de révéler ce que cachait ce masque de circonstance ou de politesse : la méfiance hostile et ancienne de l'Amérique profonde envers l'Europe des tyrannies et des décadences. Pour Madame Bohlen, qui ne partage pas les instincts simplistes de l'électorat populaire républicain, le parti et l'opinion démocrates restent toujours attachés, heureusement, comme elle l'est elle-même, à une « alliance traditionnelle » avec l'Europe. Mais c'est au nom du réalisme, et non par sentimentalisme :

« L'Amérique n'a pas d'autre choix que de coopérer avec l'Europe. Les Européens et les Américains sont les pays les plus riches, avec une tradition pour les uns et les autres d'agir ailleurs dans le monde. L'Europe est moins globale que nous. Mais l'Angleterre et la France sont des pays qui ont une vision globale, mondiale. Il faut bien qu'on s'entende. »

Ces propos n'avaient-ils pas de quoi rassurer l'Europe nostalgique des « années Kennedy » ? Une victoire démocrate aux futures élections présidentielles ne ressouderait-elle pas la civilisation transatlantique ? La suite des analyses de mon interlocutrice tempéra cette douce rêverie. L'« opinion démocrate », prisme par lequel l'Europe continuait de regarder la « bonne » Amérique et d'espérer en elle, Madame Bohlen, européenne de cœur et de mœurs, mais habituée à regarder froidement la réalité, me la décrivait vacillante et penchant elle aussi du côté du « décisionnisme » de la libre Amérique. Elle se montrait en effet très sceptique envers les capacités du parti démocrate à pratiquer (et, à plus forte raison, à faire triompher auprès des électeurs) une autre politique que celle de l'administration républicaine. Elle résuma sa pensée en disant : « Les démocrates aujourd'hui n'ont pas de vision alternative, ils sont les républicains en plus faibles. » Elle le regrettait, mais c'était ainsi. Et quand bien même se ferait jour une vision crédible de la défense des intérêts américains faisant sa part aux liens traditionnels avec l'Europe, ses chances de s'imposer étaient maintenant diminuées par l'échec de la Constitution européenne, qui confortait la base électorale américaine dans sa conviction que l'Europe est en morceaux et ne compte plus guère.

« Il y a des gens à Washington qui n'ont pas versé de larmes sur le résultat du référendum en France et en Hollande. Pour ceux qui, ici et dans les profondeurs du pays, tiennent que les Français sont de grands lâcheurs et de faux amis, ce résultat est une défaite de plus pour la France, et pour Chirac personnellement, Chirac, "le pire de tous les Français". Bien fait pour eux et pour lui. Mais pour ceux qui, comme moi, souhaitent que la France reste ou redevienne un interlocuteur respecté, cet échec est aussi notre défaite. Le *non* tombe mal. C'est juste au moment où cette administration a découvert que, quand même, nous avons besoin de partenaires européens autres que l'Angleterre, que le partenaire européen le plus important se déjuge et compromet son peu d'autorité. L'Europe a déçu ceux qui aux États-Unis croyaient encore en elle, elle a donné raison aux tenants d'une politique décisionniste ne tenant aucun compte des avis européens. Maintenant nous entrons dans une période où l'Europe de nouveau va se regarder le nombril, fixée sur ses petites affaires intérieures et pas du tout intéressée à coopérer avec nous sur plusieurs terrains et dans d'autres parties du monde. C'est la préoccupation actuelle des amis qu'elle conserve ici. »

Devant moi, Madame Bohlen fait franchement ses comptes. À 64 ans, elle se sait appartenir à la deuxième génération d'une tradition diplomatique américaine attachée à la relation transatlantique, tradition aujourd'hui réduite à la défensive. Faut-il accepter l'idée que rien ne sera plus comme avant ? Faut-il se résoudre à un passage de témoin en faveur d'une nouvelle génération de décideurs américains, tenant définitivement l'Europe pour une entité provinciale et encombrante, et enclins à traiter avec elle sur les bases de relations de circonstance, variant selon les conjonctures, se contentant d'accords tactiques au lieu d'envisager une stratégie commune de longue durée, comme ce fut le cas dans l'Alliance atlantique ? Madame Bohlen se garde bien de trancher.

« Le petit monde de Washington est très divisé sur l'interprétation qu'il faut donner à la réélection de 2004. Est-ce la confirmation d'un changement ou la fin d'une exception ? Pour une réélection, Bush n'a obtenu qu'une marge extrêmement étroite en comparaison des autres présidents dans le même cas, comme Ronald Reagan. De surcroît, il n'avait pas affaire à une concurrence à la hauteur. Si le vote avait porté uniquement sur la question de Bush, le président sortant n'aurait pas été élu. Les gens qui sont anti-Bush, vous savez, c'est tout l'establishment, y compris les républicains de la côte Est, de New York et de la Nouvelle-Angleterre. Mais des changements se sont produits dans le fond du pays. Comment les interpréter ? C'est peut-être un changement de génération, une relève de la garde. Reste à savoir si ce changement est permanent ou pas. Personne ne peut dire vraiment si l'expérience Bush est une parenthèse ou si elle préfigure, comme le pense son stratège électoral Karl Rove, quelque chose de durable en faveur d'un parti républicain en phase avec l'Amérique profonde d'aujourd'hui. »

*

Retour à New York.

En 2003, le célèbre éditorialiste du *Washington Post*, Robert Kagan, de la même génération que Jeremy Rabkin, néo-conservateur comme lui, a expliqué dans un ouvrage à grand succès, intitulé *La Puissance et la Faiblesse*[1],

---

[1] Robert Kagan, *Of Paradise and Power : America and Europe in the New World Order*, 2003 ; *La Puissance et la Faiblesse*, Plon, 2003.

pourquoi la rupture entre les États-Unis et l'Europe sur la guerre en Irak n'était pas du tout une rupture de circonstance. Selon lui, la crise irakienne avait précipité un désamour latent entre l'Europe et les États-Unis, dissimulé par les urgences de la guerre froide, mais puisant ses raisons profondes dans l'affrontement de deux conceptions de l'usage de la force et du droit. Face à l'Europe convertie à une Paix perpétuelle qu'elle avait elle-même obtenue, depuis 1945, par la « déconstruction » de l'identité de ses États, mais dont un Jürgen Habermas ou un Jacques Derrida, ses philosophes, auguraient l'extension universelle, l'Amérique blessée et réveillée par le 11 Septembre avait réagi avec ses tripes de toujours. Cette réaction avait mis en lumière une antithèse jusqu'alors voilée. D'un côté une Europe-Vénus, qui pour jouir de sa prospérité a renoncé aux frontières et à l'usage de la force, trouvant, dans l'humanitarisme et le droit international les benoîts principes d'une virtuelle paix mondiale, non pas la fin, mais une sortie de l'Histoire ; de l'autre une Amérique-Mars, attachée à défendre coûte que coûte sa souveraineté nationale et sa Constitution contre tout agresseur, et pour laquelle la force militaire demeure le meilleur garant d'un bonheur démocratique à défendre *at home* et à répandre dans le monde. Une fin de l'Histoire, mais en perspective et gagnée dans l'Histoire. Pour Kagan, cette « nouvelle » Amérique, pas si nouvelle que cela à y regarder de plus près, n'aurait pas dû surprendre et choquer le Vieux Continent, car elle avait un précédent, l'Europe d'avant 1914, dont l'unité et la force de rayonnement mondial avaient reposé sur la défense résolue de la souveraineté de ses États.

Jeremy Rabkin, que je retrouve à New York dans son club universitaire élégant, partage à sa manière le point de vue de Kagan. Dans l'opposition verbale de l'Europe à l'*imperium* américain, il voit le refus de reconnaître, contre toute évidence, que la Grande Guerre a déplacé l'axe du monde. C'est en 1917-1918, à l'insu d'Européens vainqueurs ou vaincus, mais déjà provincialisés, que l'Amérique a accédé au rang de superpuissance, assumant l'héritage de *Realpolitik* mondiale qui avait été la propriété du Vieux Continent avant 1914. Par comparaison, et après l'épreuve de la Seconde Guerre mondiale, l'Europe d'aujourd'hui ressemble pour Jeremy Rabkin à l'Empire autrichien de François-Joseph que le traité de Versailles réduisit en poussière.

« L'Europe, pour des raisons d'ailleurs bien compréhensibles, me dit-il, soutient l'idée que la légitimité morale et le respect du droit qu'elle prétend incarner sont très importants. C'est au fond le seul prix que la faiblesse et la peur sont en état de payer. L'Europe n'a ni armée, ni financement conséquent à mettre dans la balance, elle n'a que sa vertu. Cette attitude me fait penser à la plaidoirie de la monarchie française après 1792. Elle n'avait plus pour elle qu'une légitimité autoproclamée. La monarchie devait l'emporter parce qu'elle était légitime et que le principe de légitimité était par lui-même sacré. C'est exactement le jeu qu'est en train de jouer avec nous la Vieille Europe. C'est tout de même incroyable. Si l'Amérique s'est estimée en droit de mener une politique condamnée par le pape, comme ce fut le cas de la guerre en Irak réprouvée par Jean-Paul II en 2003, elle ne pourrait rien faire aujourd'hui sans la bénédiction de l'Union européenne ? C'est à croire vraiment que l'on est revenu à une conception médiévale de la politique internationale, celle de la souveraineté temporelle et spirituelle de la papauté sur les rois et les empereurs séculiers. La légitimité spirituelle qui était celle autrefois du pape, aurait-elle été remplacée par des institutions internationales – Nations unies, Conseil de l'Europe, Cour pénale internationale – dotées de la même autorité ? Faut-il croire que nous vivons dans un monde où un pouvoir spirituel a obtenu de nouveau la suprématie sur les pouvoirs temporels ? Nous ne voulons pas vivre dans ce monde. Nous ne vivons pas dans ce monde imaginaire.

« Quand l'on vivait dans un monde qui ressemblait à celui-là, la légitimité du pouvoir spirituel était toujours mise en échec. Qui mieux que la France devrait le savoir ? La France qui a mobilisé au Moyen Âge une armée pour kidnapper en Italie le pape et l'installer en Avignon. Or, qu'est-ce que ce pape a finalement apporté à la France ? Pas grand-chose. Qu'est-ce que la présence du pape à Notre-Dame, lors du sacre de Napoléon, a apporté à l'Empereur ? Un surcroît d'embêtements. »

Jeremy Rabkin se moque de la vanité de l'Europe des 25, qui s'autoproclamait naguère « Europe-puissance », en oubliant un peu vite les véritables attributs qui font la puissance. En réalité, avec tous ses progrès vers l'intégration, l'Europe depuis 1945, dépourvue de « divisions » qui manquaient aussi au pape selon Staline, n'a jamais été autre chose qu'une zone de libre-échange.

« Il y a toujours eu de mon point de vue quelque chose de bizarre à prétendre que l'Europe est autre chose ou plus que cela. Si vous ne vous donnez pas les moyens de vous défendre ensemble, c'est que fondamentalement vous ne formez pas un ensemble doué de volonté commune de survie. Vous avez, paraît-il, une commune politique étrangère et de sécurité. Dans le même temps, plusieurs de vos États membres ne sont pas dans l'Otan. Ils revendiquent la neutralité, comme la Suède qui est officiellement neutre, ou comme l'Autriche et la Finlande qui sont liées par des traités qui leur imposent la neutralité. Vous voulez avoir une politique commune de défense avec ces pays, alors que la majorité des États membres sont dans l'Otan : mais de quoi parlez-vous ? C'est typique de l'Europe d'être à la fois oui et non, et finalement rien. Maintenant, vous faites une Constitution. C'est officiel. Y aura-t-il une armée ? Non. Vous dites seulement : "Nous coordonnerons nos politiques étrangères." Tout ce que vous dites, c'est que "nous, électeurs français, nous affirmons solennellement que Chirac négocie avec tous les chefs d'État". Eh bien, ce n'est pas une Constitution. Tout ce que vous faites, c'est prétendre que ce n'est pas une salade. Mais c'est une salade. Si vous dites aux peuples européens : nous sommes engagés à agir comme une union, quand un pays va en guerre, nous allons tous en guerre, ce qui veut dire que l'Angleterre ne pourra jamais aller en guerre seule, et que si elle part en guerre, tous les pays membres entrent en guerre – si vous dites cela, tout votre monde le rejettera, et si vous dites quelque chose de différent, vous ne dites rien. »

Cette Europe de l'impuissance que me décrit ce jour-là Jeremy Rabkin ne tient, selon lui, aucun compte de la réalité du rapport de forces avec l'Amérique. Paraphrasant Henry Luce, le célèbre éditeur de *Time* et de *Life magazine* dans les années 50, mon interlocuteur fait le constat que le XXe siècle a été le « siècle américain ». L'hégémonie des États-Unis n'a laissé aucun quartier à ses concurrents européens. Washington a poursuivi méthodiquement, et avec une persévérance digne de l'ancienne Rome, une politique visant à la mise hors d'état de nuire de ses rivaux potentiels. Ce fut d'abord l'Allemagne impériale pendant la Première Guerre mondiale, l'Allemagne nazie et l'Empire japonais pendant la Seconde Guerre mondiale, l'Empire soviétique, enfin, pendant la guerre froide. Dans ces conditions, comment la Vieille Europe a-t-elle la prétention aujourd'hui d'incarner, faute de mieux, une autorité morale que toute l'histoire du XXe siècle a tournée en dérision ? Après la guerre froide, George Bush père se fit un temps le promoteur des idées onusiennes, si chères aux Européens. C'était le « nouvel ordre mondial », défendu en 1991 par Washington au moment de la guerre du Koweït. Le fond de l'air était alors wilsonien, mais cela n'a été qu'une brise éphémère. L'Amérique n'entendait plus partager les bénéfices de ses victoires en cédant au chantage des institutions internationales dont l'Union européenne est devenue le champion.

Pour Jeremy Rabkin, il ne fallait donc pas se tromper sur le siècle qui s'ouvre : ce ne sera pas celui du déclin de l'Empire américain, mais, au contraire, celui de sa suprématie, même si cela suppose un conflit inévitable entre Washington et le fantôme qu'il est convenu d'appeler la « communauté internationale », au sein de laquelle l'Europe s'est réfugiée.

Débarquant d'Europe, je ne pouvais m'empêcher de protester intérieurement, avec toute la conscience européenne d'après-guerre. Cette confiance américaine dans sa propre force et sa propre volonté n'a-t-elle pas quelque chose d'indécent ? Comment le Nouveau Monde peut-il aussi froidement invoquer pour son empire la légitimité qui fut celle de l'Europe d'avant 1914, que la folie des nationalismes rivaux de ses États souverains a réduite en cendres en 1944 ? Cette Amérique, qui prétend faire mieux que l'Europe des Nations, comment peut-elle ignorer ou nier que le XXe siècle a été aussi celui de la défaite des nationalismes devant le tribunal de l'Histoire ?

Et, surtout, l'Europe a une mémoire plus longue. Cette mémoire bouillait au fond de moi-même. Les États-Unis n'ont connu que deux guerres civiles, l'une qui les a détachés de la métropole anglaise, l'autre qui a opposé le Nord industriel au Sud agraire. Affaires locales. L'Europe a vécu depuis la fin de l'Empire romain dans les guerres civiles. Mais depuis le XVIe siècle, elle a réussi à dominer le monde tout en se faisant continuellement la guerre à elle-même. Comment ? Ce régime de guerre perpétuelle entre États a été consacré, mais discipliné et civilisé par le traité de Westphalie. La France révolutionnaire et impériale en avait repoussé la discipline, les puissances du congrès de Vienne en 1815 lui en avaient substitué une autre, le Reich allemand proclamé à Versailles en 1871 encore une autre : cette règle du jeu, tant de fois bousculée et ravaudée, n'en avait pas moins assuré à l'Europe un empire, parce que la politique des armes était toujours contenue en définitive par la diplomatie et le droit des gens. Or la Grande Guerre a montré que le nationalisme des États, qui avaient su un temps sauvegarder un bien commun européen se voulant et devenant « absolu », s'était finalement transformé en arme de destruction massive pour l'État de droit européen. Le suicide de l'Europe avait ses origines dans les erreurs des États-Nations qui avaient déclenché et achevé la guerre de 1914, en contradiction totale avec cette diplomatie et ce droit des gens qui avaient malgré tout, depuis 1648, fait prévaloir la civilisation sur la violence des guerres intestines à l'Europe.

Comment l'Amérique pouvait-elle revendiquer ce passé tragique de l'Europe pour justifier sa puissance « absolue », et prétendre reconnaître dans le nationalisme sans frein un signe d'extrême vitalité, dans l'usage de la force un creuset des vertus morales, et dans le mépris du droit des gens et de la diplomatie le corollaire légitime de son écrasante supériorité militaire. N'était-ce pas ce genre d'excès que les Grecs appelaient *hybris* qui avait, passant d'une nation à l'autre, anéanti le caractère modéré de la civilisation européenne et démenti l'autorité qu'elle s'était acquise ?

En écoutant Jeremy Rabkin, tout cela roulait dans ma poitrine. Ni lui ni Robert Kagan ne semblaient prévoir pour l'Amérique les conséquences qu'eut pour l'Europe ce régime de la puissance dont ils se sont faits, aux États-Unis, les plus fervents propagandistes. Ni leur mémoire, ni leur fierté d'Américains n'étaient en rien troublées par l'exemple européen de la dévastation, ou par l'expérience traumatisante des guerres du siècle passé qui avaient fait passer le spectre de l'anéantissement total sur le Vieux Continent. Tout se passait comme si leur admiration de l'Europe d'avant 1914 était privée de la conscience de ses erreurs fatales et de leur enchaînement précipité. En supposant que l'opinion de Jeremy Rabkin était celle d'une Amérique qui voit midi à sa porte, il fallait bien admettre que ce pays était incapable de comprendre une Union européenne conçue comme nécessité vitale et sage de dépasser les furieux nationalismes d'hier.

> « Que nous disent les Européens ? me demande Jeremy Rabkin. Tout simplement que la loi de la gravité universelle ne s'applique pas à eux. Depuis 1945, ils nous disent que la loi de la nature ne s'applique plus à l'Europe ! »

En France, on a toujours cru que l'Europe pouvait avoir une influence sur les États-Unis. Que l'unilatéralisme de la politique américaine était un mauvais moment à passer. Qu'il y avait une autre Amérique, momentanément écartée du pouvoir, et que cette Amérique-là, fille des Lumières françaises et européennes, sauverait la relation transatlantique après les écarts regrettables de l'administration Bush. Cette Amérique, à la Conférence de la paix de 1919, par la voix du président Wilson, avait encouragé l'Europe à se concevoir sur un modèle parlementaire, elle avait concouru à fonder la Société des Nations pour soumettre les États à la discipline du droit international et de la sécurité collective. Les principes wilsoniens de cette même Amérique avaient présidé à la reconstruction de l'Europe après 1945 et à la création de l'ONU. Je finis par rétorquer à mon élégant doctrinaire : « Cette Amérique-là n'a pas soudain disparu. La critique de la politique étrangère néo-conservatrice est plus impitoyable dans la presse américaine que dans la presse européenne, et dans de nombreuses universités des États-Unis la tradition du droit international reste très vivante. »

Sornettes pour Jeremy Rabkin : le wilsonisme d'une certaine Amérique ne doit pas tromper les Européens, en leur laissant croire qu'ils tiendraient là les ficelles d'une Cinquième Colonne, pouvant renverser de l'intérieur les convictions de l'Amérique majoritaire de George W. Bush. Ces idées ont toujours été minoritaires aux États-Unis, me dit-il. Wilson lui-même, qui n'a pu obtenir du Congrès la ratification du pacte de la SDN et du traité de Paris en 1919, en a fait l'amère expérience.

> « Wilson a été désavoué par le peuple américain. Et tous les présidents successifs qui lui ont succédé ne se sont pas montrés plus favorables à ce traité que le Sénat en 1919. Que voulez-vous ? Notre architecture constitutionnelle est très différente de celle de l'Europe : Clemenceau l'a découvert à ses dépens ! »

Et Jeremy Rabkin de mettre les points sur les i, en me donnant « sa » définition du wilsonisme, qui serait le consensus américain en matière de politique étrangère, mais qui n'aurait rien à voir avec ce que l'Union européenne souhaiterait voir s'imposer dans le monde d'aujourd'hui.

> « Le wilsonisme est une version du patriotisme américain, mais pas le contraire des autres, comme vous semblez le croire. Il faut s'entendre sur les termes. Si vous entendez par wilsonien un monde où la paix est garantie par des organisations internationales comme la SDN ou l'ONU, et où celles-ci défendent les droits de l'homme dans le monde – ce qui va bien au-delà de la pensée de Wilson lui-même –, je suis contre. Pour vous le dire franchement, je suis content que ça ne fonctionne pas. L'idée que cela puisse

fonctionner est effrayante. Cela signifierait qu'il y aurait la possibilité d'un gouvernement mondial. Vous ne l'appelez pas comme tel, vous ne vous en rendez pas compte, mais ce serait un gouvernement mondial. Pour que cela fonctionne, il faudrait en effet un énorme pouvoir militaire à disposition de l'ONU, et je ne suis pas favorable à ça, personne n'est favorable à ça. Mais si vous entendez par un monde wilsonien que l'Amérique se portera mieux si la plupart des pays du monde deviennent des démocraties, bien sûr je suis wilsonien en ce sens. Tous les Américains le sont. Tous ceux qui ne sont pas wilsoniens dans ce sens ne sont pas américains. Oui, c'est vrai, l'Amérique a encouragé l'intégration européenne : nous avons même inventé le mot à l'époque du plan Marshall. Mais c'est une expression très ambiguë. Il s'agissait de laisser les Européens se partager entre eux l'aide américaine, ce qui fut à l'origine de l'OCDE. Il était évident que dès les années 40, les Européens feraient des choses que nous ne ferions jamais. Vous pouvez dire que c'est hypocrite, qu'il y a là un double jeu cynique, mais nous ne sommes pas dans la même situation que vous. La puissance commerciale et la puissance militaire des États-Unis sont incomparables à celles de l'Europe. Nous sommes suffisamment forts pour ne jamais penser à nous "intégrer" avec d'autres pays. C'est évident. Cela ne se discute pas. »

Il n'y aurait donc pas d'alliance entre les deux rives de l'Atlantique qui puisse se fonder sur une conception commune du droit international. Les Européens se trompent en perpétuant le souvenir d'un wilsonisme dans lequel l'Amérique ne se reconnaît pas, et où Wilson lui-même ne se reconnaîtrait pas. Le refus par le Congrès d'entériner la Société des Nations avait engagé l'Europe et les États-Unis sur des voies divergentes au XXe siècle. D'ailleurs, pour Jeremy Rabkin, c'est l'Europe elle-même, sans le concours des États-Unis, qui a inventé toute seule sa stratégie d'existence par le droit international. En 1907, la seconde Conférence de la paix organisée par les Pays-Bas à La Haye avait jeté les bases de ce qui définit l'Europe d'aujourd'hui. L'engagement du président Wilson à la Conférence de la paix de 1919 n'y était pour rien.

« En 1907, les Hollandais ont organisé à La Haye la seconde Conférence de la paix, qui a abouti à un accord sur la prévention des conflits. Pourquoi les Pays-Bas ? me direz-vous. Parce que les Hollandais avaient conscience d'être marginalisés par le jeu politique des grandes puissances, et que pour se trouver une place, ils s'étaient inventé le rôle d'honnêtes courtiers pour tous les pays. Ils croyaient sincèrement qu'ils faisaient quelque chose de fantastique en organisant cette Conférence de la paix. Ils n'avaient pas tort : La Haye a acquis à ce moment-là vocation à devenir le siège du Tribunal de justice européen ! Les Pays-Bas sont un petit pays qui regarde le monde d'une manière très optimiste. Parce que si ce pays n'est pas optimiste, il se retrouve en face d'une pénible réalité. Ce qui s'est passé. Après avoir cru pendant plus de cent ans à la neutralité, finalement il a fini par rejoindre l'Otan. Ils ont mis du temps à apprendre la leçon. Je dirais que c'est tout à fait naturel. C'est tout à fait naturel qu'un pays qui n'a pas de forces à déployer regarde le monde autrement que celui qui a des forces à déployer. Il pense que tous les gros bras sont toujours agressifs, et qu'en aucun cas ils se joindront eux-mêmes à une intervention armée. Si la force est requise, elle ne sera pas fournie par les Pays-Bas. Et aujourd'hui, la force ne sera pas fournie par l'Europe. Tout ce qu'a dit Kagan à cet égard est parfaitement correct. L'Europe regarde le monde autrement que les États-Unis. Les nations européennes sont les Pays-Bas d'il y a un siècle, il ne faut pas prendre pour de la provocation ce constat. Je souhaite simplement bonne chance à l'Europe. »

Ce « bonne chance à l'Europe », Jeremy Rabkin me l'avait dit avec une condescendance glaciale, me montrant qu'il était possible d'aller plus loin dans le dédain que Robert Kagan. Je le lui dis, et il n'en disconvint pas :

« Robert Kagan est beaucoup plus préoccupé que moi de conserver de bonnes relations avec l'Europe. Le succès de son livre dans les milieux intellectuels européens le prouve car, selon lui, le système du droit international où il refuse de plier les États-Unis marche bien en Europe. Ils ont aimé cette idée qui les flatte, selon laquelle les bons et beaux principes sont de leur côté. Or, l'échec de la Constitution européenne a prouvé que Kagan s'était trompé sur ce point : les fondements, du côté européen, étaient mauvais, on le sait maintenant. L'idée que l'on peut établir des règles et des lois internationales pour tenir lieu de nation, ne marche pas. En réalité, l'opposition entre la force et le droit des deux côtés de l'Atlantique n'est que la partie immergée de l'iceberg. La rhétorique européenne n'est pas l'expression d'un modèle alternatif viable, elle n'a d'autre assise que le sentiment de peur. Je partage avec Kagan son point de vue sur les deux conceptions du droit qui s'affrontent de part et d'autre de l'Atlantique. Mais j'ai une beaucoup plus mauvaise opinion de l'Europe que lui. Je ne crois pas, moi, que nous pourrons avoir une bonne relation avec l'Europe, même si nous entrons dans une période de cordialité relative. »

★

À Washington, Madame Bohlen, sceptique sur la poursuite de relations « équilibrées » entre l'Amérique et l'Europe, se raccrochait à l'héritage de l'Alliance atlantique, sur lequel, malgré tout, m'avait-elle dit, demeure un consensus. À New York, Jeremy Rabkin avait finalement devant moi levé ce dernier tabou. Certes, concédait-il, il serait très utile qu'il y eût un noyau européen ayant assez de confiance en soi et de ressources pour se donner la puissance militaire. Peu importe que l'Europe soit moins armée que l'Amérique, l'important, c'est qu'elle ait une défense à elle : « Ce serait plus sain pour l'Amérique, plus sain pour le monde, plus sain pour l'Europe. » Tout à coup Rabkin ne semblait plus si anti-européen que je l'avais cru. Il cessait même de se donner pour gaulliste. Il me déclara qu'il regrettait, pour l'Amérique, pour l'Europe et pour le monde, qu'une version militaire de l'intégration européenne n'ait pas été possible beaucoup plus tôt. Pour lui, le rejet en 1954 par l'Assemblée française du projet de la CED avait été un tournant fatal. Or c'était là le choix de De Gaulle et de son parti, alors dans l'opposition à la IVe République. Il fallait voir dans ce refus néfaste l'origine de la dérive de l'Europe dans un sentimentalisme juridique et de la France dans un gaullisme délavé et verbeux.

> « À partir de cette date, m'avait-il dit, plus personne n'a su ce que l'intégration européenne allait être. Mais permettez-moi d'ajouter quelque chose : c'est très dommage que les États-Unis soient si seuls dans leur état de superpuissance. »

La fin de l'Alliance atlantique : tel était donc, selon Jeremy Rabkin, la conséquence inévitable à terme de la divergence actuelle entre l'Europe et les États-Unis sur la question de l'emploi de la force.

« L'Alliance atlantique, c'est aujourd'hui du sentimentalisme. Cela appartient au passé. Et tout le monde est d'accord là-dessus. J'exagère un peu, car c'est un sujet que les officiels américains eux-mêmes n'abordent pas publiquement. Mais si vous rencontrez Kissinger, il vous dira en privé à peu près la même chose ! Quelle est la leçon, vue d'Amérique, de la crise irakienne ? Des pays ont cherché à s'opposer à nous, à s'organiser contre nous. Ce qu'ont fait la France et l'Allemagne n'était pas un désaccord, mais une opposition active. Ce sont deux pays qui ont été très importants pour nous, pour la liberté desquels nous nous sommes battus. Or ces deux pays ont dit en cette conjoncture vitale : "Nous voulons vous freiner, vous arrêter, organiser une résistance contre vous, jusqu'à prendre la défense de votre ennemi." Parce que c'est ce qu'ils ont fait : ils ont défendu Saddam Hussein. C'est un fait indéniable d'une très grave importance. Je pense qu'on ne reviendra pas en arrière.

« Inutile de s'en offusquer ou de porter un jugement moral, il faut juste en tirer les conséquences et dire : d'accord, nous avons eu cette alliance pendant la guerre froide, parce que nous avions souscrit à l'idée de combattre ensemble l'expansion soviétique en Europe. Il n'y a plus d'URSS, il n'y a donc plus de fondement pour l'Alliance atlantique. Si vous regardez l'histoire américaine avec un peu de recul, l'Otan a été la première alliance militaire contractée en temps de paix par les États-Unis. C'est quelque chose d'unique dans notre histoire. Nous n'avions jamais fait cela auparavant, et si nous l'avons fait, c'était pour une raison exceptionnelle, qui était la menace soviétique qui n'existe plus aujourd'hui. Nous n'avons plus les mêmes engagements vis-à-vis de l'Europe, et il est clair que l'Europe n'a pas non plus les mêmes engagements vis-à-vis des États-Unis. Pourquoi faut-il donc maintenir cette alliance ?

« L'Europe est un continent démocratique, et la chose très importante est que personne ne croit plus au risque de guerre entre nations européennes. C'est une réussite historique extraordinaire. Mais l'alliance avec les États-Unis n'a plus raison d'être. Prenez le Canada et le Mexique : nous avons de bonnes relations avec ces pays voisins, mais nous ne nous attendons pas à ce qu'ils se joignent à toutes nos opérations militaires. Ce sont deux pays indépendants. Parler d'Alliance atlantique aujourd'hui, c'est au fond une stratégie pour Européens qui prétendent en tirer le droit de veto sur la politique américaine dans le monde entier. En retour de ce droit, ils ne contribuent à rien. L'Europe n'a pas grand-chose à mettre dans la balance, d'un point de vue militaire. Or si vous n'en attendez rien en matière militaire, pourquoi prêter autant d'attention à l'Europe, pourquoi pas au Japon, ou à d'autres pays qui ont de l'argent, qui ont des valeurs morales, qui ont de l'influence ? L'Inde a trois fois plus de population que toute l'Europe, et c'est une démocratie. L'Inde est sur la voie de la prospérité, l'Inde a une grande influence sur le tiers-monde, pourquoi l'Inde n'est-elle pas aussi importante pour nous que l'Europe ? Et je pense que la réponse est : l'Inde est au moins aussi importante pour les États-Unis que l'Europe. Nous avons des liens d'ancienne amitié avec l'Europe ? Très bien, mais l'idée que la pierre angulaire de notre politique étrangère puisse reposer éternellement sur l'Alliance atlantique est une idée stupide. Car avec l'Europe, nous ne sommes pas toujours d'accord. Nous avons amélioré nos relations avec l'Inde. Mais faire de l'alliance avec l'Inde la pierre angulaire de notre défense et de la sécurité dans le monde serait tout aussi exagéré. Car avec l'Inde, comme avec l'Europe, l'Amérique, à l'avenir, ne sera pas toujours d'accord. »

CHAPITRE 2

EUROPE, ANNÉE ZÉRO

> « G.P. : *Les Anglais débarquent en commando à Bruxelles et on me dit qu'ils voient déjà la City de Londres contrôlant l'Europe...*
>
> « J.M. : *Les qualités anglaises et les qualités françaises sont différentes. Les Anglais se concentrent sur des points précis ; les Français sont meilleurs quand ils sont en contact avec les autres. Avec les autres ils dirigent ; entre eux ils discutent...* »
>
> Conversation entre Georges Pompidou
> et Jean Monnet, 16 novembre 1972

Paris, mars 2005.

Il m'avait dit : « Samedi 10 heures, vous sonnerez à *Guéhenno*. » Pour un Anglais, Tony Judt savait choisir ses amis français. Ce professeur du Remarque Institute de New York, en escale à Paris, était descendu sur la montagne Sainte-Geneviève chez le fils de Jean Guéhenno, l'académicien de gauche qui avait créé et dirigé dans les années 30, sous le parrainage de Romain Rolland, la revue *Europe*. T-shirt noir moulant, une petite cinquantaine à l'allure sportive, Tony Judt m'ouvre la porte d'un appartement qui respire la bonne odeur lustrée de la vieille bourgeoisie intellectuelle du Quartier latin.

Plume célèbre de la *New York Review of Books*, le môle de résistance de l'intelligentsia de la côte Est à l'administration Bush, Tony Judt n'a pas de chance avec la France. Ancien élève de la rue d'Ulm, son premier livre, intitulé *Un passé imparfait*, consacré à l'aveuglement des intellectuels français entre 1930 et 1970, avait eu un grand succès à Paris [1]. Pour remercier son pays d'élection, il en avait écrit l'antidote : un livre sur Blum, Camus et Aron, les trois grandes figures qui ont porté haut au XXe siècle l'honneur de l'intelligence parisienne [2]. Mais depuis que Tony Judt s'est mis à écrire sur l'Europe, et non plus sur l'intelligence française, Paris ne veut plus entendre parler de lui.

En 1996, il publiait un petit livre prophétique, intitulé *A Grand Illusion ? An Essay on Europe* [3], où une décennie avant le *non* du 29 mai 2005, le scénario de l'échec de la Constitution européenne était dessiné en filigrane. Ce livre, traduit dans l'Europe entière, n'a jamais trouvé preneur dans une maison d'édition parisienne. Au moment où je le rencontre, il est en train de rédiger une nouvelle préface pour la traduction hongroise. Et il met la main à son dernier ouvrage, publié en octobre 2005 : *Postwar : A History of Europe since 1945* [4]. Quelles vues Tony Judt soutenait-il pour mériter un tel ostracisme dans cette France qu'il aime tant ? Tout simplement que « l'Europe française n'existe plus, car ce qu'on a appelé l'Europe dans les années 50, n'a pas été ce qu'on croit ».

---

[1] Tony Judt, *Un passé imparfait*, Fayard, 1992.
[2] Tony Judt, *La Responsabilité des intellectuels : Blum, Camus, Aron*, Calmann-Lévy, 2001.
[3] Tony Judt, *A Grand Illusion ? An Essay on Europe*, New York, Hill and Wang Pub, 1996.
[4] Tony Judt, *Postwar : A History of Europe since 1945*, New York, Penguin Press, 2005.

Dans le salon où il me reçoit, les boiseries sont sculptées dans le style néogothique. Du Viollet-le-Duc chez un Guéhenno : nous sommes encore en pleine IIIe République, avec ses cols durs, ses jaquettes, ses pantalons rayés, ses écrivains de combat, ses mystiques laïques du pouvoir spirituel littéraire. En surimpression, Tony Judt me confie son désespoir d'aujourd'hui sur l'Europe. Cet Anglais est un eurosceptique malgré lui. D'une famille originaire d'Europe centrale, juif pour un huitième, il est hanté par une vision « habsturc » du Vieux Continent, menacé par le même destin qui a fait disparaître et le Saint-Empire et la Sublime Porte.

En 1989, au moment de la chute du Mur, Tony Judt se trouvait à Vienne et c'est de ce poste avancé de l'Europe centrale que ce « spectateur engagé » a vu surgir une nouvelle Europe jusqu'alors insoupçonnée.

« Pendant la guerre froide, la capitale autrichienne s'était réinventé un rôle central dans l'Europe divisée : elle était devenue le principal foyer intellectuel de la dissidence à la tyrannie de l'Est. Lorsqu'en 1989 le rideau de fer est tombé, je dus constater à Vienne que tout le monde faisait semblant d'y croire encore. Toutes les conversations privées tournaient autour de la dissidence : c'était comme si on voulait sauver une illusion, conserver le passé comme s'il était aussi l'avenir.

« J'ai quitté Vienne, pour un voyage de quinze jours à Prague et à Budapest qui venaient de se libérer du communisme. Devant mes yeux, le décor de l'après-guerre quittait la scène, et disparaissait à chaque pas. Dans le taxi du retour, j'ai entendu à la radio les informations qui annonçaient les premiers signaux de la chute du régime de Ceausescu. Tout ce qui avait paru permanent et fixe apparaissait tout à coup comme une parenthèse déjà fermée. C'est à ce moment-là que j'ai compris qu'on ne pouvait plus écrire l'histoire de l'Europe occidentale comme avant ; l'avenir avait changé et c'était le passé qu'il fallait réécrire. Ce qu'on avait appelé pendant plus de cinquante ans l'Europe était désormais derrière nous. L'autre moitié de l'Europe était libre, elle devait sa liberté à l'Amérique, et il fallait désormais compter avec elle. Je crois que si mon premier livre sur l'Europe n'a pas été bien reçu à Paris, c'est peut-être parce qu'en France, comme dans la Vienne des mois qui ont suivi la chute du mur de Berlin, on préfère vivre comme si le passé et l'Europe de l'Ouest continuaient tels quels. »

Dans cette pièce qui fleure bon le début du siècle dernier, l'ombre de Romain Rolland nous écoutait peut-être. Un siècle plus tôt, le pacifiste de la Grande Guerre s'était fait le pourfendeur de l'idéalisme allemand dont la mystique wagnérienne avait introduit par contagion le vague dans un esprit français attaché à la clarté et au réel. « L'idéaliste, écrivait Romain Rolland, ment. Il ne veut pas voir, il a peur de voir, et il se sauve dans son optimisme vague, fade et poltron. » En cette année 2005, l'idéalisme allemand défunt ne risquait plus de contaminer l'Europe, mais les Lumières françaises n'en étaient pas moins vagues. L'heure était désormais à l'expansion de l'Europe « anglo-saxonne » contre laquelle la France de Jacques Chirac avait hissé les drapeaux de la résistance, au risque de flirter à nouveau avec les nuées. Telle était du moins l'inquiétude qui poignait l'hôte de passage de la dynastie Guéhenno.

J'étais habitué à entendre parler de nombreux mythes de l'après-guerre mais non de l'Europe française comme mythe. Du traité de Rome au traité de Maastricht, la construction européenne n'avait-elle pas été la seule boussole fixe de la politique étrangère de mon pays ? Le mythe de l'après-guerre, s'il y en avait un, était plutôt celui du rêve d'indépendance nationale, que les non-dits d'une victoire en 1945 avaient fait naître, en dépit de l'effondrement de 1940. Mais cet Anglais de New York, désespéré par la France, avait fini par vider devant moi son sac en s'attaquant par dépit à l'inspirateur de l'Europe française : Jean Monnet.

L'Europe française aurait donc été une illusion. Pour Tony Judt, le traité de Rome, présenté comme une victoire pour la vision politique de Jean Monnet, a été à l'origine des malentendus sur la construction européenne.

> « Dès le milieu des années 50, me dit-il, le projet de Monnet a été pris de court par la renaissance économique de l'Allemagne qui a contraint l'inspirateur à négocier avec les intérêts allemands. En 1954, souvenez-vous, la France s'était déjà auto-administré l'échec de la CED qui eut pour conséquence ce que redoutait le plus Paris : la restauration d'une armée allemande, modeste, mais nationale. Après la CECA, Monnet avait imaginé pour l'Europe une autorité politique, mais elle s'est trouvée réduite à un Marché commun. Le traité de Rome ne fut pas un succès français. Il a été porté à Messine par la Belgique et le Luxembourg, et il a consacré la victoire des vues du ministre allemand des Finances Erhard, fervent défenseur d'une Europe zone de libre-échange. Pour contrebalancer les intérêts allemands, la France avait avancé de son côté un projet d'Europe de la puissance nucléaire : l'Euratom, auquel Jean Monnet accordait une grande importance. Mais l'Euratom, comme la CED, a fait long feu, tandis que le Marché commun a été la grande réussite de l'Europe, tout économique. »

La vieille rivalité entre Paris et Berlin avait-elle été le poison d'une construction européenne en trompe-l'œil, tuant dans l'œuf le projet politique de Jean Monnet, dont le principal but avait été justement de dépasser les nationalismes d'hier ? L'Europe n'avait-elle été fondée que sur le principe économique de libre-échange, consacrant contre le projet politique français les vues de l'ancienne RFA, alors la meilleure élève de l'Amérique sur le Vieux Continent ?

« À l'exception de Giscard, m'explique Tony Judt, qui avait des relations privilégiées avec le chancelier Schmidt, tous les chefs d'État français depuis 1945 ont eu le même problème : gérer la renaissance allemande. De Gaulle a joué un double jeu remarquable avec l'Allemagne. Il a essayé de faire semblant de se rapprocher de l'Allemagne, mais sur les questions militaires, il était dans le camp américain. On a oublié, depuis, qu'Adenauer avait un ressentiment énorme vis-à-vis des États-Unis parce que, pour Kennedy, comme pour Eisenhower, il n'était pas question que l'Allemagne eût l'arme nucléaire. La France a ainsi bénéficié de l'autorité économique de l'Allemagne, tout en conservant un monopole nucléaire fondé sur une alliance tacite et paradoxale avec l'Amérique. »

L'appui de Washington, d'un côté ; de l'autre, un mensonge bien gardé entre Paris et Berlin, où Paris dit à Berlin : « Vous faites semblant de ne pas être puissant et nous faisons semblant de ne pas reconnaître que vous l'êtes. » Telles auraient été les conditions secrètes du « rayonnement » français retrouvé dans l'Europe d'après 1945.

Pour Tony Judt, le retour au pouvoir de De Gaulle en 1958 n'avait pas simplement été la réponse politique à la crise algérienne. En profondeur, le Général incarnait l'alternative à l'échec de la vision européenne de Jean Monnet face au regain de la puissance allemande. Ce que Monnet n'avait pas réussi à faire, de Gaulle, à sa manière, par d'autres voies, celle de la diplomatie traditionnelle des alliances, tenta de l'obtenir, en misant sur la renaissance des vieilles nations dans le cadre libre-échangiste du Marché commun.

« Au fond, l'œuvre de l'Europe depuis la Deuxième Guerre mondiale, c'est la renaissance des États-Nations. Qui aurait dit au lendemain de la guerre que la France, l'Allemagne, l'Italie ou l'Espagne pourraient redevenir des nations à part entière ? Alors oui, de Gaulle, qui croyait à la continuité des Nations, a gagné. Il a gagné parce qu'il savait très bien que l'Allemagne redeviendrait une grande puissance économique. Il avait l'avantage de sa génération qui se souvenait de la montée en puissance de l'Allemagne impériale entre 1871 et 1914. Le prétendu âge d'or du projet fédéral a caché le retour en force de l'ancienne conception politique de l'Europe des Nations. L'Europe "réunie" n'aura été que le rêve de croissance économique d'après-guerre, insuffisant par lui-même à légitimer et faire entrer dans les mœurs les institutions d'une Europe politique. »

En écoutant cet Anglais d'Amérique, je comprenais mieux maintenant pourquoi ses livres sur l'Europe étaient ostracisés à Paris. Il renversait ni plus ni moins toute notre légende de l'après-guerre. D'un côté, il dessinait une histoire inédite de la renaissance de l'Europe d'après-guerre avec pour réel centre de gravité l'économie allemande restaurée dans le cadre du libre-échange européen et avec pour paravent de vertu l'unité politique de l'Europe prônée par la France. De l'autre, il faisait du Général un allié de revers des États-Unis sur les questions militaires, lui qui symbolisait dans notre mythologie gauloise le défi aux puissances « anglo-saxonnes », défi consacré par l'axe franco-allemand et scellé en 1963 par le traité de l'Élysée.

★

Démagogie ou réalisme, c'est dans le pays de Jean Monnet et celui d'Alcide De Gasperi, les paladins de l'Europe unie, que cette Europe des grandes espérances a été ouvertement reniée, et pas seulement par l'électorat français. Dans l'Europe élargie à 25, Silvio Berlusconi et Jacques Chirac, deux chefs d'État héritiers en principe de l'idéal européen, venaient eux-mêmes alors de remettre en question les bienfaits du Marché commun, le socle de l'« Europe-puissance en construction », jusqu'alors tenu pour sacro-saint. Les nouvelles récentes étayaient les analyses de Tony Judt, aux yeux duquel France et Italie sont les deux pays d'Europe continentale n'ayant engagé aucune réforme de structure de leur État-Providence hérité des Trente Glorieuses. Ce handicap commun, qui fait les gorges chaudes de l'hebdomadaire anglais de l'« économiquement correct » *The Economist*, avait en 2005 développé ses conséquences logiques. Le fait est là : dans les deux pays des pères fondateurs, l'idée nationale et l'égoïsme sacré que Tony Judt prétendait voir cheminer et prospérer, depuis 1945, sous le manteau de l'Europe unie, se démasquaient et se montraient au grand jour.

À Paris, le retour à un « patriotisme », voire à un protectionnisme économique avoué, s'est manifesté dans l'affaire « Bolkestein », et la levée de boucliers unanime, depuis le moindre éditorialiste jusqu'au chef de l'État, qu'a suscitée une « directive » soumise à la Commission de Bruxelles, soupçonnée de chercher à nuire à la « préférence nationale » en matière d'emploi. Bolkestein, le nom du Hollandais auteur de la « directive », rebaptisé par la presse hexagonale « Frankenstein », est devenu en quelques jours le grand épouvantail qui a mobilisé un *non* français unanime aux menaces supposées sous le texte difficilement lisible de la Constitution européenne. Cette directive Bolkestein, prévoyant dans l'Europe des 25 la libéralisation des services, avait l'appui du président de la Commission, Barroso. Elle a fait fantasmer en

France une inévitable invasion de « plombiers polonais », arrachant le pain de la bouche aux plombiers français. La Pologne, déjà tancée par Jacques Chirac pour son approbation à la guerre d'Irak, a répondu avec humour aux terreurs françaises, en menant une campagne de publicité européenne qui métamorphosait les rudes plombiers polonais en gracieux Chippendale, capables de séduire avec leur outillage irrésistible le cœur des ménagères de plus de cinquante ans.

En Italie, le jeu de la « préférence nationale » a été un peu plus subtil. Cependant, Silvio Berlusconi est le premier chef de gouvernement européen qui ait laissé l'un de ses ministres en appeler ouvertement à la rupture avec l'impopulaire euro et au retour à l'ancienne monnaie nationale. Cette menace de coup d'État européen ne doit pas surprendre, venant d'un politicien-businessman qui avait affiché pour se faire élire, à l'inverse du social-radicalisme de Chirac, sa volonté de mettre l'Italie à l'heure du modèle « anglo-saxon ». En outre, l'élection du Cavaliere, en 2001, s'est faite contre Romano Prodi, l'ancien président de la Commission européenne, Premier ministre « de gauche » sortant, vilipendé avec succès pour avoir bradé l'appareil industriel national afin de permettre à l'Italie d'entrer dans l'euro. Entre 1994 et 1998, l'Italie de Prodi avait entrepris le plus grand programme de privatisations d'Europe occidentale, évalué à plus de 42 milliards d'euros [1]. Ancien conseiller de la banque d'affaires américaine Goldmann Sachs, initié aux idées et aux mœurs de Wall Street et de la City, l'ex-président de la Commission européenne n'en a pas moins dirigé la coalition gouvernementale de centre-gauche dite « de l'Olivier » dont la tactique a inspiré « la gauche plurielle » de Lionel Jospin pour sa victoire en 1997. Pendant son passage au gouvernement de l'Italie, il s'est identifié, aux yeux d'une majorité d'électeurs, à une Europe

---

[1] Source : Observatoire européen des relations industrielles (OERI).

« ultra-libérale » coûtant au pays la dilution de ses actifs économiques. Comme les nouveaux pays de l'Europe de l'Est qui estimaient devoir leur liberté à l'Amérique de Ronald Reagan, l'Italie avait commencé sous la présidence « de gauche » de Prodi sa propre révolution économique « libérale », à coups de privatisations massives.

L'élection « à droite » en 2001 du politicien-homme d'affaires Silvio Berlusconi, allié à la droite « nationale » de l'ex-Mouvement social italien et à la droite séparatiste de la « Ligue du Nord », n'a donc pas été ce qu'on croit, une victoire de l'Europe dite « libérale », mais exactement le contraire. Dès l'échec de sa première réforme du marché du travail en 2002, scandée par l'assassinat par les Brigades rouges d'un conseiller du ministère du Travail, Marco Biagi, Berlusconi a joué en fait sa carrière sur la réaction populaire « nationaliste » hostile à l'Europe de l'euro. L'ambiguïté de son mandat était d'autant plus grande, que son ministre de l'Économie, Giulio Tremonti, était allié à la « Ligue du Nord », populiste et anti-européenne, interprète jalouse des intérêts de la prospère petite entreprise de la Lombardie et de la Vénétie contre la concurrence des pays à bas salaires de l'Europe de l'Est. L'hostilité de l'opinion italienne, et même d'une partie de ses anciens électeurs, à la personne de Romano Prodi, père à Bruxelles de l'élargissement de l'Europe aux anciens pays du bloc soviétique, aura été le solide fonds de commerce du Cavaliere. Le « néolibéralisme » attribué à Silvio Berlusconi n'aura lui-même été que paillettes sous lesquelles le public italien a deviné la réalité d'une politique ennemie du « néolibéralisme » agissant de Romano Prodi. Des deux côtés des Alpes, le national-populisme est devenu une valeur électorale en hausse.

Ces jeux byzantins d'une Europe décadente, dont j'évoque pour Tony Judt la version italienne, achèvent de le désoler : le rôle de Cassandre ne lui sourit pas, et il est le témoin accablé d'une dérive de l'Europe qu'il n'avait prévue et décrite que dans l'espoir de la prévenir. Il cherche et il trouve des coupables au désaveu cinglant, de toutes parts, du projet de Jean Monnet.

« Tout ce gâchis, c'est la faute des leaders des années 80, me dit-il. On aurait pu aisément prévoir dès cette époque les problèmes inévitables qui allaient se poser à l'Europe élargie à 25. L'Europe s'ouvrait alors à la Grèce, à l'Espagne, au Portugal, aux pays scandinaves. L'intégration des pays pauvres de l'Est et du Sud était déjà à l'ordre du jour. Nos chefs d'État auraient pu se dire : bon, il va falloir maintenant, avant d'élargir à grande échelle, repenser nos institutions et nos modes de fonctionnement. Ils n'ont pas eu le courage de le faire. Ils ont fait tout à l'inverse. Il aurait fallu imaginer d'abord la gérance de cette "super-Europe", avant d'avaler les pays d'Europe de l'Est. Les Français de gauche et de conviction européenne qui ont voté *non* au référendum sur la Constitution n'ont pas eu complètement tort. Aucune solution n'a été proposée au problème réel de concurrence que soulève le cumul en Europe de l'Est des avantages de la pauvreté à ceux des subventions. Comment accepter une Europe imprévoyante qui ouvre ses frontières à la concurrence des minuscules Amériques de l'Est, comme la Slovaquie, avec leur marché ultra-libéral et leur taux d'imposition au niveau de 15 %, alors que de surcroît ces pays bénéficient, en raison de leur faible niveau de vie, de substantielles subventions communautaires ? »

Jean Monnet avait cru dans le commerce et le libre-échange pour favoriser l'ouverture des nations, amender l'étroitesse de leur égoïsme et développer la conscience d'un bien commun européen. Les nationalismes semblaient alors des anachronismes voués à disparaître sur un Vieux Continent assagi. Or voilà que, cinquante ans plus tard, les égoïsmes sacrés ressuscitaient sous une forme imprévue : une série de révoltes nationales contre le marché unique. La sentence de Tony Judt sonnait juste :

> « L'Europe n'a été que le rêve de croissance d'après-guerre, insuffisant à concrétiser les vraies institutions. »

L'échec de la Constitution a sonné le glas de l'Europe politique si chère à Jean Monnet. Elle n'avait plus de chance de sursaut, puisque même l'Europe du libre-échange, b-a ba de l'Union des nations européennes, était brutalement remise en cause par les fils de famille de l'Europe. Jean Monnet était bien mort et il fallait admettre qu'on était entré sans lui dans un autre monde. Autre sentence de l'oracle Judt imprimée dans ma mémoire :

> « La chute du mur de Berlin a été pour l'Europe le début des vrais problèmes. C'était d'une certaine façon l'intuition de François Mitterrand et de Margaret Thatcher lorsqu'ils furent tentés de s'opposer à la réunification allemande. Voyez-vous, ce n'est pas l'Amérique qui a changé : c'est l'Europe qui n'est plus la même aujourd'hui. »

*

Amsterdam, juillet 2005.

Le ciel est gris et bas au-dessus d'un Amsterdam chaud et humide. Dans le quartier d'Amsted, j'ai rendez-vous avec l'ancien commissaire européen Frits Bolkestein, devenu professeur à l'université de Leiden[1]. Un peu plus d'un mois est passé depuis le *non* français et hollandais à la Constitution européenne. Le Pr Bolkestein en vacances jouit de ses premiers moments de retraite politique. Il souhaite les consacrer à la rédaction d'un livre sur le rôle des intellectuels en politique. Un retour à ses premières amours studieuses pour cet ancien diplômé de grec ancien et de philosophie, lecteur passionné dans sa jeunesse de Karl Popper, l'âpre pourfendeur de *La République* de Platon dans *La Société ouverte et ses ennemis*.

« Vous savez, me dit-il, pour faire de la politique, on n'a pas besoin d'intellectuels, même s'ils s'appellent Platon. Les qualités requises pour gouverner sont beaucoup plus élémentaires : un peu de courage et du bon sens. Il faut commencer par voir et dire la vérité, en analysant les choses telles qu'elles sont. Autrement, on égare en se payant de blabla. »

Entré dans la vie pratique, devenu l'un des dirigeants de Shell, en poste en France dans les années 70, il avait laissé les affaires pour se lancer dans une carrière politique aux Pays-Bas. Maintenant, il portait rétrospectivement un regard désabusé sur son expérience au directoire européen de Bruxelles :

« Nous sommes dans une situation assez décourageante, où les hommes politiques n'osent pas dire la vérité, et où de leur côté les intellectuels, ou ceux qu'on appelle ainsi, se laissent emporter par leur imagination ou leurs illusions en refusant d'analyser les choses telles qu'elles sont. Les hommes censés d'action sont ligotés dans leur propre politiquement

---

[1] Une partie de cet entretien a été publiée dans le magazine *CitizenK International*, Automne 2005.

correct, et les hommes censés de réflexion sont aveuglés par des rêveries qui ne sont d'aucun secours pour éclairer la marche de l'Europe. »

Le studio de Frits Bolkestein est une vaste pièce aux murs couverts de livres, dont les rayonnages sont interrompus par de hautes fenêtres donnant sur les canaux d'Amsterdam. Il m'a offert un godet de saké, en guise de bienvenue. Sur la table, au coin de la pièce, j'ai repéré le titre courant d'un livre ouvert, *Retour d'URSS* d'André Gide.

« Tenez, me dit-il, ajustant ses lunettes, voilà un bon exemple d'intellectuel honnête, qui s'est défait de ses propres illusions et qui a osé le dire. Comme beaucoup d'autres intellectuels des années 30, Gide a été attiré par le communisme, non qu'il ait lu Marx, mais parce que ce grand pécheur était nourri des Évangiles. Son histoire, c'est celle de toute une génération qui avait perdu la foi en Dieu, mais qui avait trouvé dans la politique, avec le communisme, un christianisme de substitution, auquel ils ont cru en fermant les yeux sur la réalité. Gide est l'un des premiers de ces convertis par erreur à avoir eu le courage de se ranger du côté du bon sens, en plein Front populaire et en pleine guerre d'Espagne, prenant le risque, par sa critique de Moscou, de passer pour fasciste. Mais il fut bien le seul à se détacher de son illusion et à la regarder en face. On se dit que beaucoup d'intellectuels français de l'après-guerre auraient bien fait de chercher leur inspiration dans ce petit livre pionnier de quatre-vingt-dix pages, où toute l'histoire des intellectuels du siècle, un demi-siècle avant le livre de Furet, *La Fin d'une illusion*, est saisie, du début à la fin, des espérances aveugles au retour salutaire à la réalité. Que de sottises leur auraient été épargnées dans l'intervalle ! »

Jacques Chirac avait vivement dénoncé en Frits Bolkestein un ennemi personnel sur les questions économiques, sans se souvenir que cet Hollandais, ancien ministre de la Défense des Pays-Bas, s'était prononcé comme lui contre la guerre d'Irak. Le président français n'avait pas davantage tenu compte de l'attitude de ce « Frankenstein » à l'américaine, de cet « ultralibéral » hué par les plombiers français, lors de l'assassinat de Theo Van Gogh par un fanatique musulman : vivement ému par ce crime, Bolkestein s'était révélé un adepte résolu de la laïcité à la française dans un pays qui s'était voulu la vitrine des vertus du communautarisme. Maintient-il cette analyse francophile, après le lynchage dont il a été lui-même victime en France ?

« L'Islam en Europe, me répond-il, crée un grave problème que le multiculturalisme ou le communautarisme, comme on voudra l'appeler, refuse de voir, se réservant ainsi de cruelles surprises. Je combats cet autre aveuglement. Le républicanisme à la française, qui exige par principe la compatibilité des confessions et des mœurs de chacun avec la citoyenneté commune, est une politique beaucoup plus sage. »

J'avais affaire à un ami de la France curieusement maltraité par les Français. Au surplus, mon hôte était loin d'être aligné sur Tony Blair, contrairement à l'image polémique qu'on en avait répandue à Paris. Il me dit, comme le ferait tout bon Français :

« La politique anglaise a toujours consisté à diluer et diviser l'Europe. Comment voulez-vous accorder à Tony Blair le titre de leader européen ? »

Pour autant, il n'est ni anglophobe ni américanophobe, comme on a tendance à l'être en France. Européen conservateur, hostile à l'entrée de la Turquie dans l'Europe, Frits Bolkestein est en réalité partisan d'une troisième voie entre l'Europe purement économique, que veulent les Anglais, et l'Europe politique telle que la souhaitent les pro-européens français. Comme Tony Judt, il constate à regret l'échec de l'Europe de Jean Monnet.

« Je crois que les idées européennes originales de Jean Monnet, de Robert Schuman et d'Alcide De Gasperi se sont essoufflées. Le besoin urgent de renouvellement qui se fait sentir doit s'appuyer sur une analyse courageuse de la réalité. Or la réalité d'aujourd'hui n'est plus celle des années 50-60. L'influence du Royaume-Uni sur l'Europe est aujourd'hui considérable : on peut la regretter, mais on ne peut pas la nier. L'Angleterre est un grand pays, comme l'Allemagne et comme la France. Comment la France et l'Allemagne peuvent-elles faire croire à une Europe fédérale à laquelle l'Angleterre est bien décidée à ne jamais s'identifier ? Cela est encore plus vrai après l'élargissement aux anciens pays de l'Europe de l'Est. Je me suis opposé à l'administration Bush sur l'opportunité de la guerre en Irak, ce qui ne m'empêche pas de penser que le secrétaire d'État à la Défense américain, Donald Rumsfeld, n'avait pas entièrement tort lorsqu'il a parlé de "la Vieille et de la Nouvelle Europe", l'une niant, l'autre agréant, qu'elle doit sa liberté aux États-Unis. La difficulté de l'Europe, c'est, je le répète, que ses hommes politiques ne veulent pas voir la vérité ou ne la disent pas. Ils font comme s'ils poursuivaient un projet fédéral, alors que tout le monde sait très bien, y compris en France, que ce projet n'est aujourd'hui plus viable. »

Pour Frits Bolkestein, la « Nouvelle Europe » que Tony Judt avait vue surgir depuis son observatoire de Vienne en 1989, était bien une réalité. Il était grand temps selon lui de le reconnaître, tout comme le rôle désormais central de l'Angleterre dans la construction européenne. Et au lieu de perpétuer le mythe d'une Europe fédérale, d'une « Europe-États-Unis » contrepoids des États-Unis d'Amérique, il fallait « repartir de zéro » pour tenter de trouver un moyen terme entre la Nouvelle et la Vieille Europe, moyen terme où la France avait un rôle clé à jouer si elle renonçait à adorer le *statu quo* et à rêver l'impossible.

Oui, cet homme détesté en France avait mieux qu'une vision, une analyse saisissante d'historien du présent, dont j'ai retenu les principales nervures. La Nouvelle Europe, libérée à l'Est en 1989, était en fait la fille de l'Amérique de Ronald Reagan, dont la révolution néolibérale avait eu raison de l'Empire soviétique. Quant à la Vieille Europe, libérée à l'Ouest cinquante ans plus tôt, elle était la fille d'une autre Amérique, celle du général Marshall et de John Kennedy, encore inspirée par le New Deal rooseveltien. C'est cette autre Amérique, aujourd'hui disparue et qui ne reviendra pas, malgré nos illusions, qui a patronné pendant la guerre froide une première vague de libéralisation concertée de l'économie de l'Europe de l'Ouest. Le fruit en a été les Trente Glorieuses.

Or cette libéralisation économique relative, que la première moitié de l'Europe libérée politiquement en 1945 avait alors acceptée, aujourd'hui elle la refuse et la diabolise sous la forme radicalisée qui s'est imposée en Angleterre, puis en Amérique sous la présidence Reagan. La Nouvelle Europe, libérée politiquement par Reagan, est beaucoup mieux disposée envers ce qu'on appelle en France l'ultralibéralisme « anglo-saxon ». Ce qu'il vaut mieux appeler la seconde vague de libéralisation, lancée par l'Amérique reaganienne, dont George W. Bush est aujourd'hui l'héritier, était désormais à prendre ou à laisser. L'Angleterre de la Dame de fer puis de Blair a suivi la première, avant que ne lui emboîtent le pas les principaux États de l'ex-Europe de l'Est, comme la Pologne. Mais la Vieille Europe, France et Italie en tête, résiste des quatre fers à monter dans ce nouveau train. L'ennui, c'est que cette résistance même s'ajoute aux autres conjonctures pour mettre en évidence une Europe à plusieurs vitesses et à plusieurs tropismes, qui s'éloigne toujours davantage de l'« Europe-États-Unis », de l'Europe fédérale projetée par Jean Monnet.

Tout se passe comme si deux Amériques, celle des années 50 et celle d'aujourd'hui, s'étaient déposées dans la mémoire européenne, chacune constitutive d'une identité différente et opposée ! Ce qui, soit dit en passant, relativise singulièrement le contenu « identitaire » des nationalismes européens, anciens et nouveaux : de ces deux mémoires, l'une ne remonte guère au-delà des années 50-60, et l'autre au-delà des années d'agonie de l'Empire soviétique. On est loin de la définition de la nation par Renan, qui supposait une très longue mémoire collective d'épreuves traversées en commun.

Les regards se tournent aujourd'hui vers l'Allemagne d'Angela Merkel. Au centre de l'Europe, les élections allemandes de l'automne 2005 ont symbolisé à la fois ce nouveau et invisible rideau de fer qui divise les deux Europes et la possibilité encore vacillante de le faire tomber. Le gouvernement de coalition SPD-CDU/CSU, dirigé par la première femme à occuper la Chancellerie d'Allemagne, est la grande inconnue de l'Europe de demain. Angela Merkel avait le profil idéal pour incarner le basculement de l'Europe continentale du côté souhaité par un Frits Bolkestein. Son profil net de fille de pasteur semblait annoncer une seconde Dame de fer. Elle avait grandi en RDA, de l'autre côté du Mur, et elle n'était pas des *Ossies* qui manifestent de la nostalgie pour l'ordre stalinien : elle était de la Nouvelle Europe reconnaissante envers Reagan et accueillante au néolibéralisme qui avait donné son second souffle à l'Amérique des années 80. Mais la Vieille Europe, dans l'électorat allemand, ne lui a pas cédé. L'Allemagne gouvernée par une coalition reste un pays divisé entre le conservatisme d'un État-Providence hérité de Willy Brandt et d'Adenauer, se contentant d'une influence allemande continentale, et le ralliement résolu à une nouvelle vague de libération économique d'inspiration américaine et renouant avec la politique pratiquée par un Erhard.

Cette volonté, divisée contre elle-même dans l'électorat, se retrouve dans les milieux d'affaires allemands, rangés tantôt au parti libre-échangiste très favorable à une économie ouverte à l'américaine et à l'anglaise, tantôt au parti plutôt protectionniste, qui mise sur l'immense marché intérieur ouvert par la réunification, et pour lequel une politique de relance poursuivie en fermant les frontières, à la manière de Schacht, le ministre de l'Économie en 1932, serait la vraie solution de la renaissance économique de l'Allemagne. Dans les deux hypothèses, le « couple » franco-allemand menace divorce.

C'est le moment de revenir à Tony Judt. Depuis notre entretien à Paris du printemps 2005, je l'ai eu plusieurs fois au téléphone cette même année, pour l'entendre de New York me commenter notre *annus horribilis*. À la veille du scrutin électoral allemand, m'avait-il raconté, il s'était rendu à Berlin. Il y avait trouvé une Allemagne bien décidée à prendre ses distances avec une France discréditée après l'échec du référendum sur la Constitution.

> « C'est la dernière fois, m'avait-il dit, que l'Europe aura dépendu d'une vision ou d'un choix français. Avec le *non* français au référendum, je crains fort que cela ait été pour la France la dernière occasion d'imposer ses vues, et elle l'a manquée. Ce n'est pas comme si ce *non* avait eu lieu à la fin des années 70. Maintenant, la situation est différente. Il n'y aura pas de solution alternative à la Constitution pour les 25. Et il n'y aura pas non plus un sursaut politique, venant de l'ex-Europe des Six, pour la création d'un

noyau dur : c'est trop tard. En Allemagne, je l'ai constaté, tout le monde, quel que soit son bord politique, est-ouest, gauche-droite, est d'accord sur un point : l'idée d'une Europe concentrique, où l'Allemagne serait liée, dans un noyau dur, à une France et à d'autres pays fondateurs comme les Pays-Bas ou l'Italie, est désormais inconcevable. Depuis les élections en Westphalie, les démocrates chrétiens sont de plus en plus tentés de se rapprocher des États-Unis, dans le style de la Grande-Bretagne ou de la droite espagnole. Ils disent : "L'Europe de Schengen, c'est très bien, mais pour ce qui est de la politique étrangère, donc pour le rôle de l'Europe dans le monde, il faut renouer les liens avec les États-Unis. On ne peut pas prendre le risque de s'aliéner l'Amérique, et surtout pas pour un noyau dur avec une France qui ne sait où elle va." Cette Europe concentrique sera remplacée dans la réalité par une Europe centrifuge, où les pays vont chacun chercher leur sécurité ou leur identité ailleurs. Avec les États-Unis, avec la Russie, ou bien dans le cas des Pays-Bas, dans une espèce de repli sur soi, mais pas dans un cadre européen cohérent. On ne cherche plus un avenir européen, on se tourne ailleurs et on se retourne sur soi, en se retirant dans le cadre national. On se demande où est notre intérêt national, et de moins en moins quel est notre intérêt européen. »

Cette Europe émiettée est exactement celle que souhaite l'Amérique de George W. Bush.

« Je me souviens d'une conversation que j'ai eue avec l'ancien commissaire anglais aux Affaires extérieures, Chris Patten. Bien avant la crise irakienne, il m'avait dessiné le scénario catastrophe d'une Europe qui n'aurait pas réussi à se prendre en main et à unifier sa politique étrangère : "Les États-Unis ont tout intérêt, me disait-il, à nous prendre un par un pour exploiter nos divergences." Le résultat vers lequel on glisse est celui-là : une Europe dont l'unité se dégrade d'année en année ; des États rongés par le ressentiment qui s'entre-déchirent ; non pas la fin de l'Union européenne comme cadre économique et juridique, mais la fin de l'Europe comme sujet de l'histoire mondiale. S'il n'y a pas d'Europe conduite par des chefs conscients de leur responsabilité historique, il faudra admettre que la vision des néo-conservateurs, un monde remodelé sur le modèle américain, est notre avenir. Certes, on a besoin de l'imagination blairienne, mais il faut plus que cela. Les Européens n'ont pas de stratégie, et faute d'Europe, c'est l'avenir américain qui s'imposera à nous. »

Pouvait-il en être autrement ? En sympathisant avec le désespoir de Tony Judt, je comprenais mieux son dépit amoureux pour la France. Il y avait eu à Paris, avant la débâcle du référendum, trop d'occasions manquées. En 1977, Jean Monnet avait confié au président Valéry Giscard d'Estaing : « De Gaulle a manqué une occasion, la plus grande occasion pour lui, en 1962, quand il est allé en Allemagne. Les Allemands étaient prêts à lui confier la direction de l'Europe, et nous aurions eu une Europe à direction française. Tout aurait changé ! Mais il n'a pas vu la situation. Il était trop préoccupé par les événements et les situations qu'il avait connus avant la guerre. Et il a laissé passer l'occasion[1]. » Or, comme Monnet avait finalement cru en de Gaulle, pour reprendre autrement le flambeau de son œuvre fragile, avant d'être finalement déçu par lui, Tony Judt avait cru en la France de Jacques Chirac, à son américano-scepticisme qui aurait pu être le creuset d'une nouvelle Europe française, et qui aurait évité les extrémismes rampants qui

[1] Cité par Valéry Giscard d'Estaing, *Le Pouvoir et la vie*, Compagnie 12, 1988 ; Le livre de Poche, 2004, p. 116.

aujourd'hui la déchirent. Mais Jacques Chirac avait déçu Tony Judt.

« Au début même des années 90, toute l'Europe de l'Est regardait encore vers la France, une France de toujours, et voulait que ce soit la France et pas l'Allemagne qui joue un rôle pilote. Cela n'a pas eu lieu. On ne sait pas pourquoi. Vu de l'étranger, c'est une énigme. Paris avait pourtant beaucoup d'atouts réels, outre les grands et beaux souvenirs qui le rendent attachant. Depuis, et pendant dix ans encore, la France aurait pu reprendre la direction de l'Europe : ni l'Angleterre ni l'Allemagne ne le pouvaient. Après le *non* français à la guerre en Irak, Jacques Chirac était le président français le mieux placé depuis des décennies pour donner une direction à l'Europe : il a raté cette occasion historique. C'est comme si cet homme ne pouvait se défaire de l'imaginaire français qui consiste à présenter la France comme une puissance jalousement indépendante, tout en la dispensant de se donner une vision et une volonté propres ! Cette France décevante qui parle par sa bouche, c'est encore et toujours cette France en porte à faux qui a réussi, il y a cinquante ans, à se glisser parmi les vainqueurs non parce qu'elle avait gagné la guerre, mais parce que Churchill voulait qu'elle fût là. On retrouve chez Chirac intact le problème de Mitterrand : il comprenait l'intérêt de la France dans l'Europe, mais il ne comprenait pas les intérêts de l'Europe. »

CHAPITRE 3

CHATEAUBRIAND EN CALIFORNIE

> « *Nous sommes un merveilleux peuple de vaincus.* »
>
> Malaparte, *La Peau*

Il avait choisi après la guerre de vivre en Amérique comme un moine se retire au désert. René Girard, né en 1923 en Avignon, ancien élève de l'École des Chartes, avait finalement trouvé à l'université de Stanford, en Californie, le climat de retraite favorable à une méditation sur la civilisation européenne à l'épreuve. Par-delà l'Atlantique, il lui était resté farouchement attaché.

Devenu célèbre pour une œuvre critique renouvelant l'intelligence chrétienne de l'histoire et de la littérature, Girard est revenu à Paris au printemps 2005 pour faire campagne et être élu à l'Académie française, au fauteuil du Père Carré, un dominicain qui avait l'aura d'un saint. Avant son élection Quai Conti, j'ai vu acclamé à Beaubourg, dans le temple national de l'art contemporain et de la pensée 68, ce Français d'avant-guerre pour lequel la simplicité américaine a été un bain de jouvence : un parterre d'étudiants et de fidèles, à l'étroit dans le grand amphithéâtre archicomble du Centre, devant un écran géant, écoutait religieusement le Maître venu de Californie commenter la Bible !

Ce soir-là, René Girard rentré d'Amérique m'apparut comme l'autre René, rentrant de son exil dans la langue anglaise et renversant le cours des idées françaises par un nouveau *Génie du christianisme*. Comme son prédécesseur, il avait médité à l'écart de son époque dans la solitude, tenant ferme le fil d'Ariane d'une tradition littéraire nationale suspendue à Paris en 1792 par la Terreur, puis par l'Idéologie, et dans l'après-Seconde Guerre mondiale par les torrents d'encre des philosophies de la « la mort de Dieu » et de « la mort de l'Homme ».

Dans son autobiographie intellectuelle, parue en 2004 sous le titre *Les Origines de la culture*[1], René Girard a rappelé comment lui-même avait été pris au piège des nouveaux idéologues, dont les abstractions intimidantes avaient été aussi fatales à nos lettres qu'auraient pu l'être à notre existence nationale tous les AMGOT[2] imaginés par Washington pour mettre sous administration américaine la France libérée. L'Histoire a son ironie et ses inadvertances. C'est René Girard qui fournit l'occasion à la *French Theory* de paraître sur la scène américaine et de fasciner pour la première fois un public universitaire remonté contre la guerre au Vietnam et en quête d'excitations cérébrales. En 1966, il était alors professeur à la Johns Hopkins University, il avait cru bon d'inviter la fine fleur de l'intelligentsia parisienne, Lucien Goldmann, Roland Barthes, Jacques Derrida, Jacques Lacan, à un colloque modestement intitulé « Les langages de la critique et les sciences humaines ». Échappant à son initiateur, le colloque devint un grand spectacle dont les vedettes s'entendirent pour donner l'impression enivrante d'appartenir au même Front commun, à la même avant-

---

[1] René Girard, *Les Origines de la culture*, Desclée de Brouwer, 2004.
[2] Allied Military Government of the Occupied Territories, gouvernement militaire d'occupation constitué par l'État-major américain pour administrer les territoires libérés par les forces alliées après le débarquement. Le général de Gaulle s'y opposa vigoureusement.

garde ultramoderne, appelée à remplacer toutes les vieilles disciplines académiques et à révolutionner la société :

> « Quand Freud est arrivé aux États-Unis, il dit au moment où le bateau était en vue de Manhattan : "Je leur apporte la peste." Il avait tort. Les Américains n'ont eu aucun mal à digérer la psychanalyse qui se retrouva vite américanisée. Mais en 1966, mes invités ont vraiment apporté la peste avec le "retour à Freud" lacanien et la déconstruction derridienne... du moins dans les universités ! Au point que je me suis senti soudain aussi étranger à Johns Hopkins qu'autrefois en Avignon, au milieu de mes amis de jeunesse post-surréalistes [1]. »

René Girard, en 1966 à Johns Hopkins, avait réagi sans s'en douter comme Allan Bloom en 1968 le fera à Cornell, où ce disciple de Leo Strauss avait été ostracisé par les étudiants et les professeurs convertis à la *French Theory*. Les post-surréalistes d'après-guerre 1945 qu'il avait fréquentés en Avignon prétendaient, comme les dadaïstes de l'après-guerre 1914, subvertir par le dynamitage du langage et des formes tout l'édifice oppressif de la prétendue civilisation. La même impulsion animait les philosophes, sémioticiens et psychanalystes que Paris adorait et dont le snobisme des campus américains fit ses maîtres à penser, selon le précédent établi par Marcel Duchamp auprès des riches snobs new-yorkais, qui prirent son dandysme pour du génie, ses *practical jokes* pour les lois de l'art futur, et ses *ready made* pour la subversion radicale de l'art des musées. Le colloque de dupes de 1966, et ses suites, incitèrent Girard à décamper. Bloom avait trouvé refuge à Toronto, de l'autre côté de la frontière. Girard, après un séjour à l'université de Buffalo, dans l'État de New York, trouva son ermitage

---

[1] René Girard, *ibid.*, p. 41.

définitif à l'autre bout des États-Unis, en Californie, dans une Amérique des nouveaux riches qui lui laissa une paix royale.

Il m'accueille dans son appartement parisien de l'avenue de La Bourdonnais, à deux pas de la Tour Eiffel [1]. On ne peut être installé de façon plus monastique : murs blancs baignés d'une vive lumière qui ne laisse voir que sa crinière léonine et ses yeux pénétrants. Cette surimpression finira vite par effacer son visage et il ne restera à ma portée dans cette pièce que sa voix grave et le détachement de sa pensée. René Girard était de la jeune génération marquée par le lancement de bombes nucléaires sur Hiroshima et Nagasaki. Cette Terreur des derniers mois de l'année 1945, il a eu l'impression de la revivre au matin du 11 septembre 2001, en regardant les images d'explosions dans le ciel bleu new-yorkais.

« J'avais vingt et un ans quand deux grandes villes du Japon ont été pulvérisées par deux champignons nucléaires créés de main d'homme. J'ai ressenti la même horreur le jour du 11 Septembre, devant le spectacle hallucinant des Tours Jumelles percutées par des avions de ligne transformés en fusées par une volonté humaine. Tout s'est passé comme si ces deux "Ground Zero" se répondaient à plus d'un demi-siècle de distance. À l'origine du 11 Septembre, il y a l'imitation d'une violence destructrice inventée et expérimentée par la science et la technique occidentales, mais répétée avec les moyens du bord par des ennemis de l'Occident qui n'ont ni sa science ni sa technique, ou qui ne l'ont pas encore. Ce que nous vivons aujourd'hui avec les attentats-suicides en Israël et ailleurs est la poursuite de ce qui s'est noué à la fin de la Seconde Guerre mondiale, au cours de laquelle

---

[1] Une partie de cet entretien a été publiée dans la revue *Commentaire*, Hiver 2004-2005.

la raison occidentale, dans les deux camps, a dérapé dans un déchaînement aveugle des forces de destruction. Qu'il s'agisse des camps d'extermination nazis, ou des bombardements en nappe anglais et américains en 1944 sur l'Allemagne, ou de l'explosion des deux bombes atomiques au Japon, une digue a été rompue, un point de non-retour a été atteint. L'humanité a fait l'expérience à grande échelle de l'extrémité où la porte sa violence naturelle. Une violence primitive surgie du sein même de la civilisation et qui remet en cause, plus radicalement que ses violences antérieures, à grande échelle et surtout avec une visibilité bien supérieure, l'idée même de civilisation. »

La défense de la « raison » et de la « civilisation » : Leo Strauss, le grand-père spirituel de la nouvelle droite américaine, à la pensée duquel se réfèrent les néo-conservateurs, en a fait l'objet ardent de sa quête philosophique. Formé dans les séminaires à haute tension des grandes universités allemandes, grand esprit dialoguant d'égal à égal avec les Martin Heidegger et les Carl Schmitt, il avait assisté à la décomposition de la République de Weimar, incapable de se défendre contre la fascination du nazisme, et emportant avec elle ce qui avait fait d'elle, avec toutes ses faiblesses, un régime politique civilisé et libre. Juif allemand condamné à s'exiler d'Allemagne pour échapper à une haine meurtrière et irrationnelle érigée en raison d'État, puis à quitter la France qui n'offrait déjà plus qu'un abri provisoire, il avait dû traverser l'Atlantique. Il y retrouva assez de raison et de civilisation pour s'y sentir en sûreté.

Ce contemplatif était averti que, si « tout n'est pas politique », la vie contemplative du philosophe ne dépend pas que de sa sagesse, mais du régime politique où il vit : Socrate a été condamné à mort par Athènes. Strauss n'a jamais séparé sa réflexion sur le Bien en soi de ses méditations sur la part de mal qui entre dans le gouvernement de sociétés humaines par définition indisposées envers la liberté philosophique. Dans le havre que lui avait offert l'université de Chicago, et au cours de ses séminaires à l'allemande, Strauss avait convaincu plusieurs générations d'étudiants de la contradiction entre les fondements naturels de la raison, posés par la philosophie grecque au principe de la cité civilisée, et la légitimation du tyran posée par la philosophie moderne de Machiavel et Hobbes. La fragilité de la civilisation démocratique moderne s'expliquait par cette contradiction, impossible à supprimer, mais dont il fallait la prémunir en opposant, au mal absolu de la tyrannie qui menace, le mal relatif du durcissement préventif qui sauve le régime civilisé et raisonnable de cette menace. À partir d'une expérience et de prémisses très différentes, Girard partage avec Strauss et les straussiens la hantise de la fragilité des démocraties libérales, la forme de civilisation qui reste aux sociétés modernes.

Pour René Girard, c'est la civilisation en soi, démocratique ou non, qui a partie liée avec la violence : au mieux, ne pouvant la supprimer, elle la convertit, ou elle la déplace, en recourant au sacrifice. Pessimiste comme le sont la Bible, Machiavel, Hobbes sur la nature humaine, Girard constate qu'une pente naturelle à la violence et à la destruction travaille l'humanité. La civilisation, art de ruser avec cet abîme, révèle cependant un fragile principe du bien au fond de l'homme, postulant la possibilité d'un vivre ensemble décent pour une humanité dont la vocation originelle est l'inhumanité et l'entredévoration. Selon cette double perspective, la paix civile est une œuvre de l'esprit toujours menacée, où la raison tient tête à la folie des hommes, non sans faire sa part homéopathique au mal et à la violence, mais où la folie et la fureur des hommes peuvent toujours anéantir cet équilibre difficilement conquis. La civilisation suppose la substitution, à la manière des vaccins, d'une violence partielle ou symbolique à la violence de tous contre tous. La religion chrétienne a conféré à ce vaccin sa forme la moins sanglante, en lui donnant la forme d'un sacrement qui répète le sacrifice absolu de l'Homme-dieu lui-même, victime divine volontaire se substituant à tous les sacrifices sanglants.

Dans l'Europe moderne, l'idée chrétienne de sacrifice, après s'être imposée dans l'éthique chevaleresque et dans la civilité des humanistes, s'était introduite jusque dans les affrontements militaires et les relations internationales : l'ennemi défait et rançonné n'en était pas moins relevé et invité, quoique vaincu, à rejoindre le concert des nations restauré après que chacun eut fait un sacrifice, sans que le vainqueur eût fait valoir tous ses avantages. Les guerres et leur violence avaient été limitées par l'éveil de la conscience, de part et d'autre, qu'un bien commun était à préserver : après et même pendant la bataille, il fallait trouver une solution diplomatique honorable et acceptable par tous. Telle avait été l'Europe du congrès de Westphalie, puis du congrès de Vienne, dont la politique d'équilibre entre les puissances a inspiré l'Amérique de Nixon et de Kissinger, historien et grand admirateur de Metternich, à une époque où il fallait unir l'Occident libéral contre la tyrannie soviétique.

« Rétrospectivement, me dit René Girard, les années de guerre froide paraissent un âge d'or. La folie de la surenchère de l'armement était comme gelée par le principe de la dissuasion et par une cogestion de fait de la paix mondiale par deux puissances hégémoniques, les USA et l'URSS. L'équilibre de la terreur a garanti au monde une sécurité qu'il n'a plus. Le sacrifice à un ultime bien commun avait encore un sens pour les deux principaux partenaires. Staline n'était pas entièrement fou. Tyran à l'intérieur de son empire, il avait de la prudence et de la retenue sur la scène internationale. On mesure aujourd'hui la relative sécurité que nous a valu l'équilibre, certes relatif, de la terreur. Il ne venait alors à l'esprit de personne qu'un civil pouvait se transformer en bombe humaine susceptible d'exploser n'importe où sans préavis. C'était quelque chose d'encore impensable, voici dix ans. On cite souvent les kamikazes à titre de précédent des attentats-suicides auxquels le monde civilisé est aujourd'hui confronté. C'est refuser de voir la nouveauté tragique du phénomène auquel nous avons affaire, et qui n'a rien de comparable avec le rituel aristocratique d'une élite militaire. La vérité, c'est que nous sommes en face d'une violence pure, "super-démocratique", qui ignore totalement le sacrifice au sens où je l'entends, c'est-à-dire d'homéopathie raisonnée de la violence. Derrière le 11 Septembre, il faut percevoir la volonté de fous qui rêvent de s'emparer de la bombe atomique et de l'utiliser, tout en recourant dans l'intervalle à des solutions artisanales de terreur. »

René Girard n'innocente pas l'Occident démocratique et civilisé. La raison occidentale, selon lui, a vacillé à Hiroshima. Pour la première fois, cet Occident libéral représenté par l'Amérique, faisant écho à la folie meurtrière des tyrannies européennes, a voulu, avec la bombe atomique, terminer une guerre par l'anéantissement de l'adversaire. Après les massacres de masse du premier demi-siècle 1900, après la parenthèse relative du second demi-siècle, le 11 Septembre inaugurait pour le XXIe siècle le pire des futurs : une guerre d'extermination totale où l'humanité, imitant à plus grande échelle l'Occident de la Seconde Guerre mondiale, achèverait de perdre la raison en laissant libre cours aux forces d'autodestruction qu'elle porte depuis toujours en elle.

Le 11 Septembre avait porté au premier plan des préoccupations américaines les questions de prolifération nucléaire, dont, on l'a oublié, Condoleezza Rice et Paul Wolfowitz furent des spécialistes au Département d'État à l'époque de la guerre froide. Pour l'administration Bush, l'ère de l'après-11 Septembre renouvelait de façon plus dramatique les problèmes de sécurité posés aux États-Unis depuis 1945. Selon le mot de Raymond Aron, la cogestion par Washington et Moscou du risque nucléaire avait rendu « impossible » la guerre directe, et donc mondiale, entre les deux Grands. Mais depuis 1989, et de façon aveuglante depuis 2001, dans un monde instable livré aux ONG de l'Apocalypse et aux « États voyous », l'emploi de la bombe nucléaire et sa rétorsion étaient devenus plus que « probables ».

Sans barguigner, René Girard prend à son compte, dans son propre langage, le lien qui avait été fait par l'administration Bush, au lendemain des attentats de New York, entre Al Qaida et les tyrannies du monde musulman qui cherchent à se doter de l'arme nucléaire. Ce lien que Washington n'avait pas réussi à prouver noir sur blanc dans le cas de l'Irak de Saddam Hussein, et que l'Europe avait nié, avait constitué la pomme de discorde entre elle et les États-Unis, accusés d'avoir déclenché, sur un prétexte fictif, une invasion abusive de l'Irak. Et cependant, Irak ou Iran, le scénario anticipé par le gouvernement américain correspondait exactement à la logique des tyrannies musulmanes, qui cherchent à imiter l'Occident dans sa seule capacité destructrice, et qui rêvent, comme Al Qaida, de déclencher sur la planète un djihad de feu et de sang, de préférence atomique, pour « effacer » des siècles d'humiliation et de décadence. Les attentats actuels des soi-disant kamikazes préfigurent l'usage aveugle de la bombe nucléaire. Les États-Unis étaient donc, à bon droit, déterminés à tout faire pour écarter cette menace là où elle était la plus évidente, sur place, au Moyen-Orient, et à prendre la tête d'une coalition occidentale comprenant le danger et décidée avec eux à le prévenir. Le moindre mal administré à temps est préférable au mal absolu qui vous tombe dessus à l'improviste. Bush s'est trompé de cible, mais il a bien vu le péril.

*

Cet argument, on ne peut plus rationnel, de la menace nucléaire brandie par des « États voyous », et pas seulement par Al Qaida, avait été mis en avant par les États-Unis pour convaincre l'Europe de se rallier à leur entrée en force en Mésopotamie. La levée de masque de l'Iran leur a depuis donné raison. Comment les Européens purent-ils prendre de haut l'analyse de l'administration américaine, alors qu'ils avaient été pendant la guerre froide en première ligne du péril nucléaire soviétique, dont ils avaient été sauvés par la stratégie américaine ? Pour rendre plus claire sa position résolue aux yeux d'une Europe hésitante, l'administration Bush avait, à sa manière simple, mais forte, assimilé le péril communiste d'hier à celui de l'Islam radical d'aujourd'hui. Une tyrannie beaucoup plus irrationnelle avait pris le relais de l'autre. René Girard, l'anthropologue chrétien de la violence, n'hésite pas à partager les vues défendues par les cercles néo-conservateurs de Washington.

> « Partout, aujourd'hui, à des degrés divers, s'est cristallisée dans le monde musulman une révolte contre la puissance occidentale, révolte que ses chefs charismatiques exploitent pour assurer leur tyrannie. Cet alliage de ressentiment et de dictature hérite de ce qu'on a appelé pendant la guerre froide le "tiers-mondisme", étroitement allié au communisme. Dans ses racines profondes, l'hostilité que suscite aujourd'hui l'Occident provient très évidemment, encore et toujours, des inégalités de développement. Tous ceux qui ne profitent pas au maximum, ou de façon proche du maximum, du développement occidental se jugent lésés par l'Occident. C'est certai-

nement en partie vrai, et certainement en partie faux. La principale responsabilité en revient à des peuples et surtout à leurs régimes qui n'ont rien fait pour rattraper leur retard dans l'ordre de l'économie, de l'éducation, des mœurs, de l'administration et qui cherchent un alibi commode dans l'oppresseur occidental. Les Américains n'ignorent pas le rôle de bouc émissaire qu'on leur fait jouer et ne se laissent pas impressionner. En Europe, on tient généralement pour acquis que l'Occident est toujours oppresseur et prédateur, que toute révolte contre lui est légitime. Aucun terrain d'entente n'est possible avec ce qu'il est convenu d'appeler le cynisme américain. Ce parti pris, particulièrement répandu en France, semble supposer que l'échec économique est synonyme de noblesse ou d'innocence morales, et que la réussite économique est nécessairement coupable. Je regrette, mais c'est idiot. »

Quel autre pays européen aurait dû se sentir plus directement atteint que la France lorsque l'Amérique a été frappée par les attentats du 11 Septembre ? Puissance nucléaire et qui tient à ce privilège, la France a été durement éprouvée dans son histoire récente par le terrorisme national ou islamiste algérien, celui du FLN, mais aussi celui du GIA dans les années 90. La France n'a-t-elle pas été un terrain d'expérience pour les nouvelles menaces apparues depuis 1989 ? La prise d'otages à bord d'un Airbus d'Air France par le GIA en 1994, programmé pour s'écraser sur la Tour Eiffel, n'a-t-elle pas été une répétition générale du 11 Septembre et du grand spectacle de terreur offert au monde par Al Qaida dans le ciel new-yorkais ?

Dans son premier mouvement, qui était le bon, la France s'est sentie solidaire, plus qu'aucun autre pays européen, de l'Amérique blessée par les attentats qui ont fait exploser le symbole de Manhattan. Jacques Chirac fut le premier chef d'État étranger à se recueillir devant les ruines encore fumantes de « Ground Zero ». Mais très rapidement les conclusions politiques que l'Amérique tirait de cet attentat ont été combattues en Europe, et notamment en France. La France, l'Europe tout entière et l'Otan se sont d'emblée associés à la guerre en Afghanistan déclenchée dans les semaines qui suivirent le drame new-yorkais – une guerre qui visait le renversement du régime des Talibans, protecteur d'Oussama Ben Laden, le « cerveau » de l'attentat. Mais la stratégie américaine de lutte à long terme contre l'« Axe du Mal » a très vite creusé un fossé de malentendus. Pourquoi ? Quel a été le point d'achoppement qui a séparé jusqu'à la rupture les anciens alliés d'hier ?

« La réaction de défense de l'Amérique n'a pas été plus comprise en Europe que la gravité et la nature nouvelle de la menace. L'Amérique s'était toujours sentie jusqu'alors dans une sécurité absolue. Au fond, son modèle, c'était l'Angleterre. Si l'Angleterre, avec le petit détroit de la Manche la séparant du continent de tous les périls, a réussi à échapper aux invasions et aux tyrannies de Louis XIV, de Napoléon et d'Hitler qui la menacèrent depuis l'autre côté du Channel, et cela sans exception depuis Guillaume le Conquérant, l'Amérique se croyait, elle aussi, une île sacro-sainte. Mais l'attentat des Tours Jumelles a ébranlé cette sécurité et révélé une menace sans précédent, qui a été mesurée froidement sur-le-champ. D'où une réaction de défense extrêmement résolue visant à s'attaquer au fond du problème islamiste dans le monde, et pas seulement en Afghanistan. Par ailleurs, ce que l'Amérique ne peut pas admettre, bien que sa politique vis-à-vis de l'Afrique du Sud à l'époque de l'apartheid ait été largement déterminée par l'opinion noire américaine, c'est que la politique européenne vis-à-vis de l'Islam radical soit affectée par la nombreuse minorité musulmane implantée sur le Vieux Continent. L'Europe est forcément portée, sur la question musulmane, à une temporisation que la vision américaine des nouveaux périls ne saurait admettre. »

René Girard tient pour logomachie l'antithèse journalistique de Robert Kagan entre deux conceptions antagonistes de l'usage de la force et du droit, qui voudrait expliquer l'opposition de fond entre l'Europe et les États-Unis sur la stratégie à suivre pour combattre l'Islam radical. Son attention se porte de façon plus concrète sur les rapports des États arabo-musulmans avec l'Amérique et avec l'Europe. La France, ex-maîtresse de l'Algérie, ex-mandataire de plusieurs provinces de l'ancien Empire turc, est le pays d'Europe qui compte sur son territoire la plus nombreuse minorité musulmane : elle a vocation à se retrouver en première ligne dans cette affaire vitale pour l'Occident, et elle devrait être en mesure de formuler le point de vue européen autorisé sur la question. Ayant été la nation la plus sensible à l'attentat new-yorkais, elle aurait pu, sans avoir à déclamer contre l'Islam en général, se montrer aussi la plus consciente de la menace créée par la nouvelle « guerre sainte » déclenchée contre l'Occident par l'Islam radical et adopter une ligne de conduite solidaire de la stratégie américaine, mais offrant de cette stratégie commune une version proprement européenne, ménageant les sentiments des musulmans modérés.

Lors de la conférence de Bilderberg en 2003, Dominique de Villepin, alors ministre des Affaires étrangères, fut interrogé par ses partenaires européens sur la position de la France pendant la guerre en Irak. On lui demanda si la présence de cinq millions de musulmans en France avait influencé la politique française. Il répondit non, s'abritant derrière les grands principes du droit international dans le dossier irakien, point fort de l'argumentation française. Officiellement, à Paris, la politique internationale est affaire de principes invariables. Il n'y a pas de « problème musulman ».

Cette « politique française de l'autruche », que René Girard déplore, n'est pas une exception en Europe. L'opinion majoritaire des dirigeants de l'Union européenne est la même : le problème musulman n'a jamais été tenu sur le Vieux Continent pour un sujet de réflexion urgent et vital. L'observation de mon interlocuteur recoupait le témoignage de Frits Bolkestein, ancien membre de la commission Prodi, dans la conversation qu'il m'avait accordée à Amsterdam :

> « Le rapport entre les États-Nations européens, leurs immigrés musulmans et le monde islamique est en fait, aujourd'hui, le problème N° 1 de l'Europe. Or, à la Commission européenne, il n'en a jamais été question. J'ai eu beau, à deux reprises, tenter de le mettre sur le tapis, j'ai été chaque fois au bord de me faire accuser de racisme. Vous avez sous les yeux cette ancienne ville, Amsterdam, capitale des Pays-Bas. Dans quinze ans, la communauté islamique y sera majoritaire. Dans quinze ans, Amsterdam aura un maire musulman. Quelles en seront les conséquences ? Comment peut-on gouverner l'Union européenne et fermer les yeux sur cette formidable révolution démographique et politique qui nous pend au nez ? »

Pour ne pas avoir à répondre à cette question taboue, l'Europe s'est tantôt défilée à l'anglaise, tantôt elle a pratiqué la fuite en avant. Les chefs d'État et de gouvernement européens ont décidé de faire entrer à leur conseil d'administration la Turquie d'Erdogan, un pays de 80 millions de musulmans. Leur intégration serait donc le moyen de régler un problème qui officiellement n'existe pas, en soignant le mal par le mal, ce qui évite aussi de le diagnostiquer. Sous la présidence de la Grande-Bretagne, les 25 ont ouvert officiellement les négociations pour l'adhésion avec la Turquie le 4 octobre 2005. Quatre mois après le *non* français et hollandais à la Constitution européenne, où l'opposition à l'adhésion turque s'était pourtant clairement manifestée, les chefs de l'Europe passaient outre allègrement au refus de leurs propres peuples de voir une nation de 80 millions de musulmans, fière d'avoir régné sur le plus vaste empire islamique, rejoindre le conseil d'administration de leur fragile union politique !

La censure de la question musulmane *interne* est bien verrouillée en Europe. Il sera bien temps de se réveiller quand il sera depuis longtemps trop tard. La question musulmane *externe* n'est pas moins traitée avec de larges œillères. Lors du déclenchement de la guerre en Irak, le débat de fond sur l'Islam qui aurait dû inspirer l'attitude commune de l'Europe fut escamoté par le faux problème de l'« alignement », ou non, sur Washington et c'est sur ce point ridicule d'amour-propre que l'Europe s'est entre-déchirée. Plus tard, au moment du référendum sur la Constitution, ce débat occulté a trouvé un soupirail éphémère d'expression à l'occasion de la réforme manquée des institutions européennes, qui paralysait ouvertement l'Europe. Enfin, le jour de l'ouverture des négociations avec la Turquie, le passage en force des 25 a dramatiquement creusé le fossé entre les chefs européens et leur opinion publique. Tout se passe comme si l'incapacité tenace des gouvernements du Vieux Continent à regarder en face le problème musulman chez eux et dans le monde avait agi comme un principe d'autodestruction du bien commun européen.

> « Si l'Europe n'a pas le courage de cette prise de conscience ouverte, me dit René Girard, l'Europe aura perdu l'occasion d'exister face à l'Amérique. Si l'Europe se montrait capable de formuler le problème musulman en termes forts et modérés, elle serait en mesure d'éclairer l'Amérique et de rendre au Vieux

Continent une conscience de sujet historique. Dans les années 50, la droite et la gauche, de manière opposée, l'une en soutenant les mérites du colonialisme, l'autre en se faisant l'interprète du tiers-mondisme, ont fait preuve d'une conscience, certes partisane et contradictoire, néanmoins vive, du problème que posait déjà la pression formidable sur l'Occident des pays en voie de développement, et singulièrement des peuples de religion musulmane. Et voilà que maintenant, lorsque cette pression s'est transformée en violence terroriste, droite et gauche préfèrent ignorer la réalité pourtant aveuglante. On ne se fatigue plus à creuser le problème, on ne trouve pas le langage pour le dire d'une façon qui ménagerait les susceptibilités religieuses, mais qui prouverait qu'on voit clair et qu'on ne s'en laisse pas conter. Il est vrai que c'est difficile à penser et à exprimer, mais cela en vaut la peine, car rien n'est plus urgent pour la France et pour toute l'Europe occidentale. »

L'incapacité ou le refus de la classe dite politique de poser franchement le problème musulman aurait-elle poussé l'Europe à s'aliéner et cesser d'être l'Europe dans le monde qui se dessine au XXIe siècle ?

*

Washington, juin 2005.

Cet été 2005 n'est pas faste pour le président américain. Le *Washington Post* vient de publier un sondage qui pour la première fois montre qu'une majorité d'Américains désapprouve la politique de George W. Bush en Irak. Deux ans et trois mois après la chute de Bagdad, les nouvelles quotidiennes des attentats-suicides qui ont ensanglanté la capitale irakienne finissent-elles par émouvoir l'Amérique profonde ? Pour dissiper la tentation d'un retrait des troupes qui semble se manifester, le Dr Henry Kissinger a estimé qu'il devait prendre la parole. Cette autorité « morale » de l'Amérique républicaine a tenu à rappeler à ses concitoyens « ses » vérités sur l'expérience du Vietnam.

En avril 1975, Kissinger était secrétaire d'État de l'administration Ford. Il venait de vivre de l'intérieur, avec Donald Rumsfeld alors en poste à la Maison Blanche, le drame de l'évacuation des derniers GI's de Saigon avant l'entrée des blindés du Nord-Vietnam. On se souvient de l'ambassadeur Martin, en capitaine de vaisseau naufragé, pliant en quatre la bannière étoilée avant de quitter le dernier l'Indochine en hélicoptère. Cette image d'une Amérique humiliée a fait le tour du monde. Mais la conviction du parti républicain sur cette tragédie, que le reporter français Olivier Todd a fait sienne dans son livre *Cruel Avril*[1], c'est que l'Amérique n'a pas perdu la guerre du Vietnam. Si les États-Unis ont été contraints de battre en retraite, c'est que la majorité du Congrès, menée par le démocrate George McGovern, avait refusé au président Ford de voter les crédits qui devaient procurer les moyens militaires nécessaires au gouvernement pro-américain du Sud-Vietnam pour contre-attaquer. Henry Kissinger affirme lui aussi que l'honneur de l'Amérique au Vietnam a été trahi par le parti démocrate. Ce parti se serait révélé dangereusement inconséquent pour le rôle de l'Amérique dans le monde, en oubliant la loi d'airain de toute puissance digne de ce nom, formulée par Clausewitz, selon lequel « on ne saurait introduire un principe modérateur dans la philosophie de la guerre elle-même, sans commettre une absurdité ». En Irak, le Vietnam doit servir de leçon. Non pas celle, frileuse et défaitiste, du risque de l'« embourbement » ressassé par les éditorialistes

---

[1] Olivier Todd, *Cruel Avril*, Robert Laffont, nouvelle édition, 2006.

de la côte Est. Mais au contraire, celle d'une Amérique qui ne baisse pas la garde et qui, si cela est nécessaire, n'hésite pas à augmenter sa présence militaire sur le terrain. Avec le parti républicain, les Américains pouvaient dormir tranquilles : la tentation de la « modération absurde » serait repoussée. Il n'y aurait pas de Vietnam en Irak.

Washington DC, 15ᵉ Rue, numéro 1015 : j'ai rendez-vous au Hudson Institute avec Hillel Fradkin, un straussien pur et dur, comme Paul Wolfowitz, l'ex-« faucon » du Département de la guerre récemment nommé à la tête de la Banque mondiale. Wolfowitz a été le théoricien de la guerre en Irak. Fradkin est l'un des meilleurs spécialistes américains de l'Islam radical. Les deux hommes sont les meilleurs amis du monde. « Tous les deux ont fréquenté dans les années 60, à Cornell ou à Chicago, les séminaires d'Allan Bloom, l'héritier spirituel le plus célèbre de Leo Strauss. Deux esprits distingués dans le style civilisé des universités d'élite. L'humaniste Hillel Fradkin a fait de Bloom son mentor. À ses moments perdus, il pratique les finesses de la critique littéraire et publie dans des revues de haute tenue des études sur les jeunes romanciers israéliens. Animé d'un esprit mathématique, Paul Wolfowitz a, quant à lui, épousé une autre filiation du néo-conservatisme. À l'université de Chicago, où il côtoie sur les mêmes bancs Richard Perle, il suivit l'enseignement du stratège militaire Albert Wohlstetter, qu'il considère comme son maître à penser (Richard Perle épousa la fille d'Albert Wohlstetter) [1].

« La politique de l'administration Bush a toujours été de ne pas reconnaître ses fautes. Il y a sûrement des

---

[1] Voir Alain Frachon et Daniel Vernet, « Le stratège et le philosophe », in *Le Monde*, 14 avril 2003, et le livre de référence par les mêmes auteurs, *L'Amérique messianique : les guerres des néo-conservateurs*, Le Seuil, 2004.

gens, à l'intérieur, qui se disent : ce n'est sûrement pas la chose la plus sage que nous ayons faite. Mais leur tactique, et ce n'est d'ailleurs pas une mauvaise tactique, c'est de ne jamais admettre de doute. Si on est sûr de soi-même, on finit toujours par gagner. »

Encore tout échauffé par l'entretien que j'avais eu à Paris avec René Girard et par les rapprochements qui m'étaient venus entre ses analyses et celles des « straussiens », j'étais vraiment curieux de connaître et d'entendre l'un d'entre eux, inconnu du public, mais d'autant plus libre de ses mouvements et de ses propos.

Pour ne pas prendre mon aimable interlocuteur à rebrousse-poil, j'engage la conversation sur l'un des rares sujets européens qui ne fâchent aucune des deux Amériques : la Turquie. Droite républicaine comme gauche démocrate, tout le chœur de la « classe politique » américaine soutient d'une seule voix l'entrée de la Turquie dans l'Europe. La veille du 4 octobre 2005, date de la signature de l'accord européen pour l'ouverture des négociations avec la Turquie, Condoleezza Rice, à la demande de Tony Blair dont le pays assumait la présidence européenne, venait d'appeler en personne, par téléphone, le ministre des Affaires étrangères turc, pour l'encourager à signer le compromis obtenu à l'arraché à Bruxelles par les 25, malgré l'opposition de Vienne. L'Europe turque était sur les rails.

La Turquie était le meilleur moyen, détourné et poli, d'en venir à la stratégie américaine dans la guerre contre l'Islam radical et à l'Irak. La Turquie n'est-elle pas un peu notre Irak à nous, la pièce maîtresse de notre stratégie pacifique d'assimilation démocratique de l'Islam, à l'autre pôle de la stratégie agressive de « choc des civilisations » dont l'occupation militaire de l'Irak était l'avant-courrière ? Avec son projet d'intégration de la Turquie, l'Europe de Bruxelles s'était mis en tête de démontrer à Washington qu'il existait une autre politique à l'égard du monde musulman. Je venais de rencontrer Anne-Marie Slaughter, professeur à l'université de Princeton, et avocate réputée aux États-Unis de la conception européenne des relations internationales [1]. Cette vedette de l'intelligence démocrate m'avait expliqué avec enthousiasme quel heureux et sage défi l'Europe avait osé en entrouvrant sa grande porte à la Turquie :

> « En favorisant l'entrée à terme de la Turquie dans sa communauté, l'Europe a saisi la chance de faire l'Histoire et de démontrer sa foi, non seulement dans ses institutions, mais aussi dans ses valeurs, en les faisant partager par un pays qui n'a ni la même histoire ni la même religion, mais qui n'est ni humilié, ni vaincu, ni étranger à la démocratie. C'est important pour la Turquie, c'est très important pour le monde, et c'est très important aussi pour l'Union européenne.
>
> « Aujourd'hui, continuait-elle avec un charme entraînant, nous sommes dans un monde d'États-Nations : en Europe, le projet fédéral est dépassé. Il s'agit de savoir comment les États de l'Union peuvent coopérer pour jouir des avantages économiques et politiques d'un grand marché libéralisé sans sacrifier leurs identités nationales. C'est la grande question mondiale du XXIe siècle. Et sur cette question, je pense que l'Europe est le laboratoire d'avant-garde. L'originalité de l'Europe, ce qui fait son exemplarité et son influence bénéfique, c'est qu'elle offre au monde un modèle d'intégration relative qui garantit à la fois les bénéfices de la coopération économique et une certaine indépendance politique des États. Le pacte permanent de collaboration entre États qui constitue l'Europe est la véritable innovation politique du Vieux

---

[1] Anne-Marie Slaughter, *A New World Order*, Princeton University Press, 2004.

Continent depuis 1945. L'Europe, telle que je la vois, est en train d'inventer un modèle pour le reste de l'Occident, et au-delà, un modèle beaucoup plus adapté aux aspirations et aux réalités d'aujourd'hui que ne l'est celui de l'État fédéral que représentent les États-Unis... »

Difficile pour un Européen de bouder son plaisir ! L'intégration de la Turquie en Europe serait donc la réponse implicite et géniale de l'Europe de Bruxelles aux Matamores de Washington, et nos vieux et sages chefs d'État auraient trouvé cette parade pour administrer aux États-Unis une leçon de *soft power*... Un rêve !
Au début de notre conversation, le républicain et « straussien » Hillel Fradkin semble tenir le même langage qu'Anne-Marie Slaughter, l'enthousiasme en moins et l'humour noir en plus. « L'intégration de la Turquie dans l'Union européenne ? Je suis pour ! » Mais il laisse tomber aussitôt le masque : « Brillante perspective pour la Turquie, excellente nouvelle pour les États-Unis ! » Silence sur l'Europe, qu'Anne-Marie Slaughter avait sans cesse à la bouche. J'avais compris. L'Europe n'était que l'instrument négligeable d'un grand œuvre providentiel, dont Bruxelles n'était pas la bénéficiaire. Enchaînant ouvertement sur le ton de l'ironie :

« Avec la Turquie, l'Europe a pour la première fois montré sa capacité de s'unir pour poursuivre avec constance un objectif politique louable et souhaitable. »

Je me permets de le reprendre, soulignant que l'adhésion turque n'était pas « gagnée », le *non* français au référendum, pour ne citer que lui, attestant qu'une opposition de plus en plus vigoureuse se manifeste dans les opinions publiques européennes. Bagatelle pour Hillel Fradkin, ces humeurs n'arrêteront pas le mécanisme qui a été enclenché. Perfide, il s'offre le luxe de reconnaître la légitimité des critiques adressées à un élargissement de l'Europe à la Turquie et il nous plaint d'être devenus des rouages d'une intégration programmée sans étude sérieuse des conséquences possibles. Aucun Hudson Institute n'a fait ce travail élémentaire avant que la décision soit prise, et elle l'a été sans que la pression américaine n'ait eu vraiment besoin de s'exercer !

« Je comprends très bien les critiques européennes. Et j'admets volontiers que les arguments ne manquent pas pour s'opposer à l'entrée de la Turquie en Europe : c'est un grand pays difficile économiquement à absorber, c'est faire entrer un pays musulman en Europe... On pourrait allonger la liste. Toutes ces critiques sont parfaitement justifiées. Mais, malgré toute cette argumentation et les velléités de l'électorat qui y est sensible, je ne dirais pas comme vous que l'Europe ne veut pas de la Turquie. Je dirais plutôt que la façon dont les Européens ont conçu et agréé leur projet d'Union politique invalide toutes ces excellentes raisons qui, ici, rendraient impensable un projet quelconque d'intégration du Mexique aux États-Unis, à supposer que le gouvernement mexicain le souhaite. L'Europe, telle qu'elle s'est définie, ne permet pas de s'opposer à l'entrée de la Turquie. Peut-être que dans la première proposition européenne, il y avait des arrière-pensées ; l'Europe espérait peut-être que la Turquie ne réussirait pas à mener à bien toutes les réformes qu'on attendait d'elle. Un geste de pure politesse, en somme, afin d'en finir une fois pour toutes avec cet étrange flirt turc, tout en ayant montré au préalable de la bonne volonté. »

Hillel Fradkin avait changé de ton. Son ironie était devenue sérieuse et féroce :

« Eh bien, si c'était le cas, c'est raté, parce que les Turcs se sont plus ou moins réformés selon les vœux imprudents du futur conjoint. Votre modèle a fonctionné. La Turquie est l'exemple dont l'Europe avait besoin pour montrer qu'elle peut conduire une politique extrêmement efficace d'assimilation d'autrui à ses principes. De quel droit aujourd'hui l'Europe voudrait-elle repousser une Turquie qui s'est conformée à ses vœux ? Parce que les Turcs sont musulmans ? Mais est-ce que vous, vous vous proclamez chrétiens ? Non ? C'est là le fond de votre problème. De la manière floue et équivoque dont vous vous définissez, il n'y a aucune raison pour qu'une masse de 80 millions de musulmans ne deviennent pas citoyens d'une Europe qui en compte déjà plusieurs millions. Vous êtes incapables, au nom d'une Europe dépourvue d'identité morale et religieuse claire, de bloquer maintenant l'intégration de la Turquie que vos chefs ont imprudemment envisagée et encouragée. Vous pouvez juste vous en prendre à vous-mêmes, en regrettant que le modèle dont vous êtes si contents ait trop bien fonctionné ! »

Je retrouvais, sans la douleur d'un amour déçu pour la patrie, le jugement sévère de René Girard sur le décrochement français et européen de la réalité et de leurs réalités. L'ironie néo-conservatrice d'Hillel Fradkin, moins flamboyante que celle de Jeremy Rabkin, n'en était pas moins caractéristique du clan ou de l'école. S'identifiant à la puissance américaine, et au point de vue réaliste qu'elle leur donne sur les affaires du monde tel qu'il est, cette famille d'esprits ne voit dans le « modèle » européen qu'un fantoche aliéné des réalités et impuissant à mordre sur elles. De ce « modèle », la démocrate Anne-Marie Slaughter m'avait fait l'éloge avec des accents rappelant l'enthousiasme de la gauche française, version Strauss-Kahn ou Pascal Lamy. Mais à bien entendre le ricanement néo-conservateur, ce fameux « modèle » si beau, si parfait, était capable, comme l'antique Troie, d'introduire inconsidérément dans son enceinte le cheval rempli de Turcs qui le détruiraient ! L'Europe élargie à une Turquie « européanisée » s'imaginait qu'elle avait en vue une victoire historique sur l'Amérique en train de batailler brutalement avec le monde musulman, alors qu'elle avait tiré les marrons du feu stratégique de Washington, pour qui la Turquie est un allié indispensable dans son dispositif moyen-oriental. Un allié ottoman aussi précieux méritait bien d'être récompensé par son entrée, sans coup férir, dans une Europe chrétienne qu'il avait tant de fois, au cours des siècles, tenté en vain de conquérir !

Pas moyen d'épiloguer avec Hillel Fradkin sur le « modèle » européen. Il n'y croyait pas, sinon comme une machine impuissante que l'Amérique n'a même plus besoin d'instrumentaliser pour la faire marcher dans le sens de ses intérêts. De son propre mouvement, il en venait au sujet où je voulais le conduire, le seul sujet politique qui importait à ses yeux – le problème musulman, réglé à Bruxelles par une turquerie sans même avoir été posé. Avec Hillel Fradkin, pas besoin non plus de s'attarder sur le point de savoir si, oui ou non, l'Europe et les États-Unis ont sur ce problème une vraie différence d'appréciation :

> « En réalité, l'Europe n'a pas la moindre idée sur ce qu'elle doit faire face à l'Islam radical. Les politiques européennes sont pour l'instant très incohérentes. Ce serait tout à fait opportun qu'elle ait une idée sur cette question, mais elle n'en a pas. Il y a deux mois, j'étais à Paris pour une rencontre organisée par la nouvelle Fondation politique créée par Jérôme Monod. Je n'ai pas coupé aux questions sur l'Irak, comme vous vous en doutez. Plusieurs intervenants voulaient me faire comprendre ce que je sais déjà de la position de principe de la diplomatie française, à savoir qu'exporter la démocratie ne fonctionne pas

dans un pays musulman. À cela j'ai répondu que oui, bien sûr, c'était prendre un gros risque. Pour jauger ce risque, on a le précédent de l'Algérie. En Algérie, on n'a pas pris le risque de la démocratie, on a préféré annuler les élections législatives, où le parti islamiste du FIS était donné gagnant. Et quel a été le résultat de ce coup d'État ? Un bain de sang de plus de 200 000 morts. La guerre civile qu'a connue l'Algérie dans les années 90 est l'une des plus féroces de l'histoire récente. On commence à peine à en parler. Est-ce que cette tragédie déroulée à vos portes en valait la peine ? Si la France avait fait savoir qu'au nom de sa sécurité nationale, elle ne pouvait admettre un régime islamique en Algérie, j'aurais parfaitement compris la suspension du processus démocratique. Un tel régime pouvait se procurer des missiles et menacer directement plusieurs villes de France. J'aurais parfaitement respecté le choix français. Mais je n'ai pas entendu dans cette affaire la France faire le constat d'une menace, et décider d'agir en conséquence, au nom de la sécurité nationale. Tout ce que j'ai entendu, c'est un discours vague et abstrait, sur la communauté de culture de l'Europe du Sud et de l'Afrique du Nord. Un alibi pour détourner la tête et laisser dans l'ombre les vrais enjeux. Nous, nous pensons et nous disons que l'Islam radical est un péril de première grandeur pour notre sécurité nationale. Et que la démocratisation des pays musulmans, avec tous les risques qu'elle comporte, est à long terme le seul moyen de le repousser. »

J'aurais pu commencer par l'Irak. Le robuste Hillel Fradkin n'a pas froid aux yeux, et ses convictions sur la guerre étaient inébranlables, même le jour où, pour la première fois, une majorité d'Américains se déclarait opposée à la politique de George W. Bush en Mésopotamie.

*

Personne n'est vraiment capable de rendre raison des motifs qui ont poussé l'Amérique de George W. Bush, au lendemain du 11 Septembre, et probablement plus tôt, à envahir l'Irak. C'est le type même de décision historique dont seuls les effets à long terme révéleront les intentions secrètes, ou dénonceront les motifs hasardeux. Le dossier juridique est accablant pour Washington. Faut-il le rappeler ? Le régime de Saddam Hussein, pour horrible qu'il fût, n'était pas islamiste. L'inspiration du parti Baas était laïque et son lien avec Al Qaida n'a jamais été établi, même si, sur la fin, le tyran Saddam jouait de la corde religieuse. Depuis l'échec de son agression au Koweït, l'Irak vaincu avait laissé ses voisins en paix et n'avait enfreint aucune loi internationale. Ses stocks d'armement chimique étaient détruits ; les inspecteurs internationaux qui affirmaient n'en avoir pas trouvé ont été justifiés par l'enquête minutieuse conduite sur place par les experts de l'armée d'invasion, recherchant une cause plausible à leur présence en territoire irakien. L'Irak de Saddam, affaibli par sa longue guerre absurde mais soutenu par Washington contre l'Iran des mollahs, par sa lourde défaite devant l'armée américaine venue défendre le Koweït, puis par de sévères sanctions économiques, n'était en possession ni de la matière fissile nécessaire pour fabriquer la bombe nucléaire dont elle avait tenté autrefois de se doter, ni du savoir-faire technologique nécessaire à sa réalisation. Son armée était en piteux état, comme l'a montré la facilité initiale de l'invasion. L'incontestable caractère tyrannique du régime n'était pas un *casus belli*, à moins d'en faire autant avec les nombreux autres tyrans sanguinaires qui déshonorent l'humanité contemporaine. L'argument de la démocratisation de l'Irak fut finalement le seul argument recevable. Tony Blair s'en porta garant.

Quelques semaines avant l'intervention, Frits Bolkestein avait eu un dîner à Bruxelles avec John Ashcroft, Attorney General de la première administration Bush, dans laquelle il représentait la droite néochrétienne, aussi résolu à la guerre que Paul Wolfowitz, l'homme du clan néo-conservateur. Il demanda à son voisin de table : « Monsieur le ministre, nous croyons tous que vos armées sont à même de détruire aisément celles de Saddam Hussein. Mais après ? Qu'est-ce que vous allez faire après ? » La réponse qu'il avait reçue laissait entrevoir le pire : « Je suis sûr que les gens à Washington réfléchissent à cette question. » Et Bolkenstein en tirait la conclusion suivante :

> « C'est bien là tout le drame de cette guerre : nous sommes aujourd'hui en Irak devant l'impossibilité de construire quelque chose de durable. »

La démonstration de force administrée sans explication au monde musulman serait-elle la seule raison de cette guerre à première vue injustifiable ? René Girard, à qui j'avais posé la question, m'avait répondu dans le même sens qu'Hillel Fradkin, le « straussien » qui méprise l'Europe d'avoir peur et de son ombre et de renier son identité. Il attribue à l'Amérique le droit à l'autodéfense et il se refuse à mettre sur le même plan le terrorisme islamique et la puissance américaine :

> « L'Amérique n'a pas inventé le 11 Septembre, m'avait-il dit. Elle en a été la victime et elle a le droit à réclamer que justice soit faite. Mettre sur le même plan la puissance mondiale des États-Unis et la violence du terrorisme international n'est pas raisonnable. L'Amérique reste encore suffisamment démocratique pour que son usage de la force soit soumis à la politique. »

Mais à la différence du « faucon » Fradkin, Girard voit dans l'invasion de l'Irak et ses suites une tragédie qui en engendrera d'autres :

> « Il faut constater que le déclenchement de la guerre en Irak a conduit la plus grande puissance mondiale à s'éloigner de la raison. Cette entrée en guerre sous couvert de mensonges trahit une volonté de vengeance aveugle. Le mensonge, c'est de choisir au hasard le coupable sans aucune certitude qu'il ait été vraiment coupable. C'est la désignation d'un bouc émissaire, dont on fait dépendre le salut de la communauté, dont on fait la cible du déchaînement expiatoire de la violence. Dans cette guerre, l'Europe est prise en étau entre deux puissances, les États-Unis et les réseaux islamiques, qui s'affrontent comme deux doubles inversés de la tragédie antique. Chacun croit lutter contre un ennemi qu'il identifie au "grand Satan". Mais aucun ne voit que c'est sa propre politique qui est satanique, car ce qui la guide, c'est l'imitation de la violence de l'ennemi. »

Quand ce genre de piège mimétique se déclenche, les arguments du droit deviennent vains et impuissants. On entre dans un monde où l'usage de la violence n'a plus de garde-fou raisonnable, où elle devient une réaction naturelle, un sursaut vital que rien ne peut arrêter, sinon l'assouvissement de ses propres instincts destructeurs qui seul calmera la bête blessée. Cette brutalité qui paraissait scandaleuse à une Europe qui se donne une contenance en invoquant le droit international, n'était pas une inconnue de la Vieille Europe. L'opposition de principe de la France de Chirac et de l'Allemagne de Schröder à la guerre américaine en Irak n'était pas exempte d'un certain aveuglement de l'Europe sur elle-même.

> « Les Américains ont un complexe d'émigrants vis-à-vis de l'Europe. Ils veulent montrer qu'ils sont capables de faire mieux qu'elle, m'avait dit René Girard. Il en découle pour l'Europe une autorité qui, malgré tout, reste intacte aux États-Unis, à condition que les nations européennes, au premier chef la France et l'Allemagne, se montrent capables d'assumer avec eux une responsabilité partagée devant l'Histoire. »

Pour René Girard, il fallait aller jusqu'au fond des choses pour tenter de comprendre les véritables ressorts du malentendu entre l'Europe et les États-Unis sur la guerre en Irak. Il m'avait en effet montré le refus des dirigeants européens de se sentir concernés par le problème musulman posé brutalement par l'Amérique, ce qui avait transformé le débat sur la guerre en Irak en un champ de bataille trompeur entre pro et anti-Américains. Mais il y avait autre chose de plus profond. La France et l'Allemagne, selon René Girard, auraient aussi refusé de reconnaître, dans l'aveuglement d'une Amérique en guerre en Irak, le scénario présent de leur propre passé.

> « Vous savez, pour être pro-européen, rien n'est mieux que de vivre en Amérique. Plus on aime l'Amérique, plus on a envie qu'il y ait une Europe saine et réelle. L'opposition de la France et de l'Allemagne à la guerre américaine en Irak a exprimé une autre voix, juste dans le fond, mais souffrant cruellement dans son argumentation, faute d'une conscience critique approfondie de sa propre mémoire historique. Le XXe siècle européen apparaît, à bien des égards, comme une période non assimilée, dont on n'ose même pas parler en profondeur. Pour que l'Europe retrouve une autorité, elle doit revenir sur sa propre histoire du XXe siècle. Elle doit comprendre comment elle n'a jamais été exempte de la violence aveugle qui se déchaîne aujourd'hui sous nos yeux. Sa

civilisation n'a jamais biaisé avec la part de violence qu'elle a réussi jusqu'à un certain point à canaliser. »

Les faucons de Washington n'ont pas voulu écouter les doléances des douces colombes de l'Union européenne sur l'intervention militaire en Irak. Ils ne se sont pas donné la peine de reconnaître, dans son pacifisme, l'expression du traumatisme que furent pour l'Europe les deux guerres mondiales du XXe siècle, cette heure fatale où la violence européenne a débordé sa civilisation. Pour les apôtres du nationalisme américain, la Grande Guerre, où la raison européenne a commencé à dérailler, n'a jeté aucune ombre à leurs convictions. S'ils ne peuvent aujourd'hui écouter la morale que leur font la France et l'Allemagne, c'est qu'ils ne peuvent pas comprendre que ces deux pays, saignés à blanc en 1914-1918, ont fait l'expérience de l'anéantissement, la France en juin 40, l'Allemagne en 1944-1945. Ce que René Girard a voulu me montrer, c'est aussi que la France, victorieuse en 1918, n'avait de son côté jamais vraiment reconnu cette première défaite de la civilisation européenne : une défaite qui pouvait être demain celle de l'Amérique et cette fois de toute la civilisation occidentale face aux révolutionnaires islamistes. Comment s'adresser de façon convaincante à l'Amérique, dès lors que nous-mêmes n'avions jamais fait vraiment nos propres comptes avec notre passé de responsables de la civilisation ? Si la France n'a pas réussi à convaincre l'Amérique, au nom d'une sorte de jurisprudence de l'Occident, c'est parce qu'elle n'en a plus une véritable idée. Une France bien décidée à ignorer et la violence qui la menace et celle qu'elle porte en elle, n'était pas en mesure de faire la morale à une Amérique qui, au nom de la civilisation menacée, dirigeait à l'aveuglette sa violente réponse. Tel est, dans la pensée de René Girard, le fond du malentendu franco-américain.

« L'Europe s'est suicidée une première fois lors de la Première Guerre mondiale. Un grand pays supposé intelligent comme la France n'a jamais vraiment osé approfondir le sens de cette conduite suicidaire. En France, on souffre encore d'un complexe non résolu de la Grande Guerre. On a préféré s'aveugler pour ne pas gaspiller cette victoire si chèrement payée. Toutes les familles avaient perdu un ou plusieurs des siens. On s'est mis des œillères pour ne pas reconnaître l'erreur d'avoir fait cette guerre et l'absurdité des sacrifices subis et infligés à des frères européens. L'Angleterre n'a perdu guère plus de la moitié de ce qu'a perdu la France, et la réflexion critique sur la Première Guerre mondiale y a été beaucoup plus approfondie. Les Français auraient vraiment besoin de réfléchir à ce passé incompris. Pourquoi ont-ils refusé la politique de médiation d'un Benoît XV, favorable à une Paix blanche ? Pourquoi ont-ils ostracisé un esprit supérieur comme Caillaux, encore tenu aujourd'hui pour un traître ? À la veille de la Première Guerre mondiale, il n'y avait qu'un pays capable de faire l'unité de l'Europe, c'était l'Allemagne des Hohenzollern. Il fallait traiter avec le Kaiser. Au fond d'elle-même, sans oser se l'avouer, la France sent qu'elle a raté deux fois avec l'Europe son passage à la super-puissance, alors qu'elle aurait pu y parvenir, d'abord avec le Kaiser, ensuite avec la CED, mais par deux fois, elle a fait le contraire de ce qui servait ses intérêts à long terme. La France doit passer par la vérité pour s'expurger d'une position faussée par le ressentiment et la frustration des chances manquées de son passage à la superpuissance, elle doit dépasser la mesquinerie d'un anti-américanisme à juste titre irrecevable outre-Atlantique. »

En arguant contre Washington le seul droit abstrait, la France a voulu dresser un cordon sanitaire entre l'Europe et l'Amérique, reniant tout héritage commun et niant tout passage de témoin. Elle a démonisé l'Amérique, au nom de principes universels qui la dédouanent d'assumer sa propre part de responsabilité collective. Pour René Girard, le complexe français irrésolu de la Grande Guerre est l'origine ultime de notre anti-américanisme. Il a nourri notre opposition à la guerre en Irak d'arrière-pensées inavouées et qui ne tenaient pas compte de la position de responsabilité désormais assumée par les États-Unis. Une France complexée, revancharde, jalouse, frustrée, pariant sur le déclin de l'Empire américain, est alors apparue aux yeux de Washington comme une avocate trop étrangement intéressée de la « cause » de Saddam Hussein et de son régime.

Ce refus de regarder en face l'erreur fatale de la Grande Guerre avait déjà mal inspiré les égarements politiques de la France des années 30 et abouti à cette « étrange défaite », dont l'historien Marc Bloch a fait le diagnostic avant d'être assassiné en 1944.

> « Dans les années 30, les gens avaient conscience, tous les Français ont senti que l'on ne pourrait pas recommencer Verdun, la bataille de Stalingrad française. Prétendre le contraire, c'est demander l'inhumain à un peuple victime. C'est mentir à la conscience nationale. Au lieu de la culpabiliser, il faudrait au contraire se demander par quel miracle tous les Français n'ont pas été nazis ! La collaboration a été une réaction à une situation impensable. Ils ont essayé de faire, après la défaite de 40, ce qu'il fallait faire avant la victoire de 18. Mais il était trop tard. C'était une fausse politique : on ne pouvait pas négocier avec Hitler, sans sombrer sous l'emprise de son génie démoniaque, totalitaire et raciste. »

En 1947, René Girard a quitté la France pour s'installer aux États-Unis. Son exil, il l'attribue aujourd'hui au désespoir de voir enfin la France ouvrir les yeux.

« À la fin des années 40 en France, j'ai eu l'impression qu'on revenait en arrière. On avait mal préparé la guerre, une diplomatie inefficace avait mis la France, réputée la première puissance militaire du monde, au centre de la politique mondiale. La France de 1939 était seule contre l'Allemagne nazie tout entière, dans une situation de Première Guerre mondiale. Hitler a d'ailleurs fait la même erreur. Il ne rêvait que de parader sur les Champs-Élysées et se faire photographier à Rethondes, pour flatter son opinion publique, dans le wagon où l'Allemagne impériale avait signé sa capitulation en 1918. Il s'était précipité dans une campagne de France, au lieu d'attendre pour attaquer Moscou, en croyant qu'une fois la France battue, la guerre serait gagnée. Vichy a cru ça aussi. Des deux côtés, il y a eu les mêmes erreurs. Dans cette grande illusion, de Gaulle était le seul qui voyait clair. Tout ce qu'il disait, c'était que l'Amérique finirait par gagner la guerre. C'était le bon sens, dans la folie générale. »

Si la France et l'Europe des années 30 ont dérivé, c'était finalement, aux yeux de Girard, pour n'avoir pas su accepter, du fait même du KO franco-allemand de 14-18, l'inévitable domination du monde anglo-saxon sur l'Occident. Les jeux étaient faits depuis 1918. À Berlin, comme à Paris, un même aveuglement a fait croire que l'Europe continentale était encore et toujours au centre du monde ; un même refus a prévalu dans les deux capitales de voir qu'une nouvelle guerre européenne pour la suprématie ne serait la victoire ni de Berlin, ni de Paris, mais qu'elle hâterait celle de Washington. L'Allemagne du IIIe Reich fut l'ultime tentative de l'Europe continentale, aussi stupide que criminelle, pour s'imposer à contretemps comme superpuissance face aux nations anglo-saxonnes. D'Heidegger à Carl Schmitt, toute la philosophie allemande antimoderne du XXe siècle avait élaboré après la victoire de 1918, en fait américaine, un corpus intellectuel et politique sur lequel asseoir une renaissance de la Vieille Europe. Le fait est que, pour s'imposer face aux États-Unis, enfants de la Vieille Europe, cette renaissance à contretemps et à retardement ne pouvait être esquissée qu'en niant les valeurs européennes. Telle fut la tragédie de l'Europe au XXe siècle.

Y avait-il eu une autre politique possible ?

« Oui, m'avait répondu Girard. Celle de Sarraut au moment de la remilitarisation de la Rhénanie en 1936. La France a prôné la fermeté, avec un projet de guerre préventive soutenu par la Pologne. Albert Sarraut, alors président du Conseil, a appelé les Anglais pour obtenir leur appui. En Rhénanie, Hitler n'avait pas les moyens militaires de sa politique, et en cas d'intervention française il aurait donné l'ordre de tout lâcher. Mais l'Angleterre a dit non. Si la France était intervenue sans l'appui des Anglo-Saxons, c'était la France qui devenait Hitler. On est ici au cœur de la tragédie européenne et du malentendu entre la France et les puissances anglo-saxonnes. C'est un autre épisode qu'il faudrait rappeler aujourd'hui, pour que l'Amérique comprenne mieux les réticences européennes à l'égard de sa politique en Irak, et pour que l'Europe, de son côté, reconnaisse le fondement des guerres préventives et le danger politique du surarmement mondial. »

CHAPITRE 4

SUITE FRANÇAISE

> « *C'est juin 1940, nous sommes le dos au mur. Est-ce que les gens s'en rendent compte ?* »
>
> Dominique de Villepin,
> juin 2005

Cambridge (USA), juin 2005.

Sur les pelouses de l'université, les arbres semblent avoir le même âge qu'à Oxford et les façades gothiques couvertes de vigne vierge ont l'air d'avoir été déménagées d'Heidelberg. Harvard est le foyer des élégances européennes de l'Amérique démocrate. Son gradué de légende est John F. Kennedy. On y soigne volontiers un snobisme inconnu du reste de l'Amérique. Depuis l'arrivée au pouvoir de George W. Bush en 2000, on y entend même parfois, au gré des conversations, s'exprimer ce qu'à Washington on appelle en ricanant l'anti-américanisme européen. Aux États-Unis, la Nouvelle-Angleterre est un môle de résistance au bushisme. Ici, tout se passe comme si cette Amérique du « Sud profond », oubliée depuis la guerre de Sécession, à laquelle les nouveaux riches du pétrole du Texas ont donné enfin une occasion de revanche politique sur les États du Nord, était un autre pays. Tant d'assurance naturelle ne va plus pourtant sans un certain désarroi, comme si on voulait se donner bonne contenance, et se défendre d'un certain vague à l'âme. L'Amérique bostonienne, jusqu'ici sûre d'elle-même et dominatrice, serait-elle touchée à son tour par la fragilité des vaincus ?

Parmi les monuments de cette Vieille Amérique qui voit ses assises se dérober depuis l'élection en 2000 de George W. Bush, la Nouvelle-Angleterre se cramponne aux grandes figures de son histoire pour tenter d'exorciser un présent qui la fâche. Au côté de la famille royale des Kennedy, est convoquée la mémoire d'un illustre français, le général de Gaulle, honni partout ailleurs aux États-Unis. Qui le sait ? Le campus de Harvard a son manoir de La Boisserie, où le vent océanique de la côte Est dissipe le brouillard champenois. À Cambridge, le Centre d'études européennes accueille en effet les mânes de l'homme du 18 Juin, pieusement entretenus en terre anglo-saxonne par un grand prêtre universitaire de l'Ivy League, le Pr Stanley Hoffmann.

Disciple hétérodoxe de Raymond Aron, professeur à Harvard depuis 1953, Stanley Hoffmann est persuadé que la révolution néo-conservatrice qui squatte la Maison Blanche depuis l'élection de George W. Bush en 2000, n'aura été qu'un très mauvais moment à passer. Dans son bureau du Centre qu'il a fondé voici plus de cinquante ans, je retrouve un homme sensible qui se dissimule derrière une assurance olympienne, feignant le détachement à l'égard de tout ce qui l'entoure. Le professeur cultive un français affecté, comme un lointain écho de la bourgeoisie d'avant-guerre du 16e arrondissement parisien, marquant volontiers ses distances à l'égard de son interlocuteur né d'hier. Il reste sur son quant-à-soi, laisse échapper un signe d'impatience ; j'ai l'impression de le déranger. Mais bientôt, un sourire vient dissiper sur son visage une méfiance instinctive, illuminant ses yeux d'une malice enfantine. J'observe ce dinosaure américain du gaullisme historique auréolé d'une gloire universitaire, qui dans son ordre fait de lui l'équivalent d'une star d'Hollywood à plusieurs Oscars. Le plus anti-américain des intellectuels *East Coast* a des manières de dandy, que souligne la bague montée d'une pierre polie qu'il porte à la main gauche. Vêtu d'un costume estival coupé dans la mode des années 70, il arbore la cravate texane, une coquetterie de cow-boy, inspirée, je suppose, par le refus de se laisser intimider par l'éphémère Texan au pouvoir.

Né en Autriche en 1928, d'une mère juive de Vienne et d'un père américain, qu'il a rencontré quatre fois dans sa vie, Stanley Hoffmann a connu la France de la défaite, de l'exode et de la clandestinité. Les années 40-44 ont été les années décisives de son existence, dont il me livre un récit, sur un ton d'ironie légère et de bonne humeur étudiée.

> « J'avais douze ans en 1940, me dit-il. Je me souviens d'une ville de Nice sinistre, pleine de réfugiés d'Europe centrale, qui n'avait plus rien à voir avec l'atmosphère estivale de la Riviera des années 30. Au collège, j'entendais mes camarades me répéter le discours conservateur et anti-anglo-saxon de leurs parents. C'est après le débarquement allié en Afrique du Nord que l'opinion française a commencé à virer de bord, ce qui pour un futur politologue était passionnant, mais aussi pas très rassurant. Toute ma vie, j'aurai gardé deux voix dans la tête : la voix d'Hitler et la voix du général de Gaulle. Il faut s'imaginer la France de Vichy comme un pays redevenu médiéval où il était impossible de savoir ce qui se passait à vingt kilomètres à la ronde. Nous étions suspendus aux seules nouvelles de la radio. On y entendait la voix de cauchemar d'Hitler. Et on y entendait la voix éloquente de De Gaulle. C'était la voix de l'espoir. »

Lorsque les soldats nazis sont apparus sur la Promenade des Anglais en septembre 1943, Stanley Hoffmann trouva refuge avec sa mère dans un village de l'Hérault, à Lamalou-les-Bains, munis de faux papiers que leur avait fabriqués le professeur du lycée. Ils y sont restés cachés jusqu'à la Libération.

« Dans cette petite station thermale, j'ai vécu le *Silence de la mer* : une cohabitation froide entre les Français et les Allemands en uniforme qui se côtoyaient sans jamais se parler. C'est ce silence qui nous a sauvés. Nous étions considérés comme des Français. Les Allemands nous confondaient avec eux, sans chercher plus loin, et notre protection était suspendue à cette fragile fiction de bon voisinage. »

Après l'expérience de ses années de clandestinité, Stanley Hoffmann porte un jugement plutôt indulgent sur le comportement des Français pendant l'Occupation. Il se montre en revanche beaucoup plus sévère sur ses compatriotes, aveuglés depuis le 11 Septembre par un nationalisme étroit et à courte vue, qui lui rappelle trop de mauvais souvenirs. Ce qui lui a valu de se faire quelques ennemis, y compris à Harvard, où un autre professeur de renom, Harvey Mansfield, disciple lui aussi à contre-courant de Raymond Aron, a formé toute la jeune génération des néo-conservateurs.

« La France est un pays où les opinions des gens et leur conduite se contredisent. On peut prendre ce trait de caractère pour de la légèreté. C'est, au contraire, une grande qualité, qui ne se rencontre guère aux États-Unis, surtout dans le climat actuel, où je me suis brouillé pour des raisons politiques avec beaucoup d'amis américains. Regardez ce qu'un Aragon ou un Malraux ont essayé de faire pour sauver Drieu à la Libération. Ils ont tout tenté pour ne pas laisser acculer au suicide l'un de leurs ennemis politiques les plus acharnés mais auquel ils restaient malgré tout fidèles en amitié et en camaraderie littéraire. De même, Mauriac est intervenu auprès de De Gaulle pour sauver la vie de Brasillach. Si l'on est honnête avec ce qu'est la France, il est impossible de condamner d'un bloc les Français de cette époque. »

Après avoir obtenu à Paris son diplôme de Sciences-Po, Stanley Hoffmann a reçu une bourse des Relations culturelles pour aller étudier un an à Harvard.

« Avant mon départ aux États-Unis, je désirais faire l'ENA. Mais mon séjour à Harvard m'a vite dissuadé de poursuivre mon projet de devenir fonctionnaire français. J'y rencontrai Henry Kissinger, Zbigniew Brzezinski, Samuel Huntington, Nicholas Wahl, Judith Shklar, tous étudiants comme moi dans une pépinière de talent et d'intelligence. Après mon service militaire accompli en France, Harvard me proposa un poste de professeur, que j'ai immédiatement accepté. J'y enseigne depuis cinquante ans. »

En 1958, le Pr Hoffmann a assisté depuis Harvard au retour au pouvoir du Général. À Washington, l'image qui prévalait alors du Sauveur de la France était assez proche de l'opinion de la gauche française, qui s'en faisait l'idée que François Mitterrand a formulée brillamment dans son pamphlet *Le Coup d'État permanent* : un militaire qui avait enfreint les principes de la démocratie, adepte d'une *Realpolitik* froide et cynique. Appuyé par l'autorité de son maître Raymond Aron, Stanley Hoffmann a été dans ces années l'un des plus zélés à défendre le général de Gaulle auprès de l'opinion et de l'administration américaines.

« En Amérique, le Général revenu au pouvoir passait pour un vieux dictateur. Son allure de grand Connétable faisait de lui un dinosaure politique d'un autre temps, une espèce de Franco, assimilé outre-

Atlantique à la tradition des régimes antidémocratiques de la Vieille Europe. Ses relations orageuses avec le président Roosevelt pendant la Seconde Guerre mondiale nuisaient depuis longtemps outre-Atlantique à son image. L'establishment de Washington voyait en lui le dangereux restaurateur d'une doctrine politique d'équilibre des puissances. En 1946, il s'était déjà employé à contrecarrer l'influence anglo-américaine sur le continent et à freiner le relèvement de l'Allemagne, et cela sans craindre de s'appuyer sur l'URSS. Et puis la gauche française antigaulliste soufflait sur les braises. Dès le " coup d'État " de 1958, elle s'était mobilisée aux États-Unis pour caricaturer le Général. Des intellectuels parisiens comme Claude Bourdet, le directeur de *France-Observateur,* venaient expliquer aux Américains que de Gaulle était incapable de mettre fin à la guerre d'Algérie, parce qu'il était un grand bourgeois, donc par définition un colonialiste.

« Pour ma part, je gardais un attachement politique et sentimental à cette voix de la France qui avait impressionné ma jeunesse. Je n'ai jamais été un adepte du RPF, mais j'étais heureux que le Général soit revenu au pouvoir, pour redresser la barre d'un pays qui n'était plus gouverné sous la IVe République. Mon opinion discordante a intrigué les médias américains. Aussi ai-je été invité sur les plateaux de télévision et de radio et j'ai pu expliquer à mes compatriotes que de Gaulle n'était ni le général Boulanger, ni un affreux fasciste. Mais c'est l'intervention publique le 12 juin 1958 de mon maître Raymond Aron, à Harvard, qui fut déterminante. Aron avait été invité par l'université à l'occasion de la cérémonie annuelle de remise des diplômes. Son discours portait bien au-delà de l'occasion et du lieu. Il a convaincu l'opinion qui compte que de Gaulle n'était ni fasciste ni colonialiste, qu'il était le seul capable de conduire les réformes dont la France avait besoin en évitant un coup d'État militaire, et qu'il fallait lui faire confiance. »

Quand je suis entré la première fois en contact avec Stanley Hoffmann, par téléphone depuis Paris – nous étions au lendemain de la capture de Saddam Hussein par les troupes américaines, à la veille de Noël 2003 –, le professeur jubilait, mais pour de tout autres raisons que le parti républicain. Il ne croyait pas à la « victoire » en Irak. Lorsque Dominique de Villepin, le 14 février 2003, au Conseil de sécurité des Nations unies, a fait entendre la voix d'une France qui osait dire non à l'invasion de l'Irak, Stanley Hoffmann s'est dit que le gaullisme hexagonal pouvait encore peut-être réserver bien des surprises au monde. La *Realpolitik* de Washington avait eu beau faire avancer ses blindés quasi sans résistance jusqu'à Bagdad, la France avait infligé une belle leçon de morale internationale au Pentagone. Aron était mort le 17 octobre 1983. Stanley Hoffmann se trouvait seul cette fois-ci, et en première ligne, pour défendre une certaine idée de la France auprès de l'opinion américaine outrée par le nouveau « lâchage » français. Ce sera le combat de ses vieux jours. Il écrit article sur article pour expliquer à ses compatriotes que le discours du ministre français ovationné au Conseil de sécurité n'est pas un « beau geste » d'aristocrate poudré qui joue avec les grands mots pour se créer une autorité morale, mais l'interprète d'une saine doctrine capable de sauver l'Amérique elle-même de ses propres démons.

Pour convaincre son pays, le pape du gaullisme outre-Atlantique a bien fait les choses : il s'est livré à une exégèse des discours de Dominique de Villepin, rassemblés dans un ouvrage publié sous le titre *Un autre monde*[1]. Il y admet que Villepin n'est pas de Gaulle.

---

[1] Dominique de Villepin, *Un autre monde*, Préface de Stanley Hoffmann, Éditions de L'Herne, 2003.

Après cinquante ans, la politique étrangère française est à l'évidence bien différente de celle du Général. De Gaulle se moquait de l'ONU tandis que Villepin a fait son cheval de bataille du droit international dont l'ONU est dépositaire. Le Général fut le chantre de l'indépendance nationale, alors que son épigone plaide dans un monde globalisé pour le partage de la souveraineté. L'un était un militaire, attaché à la force de frappe, l'autre est un diplomate, privilégiant la résolution des conflits par la négociation et la concertation entre puissances. Et pourtant, affirmait Stanley Hoffmann, la France montrait indirectement à l'opposition américaine la voie à suivre pour définir une alternative à la politique étrangère de Bush.

Vu de Paris, l'oiseau rare d'outre-Atlantique semblait une grâce de la Providence tombée à point nommé pour « sauver le soldat Villepin » contre les foudres de Washington. Quelques mois plus tôt, l'excommunication avait été fulminée par la bouche rugissante de Condoleezza Rice : « Oublier pour la Russie, pardonner à l'Allemagne et punir la France. » À la demande du journal *Le Point,* je pris mon téléphone pour joindre à Boston le professeur afin d'obtenir un entretien à chaud. C'est le point de départ de ce livre. Je reprends mes notes de notre conversation telles qu'elles ont été publiées dans l'hebdomadaire de F.-O. Giesbert [1].

« — *Vous vous êtes pris de passion pour Dominique de Villepin. C'est plutôt original pour un intellectuel de Harvard ?*

« — Depuis le début de la crise irakienne, Dominique de Villepin est l'homme qui a rappelé aux États-Unis les limites de leur propre puissance. Cela étonne et fâche, et peut même faire sourire au

---

[1] « Dominique de Villepin : la controverse », *Le Point*, n° 1631, 19 décembre 2003.

moment où les militaires américains ont réalisé l'exploit de capturer Saddam Hussein vivant. Voilà une victoire qui a de quoi redonner le moral aux troupes en Irak, doper la cote de popularité de George Bush en Amérique et renforcer le mépris du Pentagone pour toutes les précautions de la mouche du coche française. Mais il ne faudrait pas se laisser "éblouir" par un événement aussi pittoresque : la situation en Irak donne plus que jamais raison au diagnostic de la diplomatie française.

« — *Le "poète" du Quai d'Orsay a-t-il plus de sens politique que le "faucon" de Washington ?*

« — Pour les néo-conservateurs américains, l'attachement de la France à la morale et au droit international a été considéré comme un signe de faiblesse et le renoncement à toute politique de puissance préventive. La réalité s'est montrée plus subtile : le pari français de la justice et du droit a été une vraie démonstration de *Realpolitik*. Si Dominique de Villepin est haï au Pentagone, c'est que l'opposition de la France à l'intervention américaine en Irak a aidé à cristalliser aux États-Unis mêmes une sorte de consensus fort différent de la politique américaine officielle.

« — *Quelle est la vision du monde de Dominique de Villepin ?*

« — C'est celle d'un monde organisé où les mots d'ordre sont interdépendance et coopération. L'imprudente invasion de l'Irak a confirmé les thèses de la diplomatie française selon lesquelles l'unilatéralisme célébré par les néo-conservateurs n'est pas soutenable dans un monde global. Les États seuls ne peuvent pas grand-chose pour stabiliser une région, et même une Amérique aux prétentions impériales doit admettre les limites de sa puissance. Devant ce constat, Dominique de Villepin plaide pour un nouvel ordre fondé sur la sécurité collective qui reprend la tradition de Briand et de Wilson. C'est une vision "onusienne" du monde, proche de celle d'un Kofi Annan. Pour Dominique de Villepin, le partage de souveraineté est la clé de la gouvernance mondiale.

« — *Vous le voyez plutôt à gauche ?*

« — Dominique de Villepin n'est pas un homme de droite. C'est plutôt un idéaliste révolutionnaire, qui essaie jusqu'au bout d'être réaliste, ce qui n'est pas facile en temps de guerre, où il y a peu de place pour la morale. En ce sens, il est assez différent de Jacques Chirac, qui manie parfois les droits de l'homme avec un certain cynisme. Les discours de Villepin m'ont rappelé la conception des relations internationales de Jean Jaurès. Il y a chez les deux hommes cette conviction profonde que la culture des peuples et la diversité des cultures sont un moteur de l'Histoire, et que c'est par la culture et non par le rapport capitaliste que les peuples accèdent à la liberté. Dominique de Villepin partage avec des néo-conservateurs comme Wolfowitz un même idéalisme démocratique. Mais, tandis que le Pentagone veut imposer la démocratie par la puissance et la force, le Quai d'Orsay veut l'insuffler par la reconnaissance de la diversité des cultures et la souveraineté partagée.

« — *En se faisant le chantre de la "souveraineté partagée", Villepin ne fait-il pas aussi le constat d'une "France puissance moyenne" ?*

« — Oui, mais sans le dire aussi franchement. Le déclin hante la France depuis la fin du XIXe siècle. De Gaulle, marginalisé par Roosevelt et Churchill, a eu une conscience aiguë du déclin d'autorité subi par la France. Sa priorité politique après 1945 a toujours été la reconquête d'une souveraineté nationale menacée par les puissances anglo-saxonnes.

Dans ce combat, de Gaulle a aussi été le premier à comprendre que la France, "puissance moyenne", pouvait conserver une grandeur en parlant au nom de beaucoup d'autres pays. La France est aujourd'hui en proie à une nouvelle crise de "déclinite". Dans la ligne du Général, Villepin veut que la France prenne des positions qui soient le plus largement partagées dans le monde pour assurer son influence et son rang. Au fond, Villepin incarne une modernisation du gaullisme associant la diplomatie du Verbe à une doctrine de partage de la souveraineté, de promotion des idées de sécurité collective et de priorité à la résolution pacifique des conflits.

« — *Cette politique du Verbe n'a-t-elle pas aussi des limites ?*

« — Elle a des limites, mais, quand on n'a pas d'armée capable de concurrencer la puissance de frappe et de projection américaine, que peut-on faire ? Soit on s'aligne, comme le fait Tony Blair. Soit on se tait, comme l'a conseillé Chirac à la Pologne. Soit on fait ce qui a toujours été une vieille tradition française, portée à un art suprême par de Gaulle : on use de son franc-parler, et on fait état au monde de la conscience française, en trouvant les mots utiles à l'humanité. Or, si les Américains n'ont pas eu la majorité au Conseil de sécurité, c'est bien parce que la rhétorique de la diplomatie française a emporté beaucoup de convictions. De même, le magistère moral de la France s'est imposé aux Nations unies lorsque Dominique de Villepin, pour la première fois dans l'histoire du Conseil de sécurité, a été applaudi après son discours contre la guerre, le 14 février 2003. L'Amérique officielle a d'ailleurs tout de suite compris le danger, et la presse s'est bien gardée par la suite de donner une tribune aux déclarations du ministre français. Je crois qu'on sous-estime l'efficacité du verbe dans un monde interdépendant, lorsqu'on dit à contre-courant des choses qui rencontrent le sentiment inavoué des gens. »

À n'en pas douter, selon mon interlocuteur, notre ministre des Affaires étrangères avait réveillé les morts. Jaurès avait beau avoir remplacé Péguy dans la mythologie nationale, substituant au patriotisme d'hier un socialisme des droits de l'homme, un vieux combat de la France porté en son temps par le Général retrouvait, dans le monde de l'après-guerre froide, toute son actualité.

Avec le recul, ni les explications du vieux professeur, ni l'éloquence de Dominique de Villepin n'ont « cristallisé » un « consensus » anti-Bush. L'effet « 11 Septembre » pesait trop lourd. Le parti démocrate avait voté en majorité au Congrès pour la guerre, y compris l'homme qui allait défendre aux présidentielles de 2004 l'idée d'une autre Amérique : le sénateur du Massachusetts, John Kerry, pourtant accusé d'être « français » ! Le champion démocrate symbolisait à lui tout seul l'embarras du parti d'opposition. En 1991, il s'était opposé à la première guerre du Golfe qui avait été une réussite. Il avait ensuite soutenu la guerre de Bush fils en Irak. Puis il avait voté contre les crédits demandés par l'administration Bush au Congrès pour financer la reconstruction du pays que l'invasion américaine avait ravagé. Ses inconstances étaient trop errantes. C'étaient celles de son parti, déphasé dans une Amérique ralliée depuis le 11 Septembre à la « guerre contre le terrorisme » dont Bush semblait bien le meilleur chef d'État-major.

Paradoxalement, c'est du côté des républicains que l'on a le mieux entendu les avertissements du professeur francophile mobilisé contre la politique des néo-conservateurs. L'Amérique de Bush s'estimant agressée et assiégée, elle a en effet pris très au sérieux l'offensive dangereuse de cette « France-puissance douce », rêvant de réécrire l'histoire de la guerre de 1914, dont Jaurès avait combattu le principe. « Nos ennemis continueront à défier notre pouvoir d'État-Nation en utilisant la stratégie des faibles, ce qui inclut les tribunes internationales, les procédures juridiques et le terrorisme [1]. » Cet extrait d'un document du Pentagone publié en 2005, relatif à la National Security Strategy des États-Unis, en dit long sur la perception par Washington du danger potentiel que représente une France devenue le cheval de Troie du droit international dans le camp des alliés des États-Unis, voire le complice objectif de ses pires ennemis. La légalité internationale y est tout bonnement assimilée aux autres armes utilisées dans les « guerres asymétriques » menées sur plusieurs fronts contre l'Amérique. Pour Washington, la puissance des faibles se manifestait non seulement par le terrorisme des « États voyous », mais aussi par les appels vertueux à la justice internationale, nobles couvertures pour ménager le terrorisme et miner la volonté de riposte américaine. Deux ans après la crise franco-américaine sur l'Irak, l'Amérique bottée a relevé sa garde. Le *French-bashing* n'est plus à l'ordre du jour à Washington depuis la réélection de 2004. Mais sur le fond, et pour longtemps encore, les positions de l'administration américaine, où le bras droit féminin de Bush avait succédé à l'encombrante « colombe » Colin Powell, n'ont pas bougé d'un iota.

*

C'est une très belle journée de juin. Dans le bureau de Stanley Hoffman, j'écoute le professeur me faire de vive voix l'histoire d'un gaullisme qui a partie liée avec nos plus cruelles défaites.

---

[1] Le rapport sur la National Security Strategy 2005 du Pentagone est accessible sur le site www.globalsecurity.org.

« La marque qu'a laissée de Gaulle sur la politique étrangère française reste très forte. Je dirais même que le gaullisme est devenu consubstantiel à la politique étrangère française. On retrouve son empreinte, sous des formes diverses mais sur le fond assez identiques, chez Giscard, chez Mitterrand et chez Chirac. Même les gouvernements de la IVe République avaient cherché à maintenir une voix de la France qui parle au monde entier. »

Ce gaullisme protéiforme, devenu consubstantiel à une droite-gauche française, ne serait que l'envers d'une autre constante de l'histoire de mon pays depuis la fin de la Première Guerre mondiale : le sentiment du déclin. Face à l'Allemagne dans les années 30, face aux États-Unis depuis 1945, et face à l'Europe anglo-saxonne aujourd'hui. Sur le plan intérieur, le réveil de la voix de la France est un cri de survie dont le verbe trahit le sentiment douloureux d'un affaiblissement hexagonal. Le diagnostic d'une « France qui tombe », dressé pour les années Chirac par Nicolas Baverez, autre disciple beaucoup plus jeune de Raymond Aron, serait l'autre face du retour du Verbe gaullien dont l'orateur-poète Villepin incarne depuis la crise irakienne le verbe haut en couleur. Le sursaut a besoin de la débâcle. Prenant de l'altitude, Stanley Hoffmann identifie pour moi notre plus récente défaite : la fin de la guerre froide. En profondeur, le néogaullisme, dont Dominique de Villepin tente de ranimer la flamme, se serait construit en réponse aux désillusions françaises qui se sont précipitées au lendemain de la chute de l'URSS. Face à l'avènement d'un protectorat unique de l'Amérique sur le monde, la France s'est sentie plus que jamais une puissance diminuée.

« Le monde multipolaire dont rêvait de Gaulle pour tourner la page de l'ordre de Yalta ne s'est pas réalisé avec l'effondrement du mur de Berlin, bien au contraire. En dépit des discours sur la liberté et l'amitié entre les peuples, qui est le credo de façade de notre actuelle secrétaire d'État, Condoleezza Rice, tout se passe comme si l'ordre de Yalta, dans l'esprit de l'administration Bush, n'avait pas entièrement disparu. Madame Rice est une réaliste pure et dure qui a un total mépris pour le droit international. À y regarder de près, l'unilatéralisme américain de l'administration Bush est une nouvelle version de la doctrine de "souveraineté limitée" de l'ex-URSS, appliquée par celle-ci à un pacte de Varsovie virtuellement élargi au monde entier. C'est tourner le dos aux idées de Bush père ou de Carter, c'est-à-dire au courant d'idées favorables en Amérique même au système onusien et au droit des peuples. Dans ces conditions, le défi français n'est pas rien. L'illusion, c'est de s'obstiner comme le fait l'administration Bush dans la politique de la force et ne pas comprendre qu'elle est vouée à l'échec, tôt ou tard, car elle ne touche pas le fond des choses. Qu'on le veuille ou non à Washington, on va vers un monde multipolaire. Ce ne sera certes pas la France indépendante du général de Gaulle, mais la France active dans l'Europe, avec, à côté de l'Union européenne, des puissances d'équilibre comme l'Inde, la Chine ou la Russie. »

À écouter Stanley Hoffmann, la fin de la guerre froide aurait été pour la France la dernière en date de ses plus cruelles défaites du XXe siècle, origine de l'épopée du Général. Mais alors que le « parti de l'étranger », avec lequel les « déclinologues » français sont accusés de trafiquer, invoque la jurisprudence d'une Histoire implacable, pour disqualifier les prétentions françaises, cet ami américain de la France se fait l'avocat d'une contre-histoire nationale, celle de la mythologie gaulliste, où de nombreuses Pâques transforment l'apparent vaincu en vainqueur.

Le professeur n'a pas peur de forcer la note. En assimilant l'Amérique de Bush à une « nouvelle URSS », plongeant le monde dans une ère brejnévienne de normalisation, Stanley Hoffmann veut me convaincre de l'impossibilité pour quiconque de négocier, en l'état des forces présentes, avec cette nouvelle Amérique, jaillie des cendres du 11 Septembre. Dans le même temps, ce constat d'une fin de non-recevoir opposée par la première puissance mondiale à une diplomatie française qui, avec les moyens du bord, s'époumone à infléchir le cours des choses, pose selon lui, par son caractère « totalitaire », les conditions d'une résistance pour laquelle les positions de la France peuvent servir d'effet-levier. En d'autres termes, la défaite d'aujourd'hui rassemble les vaincus pour une victoire de demain. C'est la théorie jusqu'au-boutiste des « deux chances », que Dominique de Villepin a apprise de ses deux mentors en politique, Napoléon et de Gaulle [1].

Comment y croire ? Je déroule dans ma tête le film d'archives de l'épopée du Général. Au commencement était le miracle de l'homme du 18 Juin, qui dans le pire moment de son histoire a fait, d'un pays vaincu, une puissance victorieuse, restaurée pleinement dans sa souveraineté nationale. Fort de cette légitimité historique, de Gaulle a engagé la France, à partir de 1958, dans un grand jeu diplomatique mondial, pour redonner au Vieux Continent une politique indépendante, dont Paris serait le centre et le moteur. Pendant toute la guerre froide, le Général a joué au plus fin entre les deux blocs, espérant qu'un jour l'indépendance européenne naîtrait d'un retrait américain en Europe occidentale et d'un accord russe sur l'Allemagne en échange de ce retrait [2]. Or, la fin

---

[1] Daniel Rondeau, « Villepin pile et face », in *Le Monde*, 4 octobre 2005.
[2] Voir l'article de Jean-Claude Casanova, « De De Gaulle à Jacques Chirac », in *Le Monde*, 25 juillet 2003.

de la guerre froide dont l'objectif était poursuivi par le Général au nom de l'« Europe-puissance », indépendante de Washington, est advenue dans des conditions opposées à celles pour lesquelles il œuvrait. Non par le retrait de la présence américaine en Europe, mais par son renforcement. La victoire de l'Amérique de Reagan contre l'URSS signifie en profondeur l'échec du rêve gaulliste de voir renaître une Europe européenne, et consacre l'affirmation sans appel de la puissance américaine dans une Europe qu'elle a libérée en 1944-1945, et qu'elle a rendue à ses frontières historiques en 1989, « de l'Atlantique à l'Oural ». L'Histoire a tranché : gagnante en 1944, la politique européenne de De Gaulle a perdu en 1989.

Pourrait-on surmonter cette défaite ? La France de Chirac et de Villepin pouvait-elle réussir là où de Gaulle lui-même avait échoué ? Y avait-il, dans l'Amérique de Bush père ou de Clinton, aujourd'hui apparemment intimidée, une fenêtre de compréhension par laquelle l'alternative française, comme le croit Stanley Hoffmann, pourrait un jour être admise outre-Atlantique ?

*

C'est à l'université de Chicago, où a enseigné son maître Allan Bloom, lui-même élève de Leo Strauss sur les mêmes bancs, que Francis Fukuyama prononça, le 8 février 1989, dans le cadre d'un colloque intitulé « Le déclin de l'Occident ? », sa première conférence sur le thème de « la fin de l'Histoire ». Deux ans plus tard, il publiait le livre qui posait la pierre d'angle de la révolution néo-conservatrice en politique étrangère, le désormais célèbre *The End of History and The Last Man*[1]. La

---

[1] Francis Fukuyama, *The End of History and The Last Man*, New York, Free Press, nouvelle édition, 2006.

postérité de cet ouvrage est en effet remarquable. Avant d'être le petit « livre rouge » de la présidence Bush fils, il fut déjà le bréviaire de la présidence Bush père. Francis Fukuyama a été le collaborateur de Paul Wolfowitz au sein de la première administration Bush. Les deux hommes sont les inspirateurs du « nouvel ordre mondial » proclamé après la victorieuse guerre du Golfe de 1991.

Les troupes de Saddam Hussein venaient d'être boutées hors du Koweït par une coalition internationale sous mandat ONU. L'Amérique avait réussi sa première intervention militaire d'envergure dans le monde de l'après-guerre froide, en repoussant le spectre d'un Vietnam au Moyen-Orient. Elle avait fait la preuve de sa superpuissance inégalée, derrière laquelle tout l'Occident, y compris la France de François Mitterrand, s'était rangé. À cette époque, la plupart des leaders politiques en Amérique et en Europe regardaient l'avenir avec optimisme. Ils partageaient l'idée d'un nouvel ordre harmonieux, où le monde, converti à la liberté après la chute du mur de Berlin, allait embrasser les valeurs de la démocratie, adhérer spontanément à la culture libérale et moderne occidentale. *The End of History* développe cette vision libérale d'une civilisation mondiale en phase finale de convergence économique et politique avec l'Occident, et en particulier avec les États-Unis.

La seconde guerre d'Irak déclenchée par l'administration Bush fils, en réponse aux attentats du 11 Septembre, s'inspire de la même idéologie de la « fin de l'Histoire », avec aux commandes, au moins au départ, l'intelligence du même Fukuyama et du même Wolfowitz. Loin d'être une rupture, l'évolution de la conception de la « fin de l'Histoire » entre les années Bush père, multilatérales, et les années Bush fils, unilatérales, révèle au contraire la continuité sous-jacente d'une vision du monde. Dans les deux cas, c'est la même hypothèse qui a prévalu, selon laquelle les États-Unis, en tant que démocratie la plus équilibrée et la plus riche, ont vocation à montrer ou à accélérer le sens de l'Histoire proche de sa « fin ». En 1991 comme en 2003, cette idéologie a guidé la volonté de Washington d'en finir avec le multipolarisme accusé d'avoir fomenté les guerres par le passé. Tous les présidents américains depuis la fin de la guerre froide, y compris le démocrate Clinton, l'ont plus ou moins embrassée. Seule la tactique pour la mettre en œuvre a changé.

Joseph Nye, ancien conseiller de Bill Clinton, ne dit pas autre chose. Je l'ai rencontré à Harvard où il fut l'élève de Stanley Hoffmann, et où à son tour il enseigne aujourd'hui. Il est le père de la doctrine du *soft power*[1]. Et pourtant, il tient lui aussi l'objectif du monde multipolaire que la France défend comme irrecevable.

> « Il y a une différence entre un monde multipolaire et une approche multilatérale. Si vous prenez en compte la distribution des puissances dans le monde, un monde multipolaire dans le sens classique utilisé au XIXe siècle et dans la première moitié du XXe siècle est très improbable. En revanche, le multilatéralisme qui est la volonté d'utiliser les instruments qui impliquent la consultation et dans une certaine mesure l'approbation du reste du monde est réaliste. Le monde n'était pas multipolaire à l'époque de Bush père ou de Clinton, il était unipolaire, mais il y avait une volonté d'utiliser les institutions et les alliances, ce qui n'est plus le cas avec l'administration de Bush fils. »

Il n'y a donc sur le fond aucune solution de continuité entre les administrations démocrates et républicaines qui ont présidé au destin de l'Amérique depuis la fin de la guerre froide. Loin d'être une rupture, l'interventionnisme militaire des néo-conservateurs n'est qu'une adaptation

---

[1] Joseph Nye, *Soft Power : The Means to Success in World Politics*, New York, Public Affairs, 2004.

du « nouvel ordre mondial » de Bush père à une conjoncture où il était devenu clair que le monde ne se plierait pas spontanément, harmonieusement, et rapidement à la démocratie libérale et l'économie de marché.

Le dogme de « la fin de l'Histoire » résiste même aux courants de dissidence qui sont apparus au sein du mouvement néo-conservateur au fur et à mesure que le constat de l'échec de la guerre d'Irak s'est imposé. À partir de 2004, Fukuyama a pris ses distances avec l'administration en place avant de rompre avec elle à l'automne de la même année et appeler à voter pour le candidat démocrate John Kerry. Le motif de son revirement politique ? Les dommages causés par l'unilatéralisme de la politique américaine ont, selon lui, compromis toutes les chances de l'Amérique de gagner l'après-guerre en Irak. Divergence de tactique ?

Dans *America at the Crossroads*[1], Francis Fukuyama a mis noir sur blanc les raisons qui l'ont poussé à se séparer de ses amis d'hier. Il accuse l'administration Bush d'avoir diabolisé les alliés européens des États-Unis, en les présentant comme « anti-américains, antisémites, voire imparfaitement démocratiques ». Il déplore que son pays n'ait pas su proposer une alternative crédible aux initiatives internationales lancées par l'Europe, comme le Tribunal pénal international ou le protocole de Kyoto. Selon lui, le grand dessein de l'Amérique de Bush aurait dû être celui de créer les nouveaux instruments d'un multilatéralisme efficace pour stabiliser le monde de l'après-guerre froide, comme l'Amérique de Roosevelt et de Truman avait su l'entreprendre avec succès au lendemain de la Seconde Guerre mondiale. En d'autres

---

[1] Francis Fukuyama, *America at the Crossroads. Democracy, Power and the Neoconservative Legacy*, Yale University Press, 2005. Un mois avant les élections américaines à mi-mandat de novembre 2006, les éditions Grasset ont publié une traduction française d'une partie de cet ouvrage intitulée *D'où viennent les néoconservateurs ?*

termes, Bush fils avait vocation à finir le travail du « nouvel ordre mondial » que son père avait laissé inachevé en 1993, et que le vacillement des années Clinton a mis plus ou moins entre parenthèses. Il aurait fallu que le fils se montre digne de l'héritage du père. Les États-Unis devaient non seulement intervenir militairement en Irak pour se débarrasser de Saddam Hussein et reconstruire sur les ruines de son régime un État démocratique, mais ils devaient aussi refonder la vision onusienne mise en œuvre par l'administration Bush père, en utilisant la puissance américaine pour bâtir les institutions nouvelles d'un « wilsonisme réaliste ».

America at the Crossroads ne fait pas pour autant de Francis Fukuyama un néo-conservateur repenti, bien au contraire. C'est au nom d'un néo-conservatisme authentique qu'il développe sa critique de l'administration Bush fils. Juge et partie, il confie dans son livre à l'universitaire Ken Jowitt le soin de décoder pour lui-même la déformation qu'a fait subir George W. Bush à sa théorie de « la fin de l'Histoire ».

> « Au départ, même implicitement, l'administration Bush a entériné la thèse de la fin de l'Histoire, selon laquelle le "reste" du monde allait devenir plus ou moins naturellement comme l'Occident en général et les États-Unis en particulier. Le 11 Septembre a tout bouleversé. Suite à cet événement, l'administration Bush a conclu que le calendrier historique de Fukuyama était par trop *laissez-faire*, et pas assez attentif – il s'en fallait de beaucoup – aux leviers du changement historique. L'Histoire, en a-t-elle conclu, a besoin d'une organisation et d'une direction résolues et délibérées. Par une de ces ironies dont l'Histoire a le secret, l'identification du changement de régime comme élément décisif de sa politique antiterroriste et comme partie intégrante de son aspiration à un monde démocratique capitaliste a conduit l'administration Bush à une politique étrangère "léniniste"

active, en lieu et place de la téléologie sociale "marxiste" et passive de Fukuyama[1]. »

À lire ces lignes, on reste un peu étonné de voir resurgir, au centre du débat sur la politique américaine à Washington, les guerres intestines des courants de l'extrême gauche qui ont fait les belles heures en Europe de nos années 70. On retrouve mot pour mot, dans cette interprétation marxiste de la « fin de l'Histoire » assumée par Fukuyama lui-même, l'analyse que m'avait faite le professeur Stanley Hoffmann de la politique étrangère de l'Amérique de Bush, la comparant à celle de l'ex-URSS. Filant la métaphore, Stanley Hoffmann avait en outre apparenté la doctrine de politique étrangère de Dominique de Villepin au socialisme des droits de l'homme de Jean Jaurès. Il m'avait montré en quoi celle-ci était capable de donner la réplique à la normalisation brejnévienne dictée au monde par Washington. Tout se passe comme si le paradigme des néo-conservateurs, de leurs dissidents et même de leurs opposants, était d'inspiration socialiste. Dans ce cadre des relations internationales, la France de Dominique de Villepin serait donc une force qui conforte les thèses d'un néo-conservatisme « marxien », qui depuis 2004 s'est retourné contre le « léninisme » de l'administration Bush. Avec Francis Fukuyama, il y avait donc à Washington, au cœur du pouvoir néo-conservateur, une fenêtre de compréhension par laquelle l'alternative française pouvait gagner la sympathie de l'Amérique. Stanley Hoffmann s'en est ouvertement félicité dans un article de la *New York Review of Books*, paru au lendemain de la guerre du Liban, sous le titre « The Foreign Policy the US needs[2] ».

---

[1] Cité par Francis Fukuyama, *D'où viennent les néo-conservateurs ?*, op. cit., p. 76.
[2] Stanley Hoffmann, « The Foreign Policy the US needs », in *The New York Review of Books*, 10 août 2006.

Le courant représenté par Francis Fukuyama qui s'est affirmé pendant l'année 2004 a été pris en compte par l'administration Bush. Il a été à l'origine de ce qu'on a appelé le « tournant onusien » du second mandat. La réconciliation de la France et des États-Unis dans le droit international au lendemain de la crise syro-libanaise en a posé les termes. Le vote de la résolution 1559, prévoyant le retour à la souveraineté du Liban, avec le retrait de l'armée syrienne et le désarmement du Hezbollah, a reposé sur un *deal* entre Jacques Chirac et George W. Bush. Washington acceptait de conforter Paris dans son rôle traditionnel de protecteur du Liban, en échange de quoi la France de son côté se résignait à sacrifier son ancien allié de Damas, dont le régime est depuis le 11 Septembre sur la liste noire du Département d'État américain. Jacques Chirac s'est résolu à passer cet accord avec George W. Bush. Il l'a fait pour trouver une porte de sortie à la crise franco-américaine, avec d'autant plus de bonne volonté que la Syrie était soupçonnée d'avoir commandité l'assassinat de son ami personnel Rafic Hariri. Avec la bénédiction de Washington, la France prenait donc les rênes de la démocratisation du Liban, en se portant garante de l'application de la résolution 1559 négociée avec les Américains. Paris pouvait se réjouir d'une belle revanche : la scène libanaise devait être en miniature le laboratoire d'expérimentation de la politique onusienne musclée que la France avait défendue pour l'Irak. Mais c'était là solder à bon compte le machiavélisme de l'administration Bush.

À Paris, Tony Judt m'a fait un tout autre récit du prétendu « virage onusien » du second mandat Bush, ainsi que de la réelle signification du courant de dissidence lancé par Francis Fukuyama.

> « L'Amérique, m'a-t-il dit, a donné l'impression de n'avoir que le pouvoir militaire, ce qui est un handicap pour elle, car plus on est puissant plus on a

besoin d'amis. Or, l'impopularité de la guerre en Irak a fait de l'Amérique un des pays les plus haïs au monde. Un an avant la réélection de George Bush, un débat stratégique au sein du Département d'État a opposé, dans le clan néo-conservateur, l'aile dure jusqu'au-boutiste, représentée par des gens comme Paul Wolfowitz, à des gens plus modérés comme Francis Fukuyama pour qui l'urgence était de gagner le monde, pas la guerre. C'est là que la stratégie du second mandat a été tranchée : on ne change pas nos désirs, mais nos moyens. On ne change pas de politique, mais on essaie de jouer à l'intérieur du cadre international, plutôt que contre le cadre international. La nomination de John Bolton à l'ONU, ou de Wolfowitz à la Banque mondiale, qui a inauguré le second mandat de Bush signale la mise en œuvre de cette stratégie. »

Tout à coup, la prétendue victoire française rêvée par Stanley Hoffmann, à laquelle à Washington Francis Fukuyama apportait sa caution, s'effondrait. À entendre Tony Judt, les adoucissements diplomatiques du second mandat n'étaient pour lui qu'un jeu de dupes : en faisant mine de réintégrer le concert de la communauté internationale, l'objectif N° 1 de Washington visait à étouffer de l'intérieur l'influence française dans les tribunes internationales, considérée comme la caisse de résonance la plus redoutable de l'anti-américanisme. La feuille de route du document du Pentagone relatif à la National Security Strategy était donc plus que jamais l'objectif poursuivi.

A posteriori, le déclenchement de la guerre du Liban à l'été 2006 par Tsahal, en réponse à l'enlèvement de deux soldats israéliens par le Hezbollah, pourrait bien justifier le scepticisme de Tony Judt. Cette guerre a en effet brusquement vidé de son contenu l'accord politique passé entre la France et les États-Unis pour la résolution de la question libanaise. Israël pouvait légitimement invoquer pour justifier son intervention la non-application de la clause du désarmement du Hezbollah prévue par la résolution 1559. Sa guerre, déclenchée de manière unilatérale, poursuivant dans ses plans initiaux un objectif de destruction d'un pays entier, n'en a pas moins porté un coup de poignard dans le dos de la diplomatie française, en charge du processus politique libanais, dans le même cadre de la résolution 1559. En soutenant l'intervention israélienne au Liban, Washington a révélé au grand jour son double jeu, soufflant le chaud et le froid entre ses deux alliés, Paris et Tel-Aviv. Washington a fait la sourde oreille aux appels au cessez-le-feu de Paris, pour finalement s'y rendre moins d'un mois plus tard, forçant la main au gouvernement d'Ehmud Olmert pour sauver la face devant la communauté internationale.

Au Liban, l'Amérique s'est montrée capable de mettre en œuvre une politique beaucoup plus subtile que celle brutalement unilatérale qui a caractérisé la guerre d'Irak. Fidèle à elle-même, elle a privilégié l'usage de la force militaire et de la guerre préventive, pour éradiquer le Hezbollah pro-iranien (tête de pont au Liban de l'alliance « terroriste » entre la Syrie, l'Iran, et le Hamas scellée à la faveur de l'intervention américaine en Irak) tout en tenant de l'autre main la France par la barbichette du droit international, pour obliger l'ONU à légitimer le coup de force de Tsahal au Sud-Liban. Ce que l'Amérique n'avait pas réussi à obtenir en Irak, malgré les efforts de médiation d'un Tony Blair, elle l'avait finalement obtenu au Liban, à savoir l'implication de la France dans sa politique au Moyen-Orient, avec en prime l'onction du droit international consacrée par la résolution 1701.

Stanley Hoffmann n'avait donc qu'en partie raison : si Dominique de Villepin a vu juste en faisant du droit international l'instrument de contestation de l'ordre américain, Washington a su réagir deux ans plus tard en prenant Paris au piège de son propre jeu, ne reniant pas grand-chose de son mépris foncier pour le droit international. Les bataillons français embarqués sur la Méditerranée avaient beau entonner *La Marseillaise* des départs radieux, les conditions du grand retour annoncé de l'Europe au Moyen-Orient laissaient craindre le pire. En réalité, si l'Europe avait voulu exposer à la ruine sa légitimité internationale, elle ne s'y serait pas prise autrement, en mettant sa crédibilité diplomatique à l'épreuve d'une situation militaire inextricable, entre les feux croisés du Hezbollah pro-iranien et de l'armée israélienne. Depuis les attentats du 11 Septembre et la riposte armée des États-Unis, l'Europe apparaissait comme prise au piège du conflit entre l'Amérique et le monde arabe, qu'elle subit au premier chef, sans pouvoir rien y faire, cherchant tant bien que mal à repousser le spectre d'une guerre totale entre l'Occident et l'Islam. C'est au nom de cette neutralité qu'une nouvelle Europe unie, prompte à céder aux sirènes onusiennes habilement orchestrées par Washington, a cru enfin pouvoir agir au Moyen-Orient. Deux ans après la guerre d'Irak, Condoleezza Rice n'avait plus besoin de punir la France, car la France, et l'Europe avec elle, s'est punie toute seule en se jetant dans la gueule du loup.

Le consensus américain en politique étrangère donne le vertige. Son unité de vues sous les divergences de tactique ne laissera aucun quartier à une France avocate d'un monde multipolaire qui s'inscrirait, à l'époque de la globalisation, dans la continuité de la politique d'équilibre des puissances dont s'était prévalue l'Europe des Nations du XIXe siècle. Dans les années 50, Henry Kissinger, grand admirateur de De Gaulle, avait étudié l'histoire de l'Europe de la Sainte Alliance et de sa savante diplomatie de l'équilibre des puissances[1]. Il avait importé aux États-Unis le génie diplomatique de la Vieille

---

[1] Henry A. Kissinger, *A World Restored : Europe After Napoleon*, Gloucester (Massachusetts), Peter Smith, 1973.

Europe, dont il avait fait de l'Amérique de Nixon l'héritière. Tout s'est passé comme si l'Amérique, victorieuse en 1945, s'était comportée à l'égard de l'Europe comme Rome au lendemain de sa victoire sur Athènes : le vainqueur avait eu la sagesse de se mettre à l'école des vaincus. Ce sacrifice du vainqueur qui honore le vaincu fait partie du vieux fonds de la culture politique de l'Europe moderne depuis le traité de Westphalie qui a rendu acceptables et limitées les guerres entre les nations. Dans sa superbe, l'Amérique avait accepté dans la seconde moitié du XXe siècle de gouverner le monde en se montrant fidèle à cette tradition européenne trahie par le traité de Versailles. Les marges d'action laissées à de Gaulle en France, en 1944 et en 1958, prouvent que l'Amérique, inaugurant alors son règne impérial, avait encore des scrupules à l'européenne à l'égard de l'Europe. De Gaulle et Churchill ont été deux hommes d'honneur, au fond très attachés à cette vieille civilisation européenne, où par-delà les vicissitudes de l'histoire les nations se respectent et se relèvent. Stanley Hoffmann m'avait bien rappelé combien la lutte entre de Gaulle et Roosevelt avait été serrée. Et malgré tout, Churchill aidant, l'Amérique accepta de Gaulle et le laissa recréer une France ayant une identité, une voix, une volonté propres.

Avec la doctrine de « la fin de l'Histoire », il était clair que la mémoire politique du Vieux Continent ne signifiait plus rien pour la nouvelle génération de stratèges américains. Francis Fukuyama, ce fils d'immigré japonais né après Hiroshima et Nagasaki, manifestait à l'évidence une volonté de libérer l'Amérique de l'influence européenne, à laquelle un Kissinger, cet Allemand arrivé aux États-Unis en 1938, restait attaché. Au nom d'une prétendue clarté morale, et pour en finir avec le cynisme de la *Realpolitik*, les néo-conservateurs ont refondé la politique étrangère américaine, en mettant définitivement à l'écart un vieux fonds de jurisprudence internationale qui avait permis à l'Europe des Nations rivales de créer une civilisation européenne et d'attester sa supériorité mondiale. Avec « la fin de l'Histoire », les néo-conservateurs ont rompu avec les conservateurs européens, en proclamant tout simplement la fin de l'Europe. Non pas seulement l'Europe des 25 (je me souvenais des propos méprisants d'Hillel Fradkin à Washington), qui désormais m'apparaissait complice de cette « fin de l'Histoire » à l'américaine, par sa volonté de se refuser toute identité politique, mais une certaine idée de l'Europe du XIXe siècle, dont la sagesse politique avait toujours garanti, par-delà la défaite, l'honneur des vaincus. Dans cette perspective, la déroute américaine en Irak, où une guerre de libération s'est transformée en guerre d'occupation, ne serait-elle pas la conséquence du reniement de cette tradition européenne par la politique mondiale des États-Unis ? En France, comme en Irak, il fallait se résoudre à l'idée que l'Amérique de la « fin de l'Histoire » ne veut ou ne sait plus faire place aux de Gaulle. Au fond de l'anti-américanisme français et européen, il y a aussi cette humiliation-là : le Vieux Continent constate, esseulé, que l'Amérique ne tient plus aucun compte de son expérience des relations internationales.

*

Cette fin du magistère diplomatique de l'Europe, Stanley Hoffmann ne veut pas s'y résoudre. Le voilà qui se fait devant moi le défenseur d'un certain anti-américanisme français, comme l'ultime recours pour tenter de sauver la sagesse d'un roi renié par l'Amérique. Un roi presque nu, qui n'a plus comme dernière tunique dans laquelle se vêtir, que notre fameuse « exception culturelle » française, elle-même si peu au clair avec ce qui la rend exceptionnelle.

« L'anti-américanisme français me paraît acceptable, me dit-il, dans la mesure où il ne se traduit pas en une hostilité à l'égard des individus, et s'en tient à critiquer l'Amérique comme porte-drapeau d'une mondialisation à sa guise et sans garde-fou. En France, l'anti-américanisme de droite, très vif sous la IIIe République, a presque entièrement disparu. L'Amérique "mélange des races", pays du "matérialisme" et de la "mécanisation", qu'ont décrit tour à tour dans les années 30 un Georges Duhamel ou un André Siegfried, tout cela est devenu une opinion marginale. En revanche, l'anti-américanisme de gauche, bien représenté dans la haute fonction publique, est toujours là. La vision de cette Amérique-là, symbole d'un ultralibéralisme qui prospère au détriment des pays du tiers-monde, a d'autant plus de succès que son point de vue s'appuie, il faut le reconnaître, sur des données bien réelles. Certes, j'admets volontiers que lorsqu'on vit en France, la ritournelle hexagonale peut finir par être agaçante, mais je la crois, sur le fond, sans gravité. L'"exception culturelle française" est après tout bien légitime. Que feraient les Américains s'ils étaient mis en minorité linguistique par une Chine envahissante et hégémonique ? Ils défendraient, comme les Français le font, face à l'anglais, un protectionnisme culturel. L'anti-américanisme français, en ce sens, est inguérissable, car le sentiment français hostile à l'Amérique me semble exprimer la prise de conscience douloureuse d'un universalisme français qui a rencontré un rival plus costaud que lui. Ce n'est pas facile pour un pays comme la France, qui a longtemps été la conscience d'une Europe détenant l'avenir du monde, de se résigner à accepter la victoire d'une autre forme d'universalisme, persuadé d'être à son tour détenteur de l'avenir mondial. L'attraction de la France dans le monde est aujourd'hui beaucoup plus liée à sa culture qu'à son modèle de société. La démocratie monarchique française, plus autoritaire que libérale, est victorieusement concurrencée par le modèle démocratique américain, plus ouvert à la réussite individuelle. »

Toute l'ambiguïté des positions de Stanley Hoffmann m'apparut brusquement. L'anti-américanisme de ce grand universitaire que les États-Unis avaient couvert d'honneurs m'avait toujours quelque peu étonné. Pourquoi ce professeur respecté, dont la lucidité depuis le début de la guerre d'Irak a été exemplaire, éprouvait-il le besoin de flatter notre caractère gaulois, comme s'il voulait s'excuser auprès de nous d'être devenu américain ? La voix de la France était pour lui le souvenir de sa jeunesse à laquelle il restait attaché. Sentimental, il s'était réjoui de la redécouvrir intacte en Dominique de Villepin, il avait encouragé son feu, comme un ultime divertissement de ses vieux jours, sachant au fond de lui-même que la partie était jouée. Oui, Stanley Hoffmann reconnaissait lui-même que le modèle social français avait perdu, face au capitalisme anglo-saxon. Sûrement, il le regrettait en toute sincérité. Mais ce que je ne pouvais lui pardonner, c'était de vouloir secrètement cantonner cette France, qu'il aimait tant, dans le camp des éternels perdants. Pour Stanley Hoffmann, la France n'existait plus que par son « exception culturelle ». Mais que cela signifiait-il ? Comment pouvait-il reconnaître dans notre « exception culturelle » – ce *Panem et Circenses* à la française où l'argent public subventionne la société de consommation de masse –, une dernière forme de fidélité à la tradition des relations internationales que de Gaulle avait invoquée au nom de la Vieille Europe ? Un tel rabaissement de la haute idée politique de la culture européenne que se faisait de Gaulle me laissait sans voix ! Si le mot culture voulait dire quelque chose pour de Gaulle, c'était bien dans le sens profond qu'un René Girard m'avait fait découvrir à Paris. Pour l'un comme pour l'autre, la civilisation est l'ensemble des sacrifices qui conjurent la violence que l'humanité porte en elle. Elle est le fruit d'une discipline, d'inspiration conservatrice et chrétienne, qui arrache les hommes et les nations à la pente naturelle qui les pousse à s'entre-dévorer et à se faire la guerre. Comment l'« exception culturelle française » pouvait-elle être rattachée, par le grand spécialiste du gaullisme outre-Atlantique, à cette jurisprudence de l'humanité en politique, alors qu'elle ne fut à l'origine qu'une manœuvre politicienne inventée par Malraux pour rallier à de Gaulle le magistère intellectuel du parti communiste et des compagnons de route ? Les années passant, l'« exception culturelle » était devenue une industrie du divertissement labellisée France, le contraire d'un service public, utilisé par le pouvoir de gauche et de droite pour acheter la paix sociale. En regardant sa production, on se demande bien en quoi celle-ci peut exercer une quelconque résistance spirituelle à l'invasion de la société de consommation américaine. Il me semble qu'au contraire cette industrie officielle ajoute à la violence du bombardement culturel américain, à laquelle elle participe également, une violence propre à tout pouvoir d'État.

J'accordais bien volontiers à Stanley Hoffmann les encouragements que méritent Dominique de Villepin et Jacques Chirac, pour avoir, dans leur opposition aux États-Unis, montré en négatif combien, en oubliant l'Europe, l'Amérique de « la fin de l'Histoire » se trompait en poursuivant une utopie dangereuse. Mais je doutais fort qu'en faisant de l'« exception culturelle française » le dernier bastion supraterrestre d'« un autre monde », la France de Dominique de Villepin et Jacques Chirac ait opposé à l'Amérique une autorité politique à la hauteur de la Vieille Europe.

★

Ce n'est pas un hasard. Pour compléter mon premier entretien avec Stanley Hoffmann, *Le Point* me demande de trouver un autre intellectuel américain qui puisse donner la réplique aux louanges tressées par le vieux professeur à l'endroit de Dominique de Villepin. Je suggère le nom de Leon Wieseltier, le responsable des pages Culture de *The New Republic* qui, quelques semaines plus tôt, avait publié dans ses colonnes une critique dévastatrice des *Cent-Jours* et du *Cri de la gargouille*. L'homme est inconnu en France, mais son nom est retenu. Proche du parti démocrate, *The New Republic* a eu comme correspondant dans les années 60 le journaliste français Jean Daniel, grande plume de *L'Express* de Jean-Jacques Servan-Schreiber et futur directeur du *Nouvel Observateur*. Entre-temps, la gauche américaine avait beaucoup changé. En 2003, les ex-« faucons humanitaires », proches en France de la ligne d'un Bernard Kouchner, se sont ralliés à l'intervention militaire en Irak. Leon Wieseltier est l'un de leurs plus brillants interprètes, rivalisant avec les « néo-cons » de l'autre influente revue bushiste, le *Weekly Standard*, dirigée par William Kristol. Au plus fort de la crise irakienne, la gauche interventionniste a fait de Dominique de Villepin sa tête de turc.

Ce 18 décembre 2003, la côte Est se réveille sous une tempête de neige. Leon Wieseltier a passé la matinée à déblayer les congères qui obstruent son garage. On m'avait dit qu'il avait du génie et qu'il le savait. En tout cas, il ne manquait ni de verve, ni de feu.

> « J'ai voulu recenser deux livres de Dominique de Villepin pour essayer de lever les malentendus qui séparaient Paris et Washington au plus fort de la crise irakienne, me dit-il. Les livres ne renferment-ils pas une part de vérité de leur auteur et n'est-ce pas le meilleur moyen de comprendre les présupposés de sa politique ? Ce qui caractérise à la fois *Le Cri de la gargouille* et *Les Cent-Jours*, c'est une esthétique de la

grandiloquence, un sens très personnel de la grandeur du vide. J'ai trouvé chez Dominique de Villepin la pose de l'homme universel, à la fois poète, biographe et ministre des Affaires étrangères, qui cache un nihilisme foncier. Dans la rhétorique de son opposition à la guerre en Irak, on retrouve ce même sens de la grandeur privée de toute assise historique réelle [1]. »

Je m'amuse à penser aujourd'hui, que la face sombre et inquiétante du « cri de la gargouille », que me dévoilait alors Leon Wieseltier, trouverait trois ans plus tard, sous la plume d'un autre « américain », le patron du *Point* en personne, Franz-Olivier Giesbert, son plus impitoyable portraitiste. Publié en mars 2006, *La Tragédie du Président* est un bestiaire naturaliste des animaux qui nous gouvernent, décrit avec la rudesse de l'étable, où la gargouille devient corbeau. Bien que totalement ignorant alors des tenants et des aboutissants du vaudeville français, dans lequel Sarkozy et Villepin tiennent aujourd'hui le haut de l'affiche, Leon Wieseltier fut le premier en 2003 à percer le mystère tragicomique de nos « tontons flingueurs ».

Que voulait donc dire Leon Wieseltier lorsqu'il pourfendait la « grandeur du vide » et surtout le « nihilisme foncier » de notre ancien ministre des Affaires étrangères ? Comment pouvait-on reconnaître en lui une tentation du néant, alors qu'il respirait l'amour de son pays et voulait en faire vivre l'esprit dans le monde matérialiste ?

Intitulé « Le complexe Napoléon », l'article publié par Leon Wieseltier dans les colonnes du *New Republic* au moment de la crise irakienne, au printemps 2003, est signé David A. Bell [2]. Jamais traduit en France, sa critique portait d'autant plus loin que son auteur n'avait pas

---

[1] « Dominique de Villepin : la controverse », *Le Point*, n° 1631, 19 décembre 2003.
[2] David A. Bell, « The Napoleon Complex », in *The New Republic*, 14 avril 2003.

caché ses réserves envers l'intervention américaine en Irak. Le meilleur de la critique littéraire confine au grand journalisme politique. Elle utilise la littérature comme une porte secrète qui donne accès aux passions qui gouvernent les hommes. « Le complexe de Napoléon » est un portrait moral de Dominique de Villepin qui décrypte le penchant lugubre d'un Louis II de Bavière du Quai d'Orsay, hanté par le crépuscule des dieux.

L'auteur commence par instruire à décharge le procès intellectuel de Dominique de Villepin en saluant ses qualités d'écrivain, qui « lorsqu'il prend soin d'éviter son pseudo-romantisme » n'est pas sans talent.

> « Vu d'Amérique, ajoute-t-il, où de nombreux hommes politiques sont incapables d'aligner deux mots, c'est presque un plaisir de trouver une personnalité publique comme Dominique de Villepin, qui excelle à écrire six cents pages dans un style aussi élégant. »

La question du style tranchée avec les honneurs, c'est sur le fond que se concentre la critique de David A. Bell, à savoir la politique de Dominique de Villepin, telle qu'elle repose sous les ornements de son éloquence.

> « En un mot, écrit-il, Villepin n'en a aucune. En lieu et place d'une politique, il voue un culte à la "grandeur" et la "puissance françaises", deux mystères providentiels qui ont fait le génie des "grands hommes" de l'histoire nationale. À lire Dominique de Villepin, tout se passe comme si ce Français distingué faisait l'impasse sur l'histoire dramatique du XXe siècle européen où la France s'est perdue. Ses "grands hommes" ne se définissent pas par la soif de justice qui les anime ou la poursuite d'une haute idée de la liberté qu'ils chérissent – comme ont pu l'illustrer un Lincoln ou un Mandela. Ils se distinguent seulement

par l'énergie vitale qu'ils ont été capables de déployer. Dans *Le Cri de la gargouille*, Villepin critique la tendance de la France contemporaine à s'enfoncer dans la torpeur et la résignation, et en appelle au sursaut d'une volonté collective non pas comme moyen pour la France de poursuivre un but politique déterminé, mais pour qu'elle sauve son âme en rallumant le feu. "Notre pays, écrit-il ainsi, n'avance que par des crises et des tragédies." Venant d'un ministre français des Affaires étrangères, de telles idées sont pour le moins extravagantes, mais que seraient-elles si elles sortaient de la bouche d'un Allemand ? Selon les critères de Dominique de Villepin qui honorent le culte de la force, on finit par se dire que George W. Bush devrait être pour lui un "grand homme", disons bien plus en tout cas que Jacques Chirac. Il le serait, à un détail près : George W. Bush n'est pas français. »

Ironie meurtrière : en George W. Bush, Dominique de Villepin aurait dû trouver son double texan également animé par une même passion de retour aux sources mystiques de la victoire. Avec une différence de taille : le président des États-Unis a les moyens de réaliser ses fantasmes en envoyant, tel Alexandre le Grand, une armée de 200 000 hommes en Mésopotamie. Notre ancien ministre des Affaires étrangères est réduit à la pantomime. Il se console par la chanson de geste et la poésie pour sublimer son désir inconsolable de conquêtes. Dans les deux cas, semble nous dire David A. Bell, c'est la même négation de toute politique, le même déraillement de la raison.

« Nombreux sont ceux qui croient que Villepin avait pour lui bien des arguments légitimes pour mettre en garde les États-Unis contre le déclenchement hâtif de la guerre d'Irak. Si seulement ses arguments contre la guerre reposaient sur des convictions fermes et sincères. Son livre suggère, au contraire, que dans les affaires internationales, Villepin est tout sauf moral, et qu'il ne trouve rien à redire à une nation dominante qui impose ses volontés par la force, prenant des risques considérables, jusqu'à violer le droit international. Il n'est en rien contre une telle nation, à condition qu'elle soit la France. Ses écrits montrent que son actuelle opposition aux États-Unis ne s'appuie pas sur des principes politiques raisonnables, mais dérive d'une volonté d'obstruction allumée pour elle-même, parce que de cette manière la France peut de nouveau occuper le devant de la scène. Il est très louable de vouloir établir la grandeur d'une nation par la Paix, mais il est moins glorieux de défendre une politique pacifiste quand la raison profonde en est l'incapacité de son pays à faire la guerre. De Villepin n'est pas anti-impérialiste : c'est un impérialiste défait mais non repenti. »

Les flèches de ce portrait portent plus loin que son modèle. Je retrouvais en effet, sous la plume impitoyable de David A. Bell, le diagnostic profond que m'avait fait à Paris René Girard, celui d'un État français qui, malgré sa conversion européenne affichée, n'a pas totalement fait le deuil de la violence jacobino-bonapartiste qui a traversé son histoire. Au-delà de la personnalité de l'actuel Premier ministre français, David A. Bell décrivait ce même aveuglement d'une France qui refuse de reconnaître en elle la violence politique dont le déchaînement martial de la jeune nation américaine depuis le 11 Septembre n'est que le double, mais en action. Prise au piège d'un mimétisme destructeur, guidée par la jalousie et la rancœur d'une dure et durable défaite, la France n'aurait pas su défendre une politique généreuse et désintéressée, capable de susciter ce fameux « consensus contagieux » dont parlait Stanley Hoffmann, l'autre nom de ce que René Girard appelle la « culture ». Sous le pacifisme et les bons sentiments professés par le gaullisme chiraquien, il y aurait donc la poursuite, par d'autres moyens, d'une volonté de puissance rentrée, invoquant le droit international et la résolution pacifique des conflits, comme alibi à un anti-américanisme inguérissable.

On ressort éprouvé de cette plongée dans les eaux troubles de notre politique étrangère. Si, comme me l'avait rappelé Stanley Hoffmann, le jugement de l'Amérique de Roosevelt était peu amène à l'égard de De Gaulle, celle de l'Amérique de Bush à l'égard de Dominique de Villepin était une sentence capitale apparemment sans appel. En David A. Bell, l'Amérique avait trouvé son Jean Baudrillard, un Baudrillard qui renvoyait à la France sa propre critique de la puissance aveugle, attirée comme dans le trou noir par les forces anonymes de son propre néant. Après un tel voyage au bout de nos ténèbres, je ne pouvais plus me fier, sans réserve, au sentiment d'humanité et de justice que Stanley Hoffmann associe au combat de la France contre l'Amérique de George W. Bush. Le caractère mimétique dans la violence de la France opposée à l'Amérique en guerre me sautait brusquement aux yeux, jusque dans des propos aussi pleins de louange que ceux prononcés par Stanley Hoffmann en faveur de Dominique de Villepin. Au fond de la défense de la politique de Dominique de Villepin que m'avait illustrée le professeur de Harvard, gît la certitude d'une destinée manifeste selon laquelle la France, parce que c'est la France, parle au nom de l'humanité. Un tel postulat méritait probablement quelques garde-fous autres que la conscience solitaire d'un homme. Le « Prince » restauré par les néo-conservateurs à la Maison Blanche, invoquant la destinée manifeste de l'Amérique, qui lui donnerait le droit, contre toute la communauté internationale, d'envahir l'Irak pour y apporter la démocratie, est-il sur le fond si différent de l'assurance morale absolue de notre hôte du Quai d'Orsay ? L'arrogance de l'unilatéralisme bushiste, tranchant sur le Bien et le Mal, n'avait donc rien à envier aux revendications souveraines de la France sur le bon droit de l'humanité.

★

Paris, décembre 2005.

Ce jeudi 15 décembre, René Girard est reçu sous la Coupole par Michel Serres qui pendant plus de vingt ans fut son collègue à l'université de Stanford, au bord du Pacifique, entre la baie de San Francisco et l'Océan. En 1940, René Girard avait 16 ans. De quatre ans l'aîné de Stanley Hoffmann, il partage avec ce dernier les mêmes souvenirs de guerre. Tous les deux vécurent l'Occupation en zone libre. Tous les deux ont espéré en de Gaulle. Tous les deux ont quitté la France à la fin des années 40, au temps où l'on prenait le paquebot au Havre pour débarquer après un voyage d'une semaine à New York. Tous les deux, français de naissance ou d'adoption, sont devenus américains. Ce destin commun m'a poussé à m'entretenir une dernière fois avec René Girard, pour confronter ses propres souvenirs du retour de De Gaulle au pouvoir en 1958 avec ceux de Stanley Hoffmann.

René Girard m'avait déjà confié le motif qui l'avait conduit à s'exiler aux États-Unis :

« À la fin des années 40, en France, j'ai eu l'impression qu'on revenait en arrière. »

Revenir en arrière, c'était dans son esprit persister en France dans l'aveuglement d'une classe dirigeante irresponsable qui, après la défaite de 1940, croyait encore que la France pouvait avec son empire redevenir ce qu'elle avait été avant-guerre. En 1958, de Gaulle incarnait pour René Girard une forme de rupture avec le passé.

« En 1958, c'était le bon sens de ne pas continuer avec le régime de la IVe République. Ce n'est pas vrai qu'il n'y a pas d'autres régimes parlementaires que le changement de gouvernement tous les six mois et l'impuissance totale de l'exécutif. Les gens de gauche criaient : "La dictature, Napoléon III !" ; en 1958 on n'était pas menacé par Napoléon III. Le gaullisme a été un phénomène populaire qui s'est affirmé contre les fausses idées de l'opinion, des journaux, de la presse de gauche, mais aussi la presse de droite qui était Algérie française. Or, il n'y a qu'à réfléchir à la situation actuelle du monde musulman pour comprendre que de Gaulle avait raison. La France ne pouvait pas rester en Algérie. Il a été, au fond, un des premiers à entrevoir la révolution musulmane. Lorsqu'il l'a compris, il a décidé de donner son indépendance à l'Algérie musulmane. Il n'y avait pas d'autre politique possible pour la France. Mais la droite, encore aujourd'hui, n'est pas résignée à cela. Comme la gauche n'est pas encore résignée à la fin du parlementarisme à la vieille mode française qui était un régime épouvantable d'impuissance et d'inefficacité. »

Je lui demande comment ce de Gaulle modernisateur, pragmatique et visionnaire de 1958, pouvait être aussi le grand orateur d'une mythologie française, érigée par ses successeurs en divinité de l'impossible déclin. René Girard sourit et me reprend :

« Vous savez, c'est en France, pas en Amérique, qu'on s'est le plus moqué de De Gaulle. Parce qu'on a fini par prendre ici les mots pour la réalité. Son rêve solitaire de "grandeur" n'était qu'un langage diplomatique qui s'adressait à l'étranger. Ce n'était pas le langage de De Gaulle. De Gaulle parlait ainsi au monde, mais il n'était pas dupe de ce qu'il disait. Ce qu'il disait réellement, c'est que la France doit faire un effort pour maintenir son rang en Europe et dans le monde. Ce qu'il ne disait pas, parce que ce n'était pas bon pour son attitude, c'est que la France est devenue une petite nation. La France est devenue, par rapport aux superpuissances ou aux superpuissances potentielles, ce que les petits royaumes italiens sont devenus à la Renaissance lorsque les grandes nations européennes se sont formées.

« On l'a accusé en France de mentir aux Français, d'avoir construit une politique de l'illusion parce qu'elle était fondée sur le mensonge. Mais les Français savaient très bien que de Gaulle était déçu par eux. Ils avaient très bien compris ce que de Gaulle leur demandait. De Gaulle était d'abord un réaliste, et tout ce qu'il demandait aux Français, c'était de faire un plus grand effort de travail. Rien de plus. »

Il y avait donc chez de Gaulle un double discours, parfaitement entendu, mais de plus en plus de mauvais gré par les Français. Ce double langage ou cette vérité à demi-mot ont été érodés par le temps ; seul un gaullisme à une seule dimension a survécu au Général : celui d'« une exception française » qui ne se pose plus la question des conditions élémentaires de sa survie. Cette France aux idées à l'envers, croyant toujours à sa bonne étoile, laisse indifférent René Girard. Attaché au fond des choses, il me fait le récit sérieux et grave d'un déclin français, dont le charisme du Général avait réussi par miracle à retarder le cours, mais dont le mouvement dépasse de loin aujourd'hui les nains qui nous gouvernent.

« L'évolution intérieure de la politique française n'est plus très intéressante pour un Américain. En 1958, c'était intéressant. S'il y a eu une période où la France a été gouvernée, c'est bien celle des années 60.

Et celle qui a suivi. Je me souviens de longs articles dans le *New York Times*, qui faisaient le récit admiratif du dynamisme de l'économie française. Cette France-là passionnait l'opinion américaine éclairée. Quand Pompidou visitait en chef d'État les États-Unis, c'était encore quelque chose d'important vu d'Amérique. Les problèmes intérieurs français ont considérablement moins d'importance pour l'opinion étrangère qu'ils n'en avaient il y a quarante ou trente ans. Voyez-vous, le recul très frappant de l'Europe française, auquel on assiste, n'est pas seulement dû à la politique qui est menée en France, à Jacques Chirac, mais aussi au fait que certains événements dont de Gaulle a retardé l'échéance sont venus à terme. De Gaulle a donné un répit inespéré à la France en retardant les échéances. Aujourd'hui c'est terminé. De Gaulle savait que le monde anglo-saxon allait devenir dominant dans la civilisation occidentale. Les Américains l'admiraient aussi pour cela : pour avoir voulu retarder ce qu'il savait inéluctable. Ils ont toujours trouvé en de Gaulle un personnage extravagant d'habileté politique. Quand on pense qu'il avait Roosevelt contre lui et qu'il a réussi à faire de la France d'après-guerre une des puissances ayant un siège permanent au Conseil de sécurité des Nations unies, une des quatre puissances qui ont occupé l'Allemagne vaincue... C'était une chose incroyable. À l'inverse, il manifestait contre l'Amérique, il sortait de l'Otan, il faisait la bombe atomique contre les Américains, mais il était toujours le premier à être aux côtés de l'Amérique dans les coups durs, comme lors de la crise des missiles de 1962. Personne n'insiste sur ce fait. En réalité, de Gaulle a essayé de montrer qu'une politique de liberté à l'égard de l'Amérique ne pouvait pas être du tout une politique anti-américaine sur le plan de la défense, il savait très bien que sur ce terrain on ne pouvait plus se passer de l'Amérique. »

Je comprenais mieux maintenant le but de mon voyage aux États-Unis. J'y suis allé pour me confronter au centre de la politique mondiale. En France, les conditions élémentaires de la politique et du jugement politique, qui supposent un pays en position de responsabilité et de puissance, n'existent plus. Restait la politique européenne : mais qu'était-elle devenue aujourd'hui ? Le charisme du général de Gaulle a réussi, malgré la défaite de 1940, à reconstruire à bout de bras les conditions pour qu'une politique d'indépendance nationale au sens fort du mot soit encore possible en France. Contrairement à la vulgate du gaullisme finissant, ces conditions supposaient déjà une alliance inflexible avec les États-Unis. Mais son arrivée au pouvoir, pour régler la question algérienne, signifiait en profondeur que son règne allait devoir assumer la fin d'une France pourvue de responsabilités mondiales.

Au lendemain de la chute de Mussolini, la classe politique italienne a d'emblée fait le deuil de toute politique nationale. La France n'a fait que retarder avec de Gaulle de cinquante ans cette échéance inéluctable des nations européennes. La provincialisation de la politique française (l'anti-américanisme de ses protagonistes, repliés dans leur « exception culturelle », en est le symptôme le plus criant), alors même qu'elle prétend toujours être en mesure de peser dans les affaires du monde, crée, au-delà du sentiment d'impuissance, une situation de comique théâtral : sur la scène politique parisienne, les petits marquis de cour monarchique rivalisent désormais avec les bouffons du théâtre à l'italienne du Palazzo Chigi.

En fin de compte, la droite française en quête de personnage, qui se prépare à couteaux tirés aux présidentielles de 2007, peut-elle raisonnablement construire un nouveau rêve français, en donnant l'espoir de revivre, dans le souvenir du Général, nos années 60 ? Selon René Girard, il est plus que jamais difficile, dans le monde d'aujourd'hui, de croire encore au possible miracle français. Car celui-ci n'a plus seulement l'Amérique comme briseur de rêve. Le bombardement culturel américain n'est plus la seule force de violence qui oppresse notre identité nationale, et nous impose un ordre de marche, que nous ne voulons pas, mais que nous ne pouvons plus refuser, si malgré tout nous voulons être encore français. Car désormais, il y a d'autres menaces, dont dépend la survie de l'Occident tout entier. Ces menaces existent sur notre sol, au sein même de notre société. La tragédie des bombes humaines des terroristes de l'Islam radical fait craindre que la question de l'identité nationale, posée en termes d'américanophobie, soit devenue bien dérisoire.

« De Gaulle ne pouvait pas tout comprendre. Il appartenait à une génération du sacrifice. C'était un homme du XIXe siècle, qui avait une dimension sacrificielle, en cela qu'il avait le souci de la continuité de la France et des nations, survivantes par-delà les vicissitudes de l'Histoire. Ce qu'il ne pouvait pas comprendre, c'est qu'après Hiroshima le monde moderne n'était plus stable. Ce qu'il n'a pas vu, c'est que la puissance croissante des armes de destruction massive annonçait un monde de la violence sans explication, où l'idée de civilisation à laquelle il était attaché était en train de disparaître. Tant qu'il était au pouvoir il fallait être gaulliste. Mais, aujourd'hui, il est impossible intellectuellement d'être gaulliste. »

CHAPITRE 5

LA PART DU DIABLE

« L'Amérique n'a point d'âme et ne méritera pas d'en avoir aussi longtemps qu'elle n'aura pas consenti à plonger dans l'abîme de la souffrance humaine et du péché. »
WALTHER RATHENAU,
Journal d'André Gide, 1941

Harvard, juin 2005.

Avec l'optimisme du rêve américain plein les yeux, Samantha Power me l'affirme :

« Il sera le président des États-Unis en 2012 ! »

À 35 ans, la plus *glamour* des professeurs de Harvard a choisi son capitaine pour une autre Amérique : Barack Obama, le jeune sénateur démocrate de l'Illinois, dont elle est devenue le conseiller politique. J'entends pour la première fois parler de cette étoile noire de la gauche américaine surgie du fond du Middle West, qui a donné à la vieille garde des années Clinton des allures de survivants d'un ancien régime. Barack Obama est métis : un père immigré du Kenya et une mère de Kansas City, le cœur de l'Amérique profonde. Il est né en politique un soir de juillet 2004, à la tribune du Congrès démocrate qui se tenait à Boston, où son discours a volé la vedette au futur candidat à la présidentielle, John Kerry. Élu la même année sénateur de l'Illinois, à Chicago, dans cette ville dont l'université est le temple du néo-conservatisme, il est un des rares démocrates à s'être opposé dès le début à la guerre de Bush en Irak, et à n'avoir jamais changé de cap. Mais à la différence d'Howard Dean, le chef du parti démocrate, il ne considère pas les républicains comme le Mal absolu. Cet ancien étudiant de Harvard ne veut surtout pas abandonner les chrétiens évangéliques du Middle West à ses adversaires : Obama a la foi en Dieu et en l'Amérique.

L'engagement de Samantha Power auprès de Barack Obama date du lendemain de la défaite de John Kerry, à l'automne 2004. Une défaite démocrate qui ne l'a pas prise de court : la campagne, placée sous le signe de l'impuissance, fut assumée par le dernier rejeton des vétérans politiques des années 90.

> « Le problème de John Kerry, me dit-elle, c'est qu'il avait honte d'être d'accord avec George Bush. Il avait peur d'être d'accord avec lui. Il n'avait qu'une chose à dire pour gagner : "Je suis d'accord avec George Bush, mais je vais le faire moi-même." »

Le ton est pour le moins musclé. Et plutôt inattendu pour tous ceux en Europe qui misent sur l'opposition démocrate pour redonner à l'Amérique le goût de la « puissance douce ». En février 2006, j'ai retrouvé, presque mot pour mot dans la bouche de Barack Obama, le même jugement critique à l'égard d'un parti démocrate sans voix, dont il jugeait avec sévérité son incapacité à tirer profit des échecs des républicains pour aborder en position de force les élections du Congrès du 7 novembre 2006.

« Nous nous sommes trop longtemps contentés d'exister par l'opposition systématique, disait-il. Nous avons été jusqu'ici très forts pour dire non, mais je crois qu'il nous a manqué aussi beaucoup d'audace pour dire oui[1]. »

Samantha Power n'a pas eu tort de miser sur Barack Obama. Son rêve de voir son favori s'asseoir dans le fauteuil de George W. Bush pourrait se réaliser plus tôt que prévu. Au cours de la campagne électorale de l'automne 2006, l'Amérique démocrate victorieuse a succombé à l'« obamania ». Hillary Clinton fut réélue triomphalement à New York. Mais elle devra désormais compter sur un concurrent sérieux : dans son propre parti, la candidature de Barack Obama a été acclamée pour la présidentielle de 2008. L'intéressé n'a pas dit non. En attendant, Barack Obama peaufine son image de rénovateur de la gauche américaine. Son livre, *The Audacity of Hope*[2], publié en octobre 2006, a fait l'événement non seulement aux États-Unis, mais aussi en France[3].

En 1993, Samantha Power avait 23 ans, lorsqu'elle annonça à ses parents qu'elle rejoignait le front de l'ex-Yougoslavie. Cette catholique, irlandaise de naissance, nourrie à l'énergie du Nouveau Monde, a voulu faire sa guerre, comme Hemingway avait quitté à 18 ans Kansas City, contre la volonté de son père, pour rallier la Croix-Rouge sur le front italien de la Première Guerre mondiale. De ses trois années de reporter de guerre dans les tranchées des Balkans pour l'hebdomadaire anglais *The Economist*, Samantha Power garde des allures de

---

[1] Barack Obama, « Democrats Sense Hopes Slipping through their fingers », in *International Herald Tribune*, 9 février 2006.
[2] Barack Obama, *The Audacity of Hope : Thoughts on Reclaiming the American Dream*, New York, Crown, 2006.
[3] L'hebdomadaire *Paris-Match* lui a consacré un reportage de six pages intitulé « Un espoir pour la Maison Blanche ».

GI en minijupe, une voix de capitaine de régiment dans un physique de pin-up haute d'un mètre quatre-vingts.

La guerre de Bosnie : c'était l'époque aux États-Unis où la droite et la gauche pouvaient encore s'unir dans l'idéal interventionniste et convaincre le président Clinton de mettre la puissance militaire de l'Amérique au service d'une juste cause. C'était l'époque où les Richard Perle et Paul Wolfowitz, théoriciens zélés de la démocratisation par la force du Moyen-Orient, côtoyaient les George Soros et les Michael Ignatieff, l'avant-garde éclairée des intellectuels du parti démocrate. Une « union sacrée » malmenée depuis par les déboires de l'Amérique des néo-conservateurs en Irak.

Aux avant-postes du parti interventionniste, Leon Wieseltier du *New Republic* avait pris la petite Samantha sous son aile pour bien montrer que l'avenir de l'humanité était dans son camp. Certes, en 1993, tous n'avaient pas les mêmes raisons de soutenir une intervention militaire en Bosnie. Les plus machos invoquaient, façon Richard Perle, la « grandeur américaine », une vision de la politique étrangère héritée de la guerre froide : l'Amérique devait se montrer forte et ne pouvait tolérer le retour du nationalisme en Europe. Les plus idéalistes, façon Samantha, s'étaient engagés pour des raisons humanitaires. Ils en appelaient au « devoir de mémoire », au « plus jamais ça », au refus de l'inacceptable : voir l'Amérique passive devant un gouvernement européen menant en toute impunité une politique de purification ethnique, cinquante ans après la Shoah.

Mais Samantha était bien trop aventurière pour se laisser cajoler plus longtemps par les intellectuels de l'establishment washingtonien. Peut-être aussi était-elle trop attachée à cette Europe qui l'avait vue naître et dont les plaies de l'Histoire recommençaient à saigner. La Lolita des droits de l'homme aux États-Unis a ainsi choisi l'épreuve du terrain : une plongée dans l'enfer des Balkans, un voyage au bout de la nuit d'où elle est revenue à jamais changée. Depuis ce jour, le spectre de l'« adieu aux armes » plane sur la belle Samantha Power.

Le soleil rougeoyant d'une fin de journée d'été s'allonge sur les terrasses de la Massachusetts Avenue de Cambridge. Devant une bière pression, Samantha Power me raconte son baptême du feu, qui est celui de toute une génération, traumatisée par la guerre de Bosnie.

« Le problème de la guerre froide, ce fut l'ingérence excessive des États-Unis dans les affaires intérieures de pays souverains. Celui de l'après-guerre froide, ce fut l'absence d'intervention, l'indifférence manifeste des grandes puissances à intervenir. Dans les années 60-70, on avait la conviction que les droits de l'homme étaient une cause accomplie, un refuge juridique qui devait être invoqué pour protéger ceux qui étaient victimes de la puissance militaire américaine ou des dictatures des pays communistes soutenus par l'URSS. Les Américains qui étaient dans la position qui est la mienne aujourd'hui, ceux qui soutenaient le combat pour les droits de l'homme, défendaient l'idée que les États-Unis surtout devaient se garder d'intervenir. Dans les années 90, les atrocités et les massacres qui ont été perpétrés, en absence de toute intervention des grandes puissances, ont suscité une prise de conscience radicalement nouvelle. Brusquement, les droits de l'homme sont apparus comme quelque chose qui n'était pas gagné, qu'il fallait mettre en place, y compris en ayant recours à cette force militaire qui avait fait horreur à l'époque de la sale guerre du Vietnam. Notre génération a dû reconnaître, après le Vietnam et les guerres de Reagan en Amérique latine, qu'il fallait accepter l'idée que la force militaire était dans certaines circonstances souhaitable, et que notre rôle était d'encourager les gouvernements à l'utiliser pour le bien. L'engagement de notre génération a été de montrer que les valeurs américaines étaient en jeu dans ces pays où les droits de l'homme étaient bafoués. »

Pour Samantha Power l'année 1999 a été l'année décisive. À la Kennedy School of Government, elle fonde avec le Canadien Michael Ignatieff, devenu depuis le leader du parti libéral dans son pays, le Carr Center for Human Right Policy, un laboratoire de recherche travaillant à mettre la question des droits de l'homme au centre du débat sur la politique étrangère des États-Unis. Cette année-là, Bill Clinton décide de surmonter les scrupules de la génération Vietnam, en prenant la tête d'une coalition occidentale pour bombarder la Serbie et faire stopper le massacre des musulmans du Kosovo. Cette opération militaire, déclenchée sans l'aval de l'ONU pour cause de veto russe, mais avec le soutien de l'Otan, a représenté la première grande victoire du parti interventionniste sur la scène internationale. L'Anglais Tony Blair en a été le parrain admiré de tous. À l'université de Chicago, le 22 avril 1999, le Premier ministre anglais prononce son célèbre discours sur la « guerre juste », à l'occasion du cinquantième anniversaire de l'organisation militaire de l'Alliance atlantique. Avec ce discours aux accents churchilliens, Blair a défini la *road map* de la politique de sécurité de l'après-guerre froide, en célébrant les noces de la morale et de la force, doctrine dont le Carr Center s'est voulu le relais auprès de l'establishment de Washington.

« Nous sommes tous désormais internationalistes, a-t-il déclaré à Chicago, que cela nous plaise ou non. Nous ne pouvons plus refuser de participer au marché global si nous voulons prospérer. Nous ne pouvons plus ignorer les nouvelles idées politiques forgées par d'autres pays, si nous voulons innover. Nous ne pouvons plus tourner le dos aux conflits et aux violations des droits de l'homme qui ravagent d'autres pays si nous voulons que notre sécurité soit toujours garantie.

« [La guerre du Kosovo] est une guerre juste, fondée non pas sur des ambitions territoriales, mais sur les valeurs. Nous ne pouvons laisser agir le génie du mal de l'épuration ethnique. Nous ne pourrons avoir l'esprit tranquille que lorsqu'il sera mis hors d'état de nuire. Le XXe siècle nous a appris à deux reprises que la politique d'apaisement ne marche pas. Si nous laissons un horrible dictateur agir à sa guise aujourd'hui, nous devrons dépenser encore plus de sang et de larmes pour l'arrêter demain.

« La tentation est grande de se reposer sur la vision simple et claire de la guerre froide. Mais, aujourd'hui, nous devons ensemble établir un nouveau cadre d'intervention. Notre existence en tant qu'État n'est plus menacée. Maintenant nos actions sont guidées par un mélange plus subtil d'intérêts réciproques et d'une détermination morale à défendre les valeurs que nous chérissons. En fin de compte, valeurs et intérêts marchent ensemble. Si nous sommes capables d'établir et de répandre les valeurs de liberté, de règne du droit, des droits de l'homme et d'une société ouverte, alors nous aurons servi également nos intérêts nationaux. La diffusion de nos valeurs nous donne plus de sécurité. Comme le disait John Kennedy, "la Liberté est un bien indivisible, et quand un seul homme est enchaîné, qui peut être libre ?". »

En 1999, à Chicago, Tony Blair avait conclu son discours par une harangue à l'adresse de l'Amérique :

« Ne retombez pas dans votre doctrine de l'isolationnisme. Le monde ne peut plus se le permettre. Restez ce pays ouvert sur le monde, avec la vision et l'imagination, qui est dans votre nature. Sachez qu'avec l'Angleterre vous pouvez compter sur une amie et une alliée fidèle qui sera à vos côtés, qui travaillera avec vous, façonnera avec vous un futur de paix et de prospérité pour tous qui est le seul rêve qui fasse que l'espèce humaine mérite d'être préservée. »

Le discours programmatique de Tony Blair identifiait deux ennemis : Slobodan Milosevic et Saddam Hussein. Ces deux-là ont été depuis mis hors d'état de nuire, vifs ou morts. Conformément aux principes énoncés à Chicago, Tony Blair a choisi l'alliance avec le républicain George W. Bush pour en finir avec le dictateur de Bagdad, trois ans après avoir renversé Milosevic. Ralliée à la « guerre juste » de Tony Blair en ex-Yougoslavie, Samantha Power s'est opposée à l'intervention anglo-américaine en Irak, osant la rupture avec son propre camp, au risque de se retrouver aux États-Unis à la même tribune que l'ultra-gauche anti-impérialiste, représentée par le célèbre linguiste du MIT Noam Chomsky ou le brillant écrivain Gore Vidal. Depuis cette date, elle est une non-alignée de l'establishment démocrate. Cette apparente contradiction m'intrigue.

Un an avant l'intervention en Irak, Samantha Power a publié aux États-Unis *A Problem from Hell: America and the Age of Genocide*[1], un livre sorti de son expérience sur le terrain en Bosnie, couronné par le Prix Pulitzer en 2003. Ce livre a suscité beaucoup de malentendus dans son propre camp. Il a pu être présenté comme une pièce capitale apportée par une jeune intellectuelle au dossier irakien de l'administration Bush pour justifier son intervention. Pour Samantha Power, en effet, le XXe siècle a fini comme il a commencé : dans la folie des massacres de masse inaugurés par le génocide arménien de 1915, dont la politique d'épuration ethnique de la Serbie de Milosevic en 1992 est le dernier chapitre d'un scénario effrayant.

Mais dans ce livre à charge, c'est d'abord l'Amérique

---

[1] Samantha Power, *« A Problem from Hell ». America and the Age of Genocide*, Londres, Flamings, 2003.

qui est sur le banc des accusés. Samantha Power démontre, archives à l'appui, les ambiguïtés coupables de la non-intervention des États-Unis pour combattre les crimes d'État du XXe siècle, y compris le plus cruel d'entre eux, l'extermination de 6 millions de juifs par l'Allemagne nazie. Son récit des massacres de masse du siècle passé, où elle instruit pour l'Histoire les dossiers du Rwanda, du Cambodge et de l'Irak de Saddam Hussein, est d'abord une enquête au cœur du pouvoir américain. Elle y analyse, tout au long du siècle, les mécanismes de prise de décision de la Maison Blanche et du Département d'État, révélant que l'impératif moral du « plus jamais ça », devenu le slogan officiel de la bonne conscience occidentale au lendemain de la Seconde Guerre mondiale, a toujours été sacrifié sur l'autel de l'intérêt national américain.

Dans *A Problem from Hell*, Samantha Power ose affronter les yeux ouverts la réalité tragique du pouvoir d'État, et explore les limites historiques propres à toute politique étrangère se flattant d'endosser l'idéal des droits de l'homme.

> « Oui, me dit Samantha Power, commentant son livre, l'isolationnisme est mort aux États-Unis, et l'idéal de ma génération est et restera l'interventionnisme humanitaire. Mais cet idéal suppose, pour être efficace, beaucoup de réalisme sur le caractère égoïste des États, qui par nature les rend très peu disposés à mener une politique généreuse. Le combat pour l'interventionnisme humanitaire, oui, mais il faut que l'humanitarisme sache qu'il s'allie avec le diable, et qu'à tout moment celui-ci peut trahir sa cause. »

A Problem from Hell est en réalité la première critique de fond de l'idéologie internationaliste de Tony Blair. Quelques mois après la publication de son livre, Samantha Power franchissait le Rubicon. Elle s'opposait à la guerre en Irak, contre son propre camp des faucons humanitaires, entre autres ceux dont elle s'était sentie jusqu'alors le plus proche à gauche, un Leon Wieseltier ou un Michael Ignatieff.

« Quand l'Amérique est entrée en guerre en Irak au printemps 2003, l'administration Bush avait déjà tellement malmené le droit international depuis le 11 Septembre, qu'une intervention à cette époque et dans ces conditions m'est apparue très dangereuse pour la sécurité même des États-Unis. L'Amérique inspirait déjà la méfiance. Elle était déjà si haïe dans le monde que j'ai jugé que cette "guerre contre le terrorisme" allait être contre-productive. Mon analyse a été que cette guerre allait aboutir au contraire de la fin qu'elle poursuivait et entraîner une recrudescence du terrorisme, tout en braquant l'opinion mondiale contre mon pays, même dans le cas où les forces de la résistance étaient militairement rapidement maîtrisées.

« Face à cette intervention, j'étais déchirée. J'avais instruit l'ensemble des documents relatifs au génocide des Kurdes en 1988, et je connaissais mieux que personne l'horreur du régime de Saddam Hussein. Mais j'ai néanmoins jugé qu'aussi sanguinaire qu'ait été ce régime, sa mise hors d'état de nuire ne valait pas une guerre. Pas plus que les crimes commis par Moscou en Tchétchénie ne valent le risque d'une guerre contre la Russie.

« Je constate que, depuis la chute de Saddam Hussein, les Irakiens ne s'y retrouvent pas. Les dommages provoqués par cette guerre, l'impact négatif qu'elle a eu sur l'influence américaine dans le monde, sur le respect du droit international, et sur la stabilité de la région, excèdent de beaucoup les avantages potentiels que les Irakiens auraient pu retirer de ce changement de régime. C'était mon calcul. J'ai pensé que les coûts excédaient les bénéfices. J'espère que j'avais tort. J'espère que le futur me donnera tort. »

*

Si l'Anglais Tony Blair est le célébrant à l'autel des noces de la morale et des armes, le Français Bernard Kouchner est l'initiateur dans les années 70 du droit d'ingérence humanitaire, devenu l'étendard des organisations internationales. Tout le parti américain pro-interventionniste reconnaît au French Doctor une dette immense. Il a ouvert le chemin de leur combat des années 90 pour en finir avec le dogme de la souveraineté des États au nom duquel l'injustifiable a été commis. En 1999, Blair et Kouchner ont été les artisans de la première expérimentation politique de démocratisation par les armes du nouveau siècle. Après l'Allemagne, le Japon et la Corée du Sud, une province de l'ex-Yougoslavie de Tito, le Kosovo, se voyait reconstruite sous la tutelle internationale, par ceux-là mêmes qui l'avaient bombardée. Tony Blair, avec son ministre des Affaires étrangères Robin Cook, fut à l'origine de l'intervention américaine en Serbie. Le cessez-le-feu proclamé en 1999, Bernard Kouchner prit la suite. Il est nommé par Kofi Annan Haut-Commissaire de l'ONU au Kosovo, en charge de la reconstruction, un poste de « gouverneur » à la MacArthur, taillé sur mesure pour ce Français. Il l'occupa jusqu'en 2001.

Comme pour Samantha Power, la guerre d'Irak fut pour Bernard Kouchner une douloureuse épreuve. Le discours de Chicago de Tony Blair avait été le programme que Kouchner aurait voulu faire adopter par la gauche française. Son opposition ambiguë à la guerre en Irak a pu ainsi paraître contradictoire avec ses convictions. Tant est si bien qu'à Paris, la presse ne s'est pas gênée pour le ranger dans le camp des suppôts de George W. Bush, au côté d'André Glucksmann, d'Alain Finkielkraut ou d'Alexandre Adler. C'était faire peu de cas du drame intérieur de l'ancien héros de la guerre du Biafra.

Au printemps 2003, alors que les troupes américaines massées aux frontières de l'Irak s'apprêtent à déclencher l'offensive, Bernard Kouchner est l'invité à Harvard de la Kennedy School pour un cycle de conférences. Le 22 mars, pour sa dernière intervention devant les élèves du campus, il défend pendant trente minutes sa position qu'il avait expliquée dans une tribune du journal *Le Monde* daté du 4 février 2003 : « Non à la guerre, non à Saddam Hussein. »

Les droits de l'homme ont été absents du débat sur l'Irak : tel est le point de vue de Bernard Kouchner. « En France, je passe pour un traître, s'est-il expliqué dans un amphithéâtre archicomble. Aux États-Unis, on me considère aussi comme un traître. Mais jamais personne ne prend en compte le peuple irakien. Les Irakiens sont les seuls qui peuvent dire oui ou non à cette guerre. Je ne soutiens pas le président Bush. Je ne soutiens pas le président Chirac. Je soutiendrai jusqu'à mon dernier jour les victimes. Et la victime, aujourd'hui, c'est le peuple irakien. » Selon Bernard Kouchner, Tony Blair n'aurait que trop tard invoqué l'argument humanitaire qui aurait pu justifier l'intervention et permettre la constitution, derrière les États-Unis, d'une large coalition internationale pour en finir avec Saddam Hussein. Cette critique adressée à son ancien ami du Kosovo ouvrait à ses yeux une fenêtre de tir lui permettant d'agir, entre le *non* crispé de Paris et le *oui* compromettant de Londres. L'ancien ministre des Affaires étrangères de Tony Blair, Robin Cook, un des principaux architectes de la guerre du Kosovo, n'avait-il pas remis sa démission au Premier ministre anglais pour protester contre cette deuxième guerre du Golfe ?

Qui croire ? La gauche pro-interventionniste des États-Unis et celle d'Europe ont du rôle des droits de l'homme dans cette affaire des vues diamétralement opposées. Contrairement à Bernard Kouchner, Samantha Power soutient que toute la tragédie de la guerre d'Irak vient du fait qu'elle a été justement menée au nom des droits de l'homme !

« La tragédie de cette guerre, m'avait-elle dit, c'est qu'elle a été menée au nom des droits de l'homme. Paul Wolfowitz a préparé la guerre d'Irak comme une guerre de libération. Malheureusement, le système américain dans son ensemble n'était pas orienté dans ce sens. Ce qu'on a vu à l'œuvre, au contraire, c'est l'intérêt national américain comme il a été traditionnellement défendu. Et maintenant qu'aucune arme de destruction massive n'a été trouvée en Irak, et que le monde s'enflamme contre nous, le seul argument qui reste à l'administration Bush, c'est celui des droits de l'homme. Cette justification à une mauvaise guerre est le pire moyen de la défendre et le meilleur moyen de la condamner.

« Tous les progrès qui avaient été faits dans les années 90 pour élaborer un corpus de normes visant à encadrer l'intervention humanitaire avec recours à la force se trouvent ruinés. Depuis la guerre du Kosovo en 1999, en passant par l'intervention australienne dans le Timor oriental ou l'opération anglaise en Sierra Leone en 2000, il y a eu une très importante implication du pouvoir occidental pour aller sur le front et faire cesser les conflits ethniques et les atrocités.

« Aujourd'hui, si une nouvelle crise humanitaire survenait, comme c'est en fait le cas au Darfour, les ressources militaires ne seraient pas disponibles, car elles sont entièrement mobilisées en Irak. D'autre part, la légitimité morale n'est plus là. Le discours des droits de l'homme lui-même a été compromis par l'intervention en Irak. De nouveau, il y a suspicion à l'égard de l'interventionnisme humanitaire. Après l'Irak, il ne faut pas s'attendre à voir avant un bon moment des sauvetages tels qu'au Timor oriental.

« Voyez-vous, il y a tellement de bonnes mauvaises raisons pour ne pas intervenir, pour ne rien faire contre la violation des droits de l'homme. Et si vous ajoutez à celles-ci ce qu'est devenue la "guerre humanitaire" en Irak, la réalité d'un pays occupé où l'on torture, où la pacification et la reconstruction ne peuvent aboutir, l'opinion publique s'en tiendra désormais aux idées simples. On aura beau dire qu'il aurait fallu intervenir avec une force multilatérale, avec plus de légitimité, pour avoir plus de troupes au sol, et plus de succès… Ce que l'opinion publique américaine retiendra, c'est que la reconstruction des "pays défaillants" est un échec, et que toute entreprise de police internationale est une chimère. Je crois qu'il faudra beaucoup de temps avant que les États-Unis s'engagent de nouveau dans une opération humanitaire. C'est la bonne surprise pour l'Amérique : ses troupes vont rentrer à la maison ! »

Samantha Power a des comptes à régler avec ses anciens amis du parti interventionniste de la guerre de Bosnie et du Kosovo, et avec un homme en particulier : l'Anglais Tony Blair. Pour la première fois, j'ai entendu dans la bouche d'une intellectuelle américaine très bien informée une critique argumentée du rôle clé qu'a joué Tony Blair dans la préparation de ce conflit aux États-Unis. À ses yeux, sans la caution idéologique européenne du « blairisme », George W. Bush n'aurait pas pu aussi facilement convaincre les démocrates de le suivre dans l'aventure irakienne. Les néo-conservateurs ne représentent qu'un courant du parti républicain rallié à l'intervention en Irak, aux côtés de la droite chrétienne incarnée par l'ancien ministre de la Justice John Ashcroft. Mais ces faucons doivent aussi compter avec la vieille droite isolationniste encore bien présente dans l'administration Reagan et Bush père, représentée par un Brent Scowcroft et quelques autres qui ont fait entendre leur voix opposée à l'intervention en Irak. L'administration Bush avait donc besoin au Congrès de la conjonction des forces politiques internationalistes également réparties à droite et à gauche de l'échiquier politique, mais particulièrement bien représentées dans le parti démocrate, alors que les néo-conservateurs ont dû les transplanter au sein du parti républicain. Or le renversement du régime de Saddam Hussein n'avait jamais fait partie de l'agenda démocrate. Dès 1998, le courant néo-conservateur, mené par Paul Wolfowitz, Robert Kagan et Bill Kristol, a milité publiquement pour l'invasion de l'Irak en adressant une lettre ouverte au président Clinton. Lors d'un point-presse, Clinton leur avait officiellement répondu que le renversement du régime irakien n'était ni à l'ordre du jour, ni conforme à l'intérêt national américain. Quelques mois plus tard, Clinton se ralliait, mais après beaucoup d'hésitation, à l'intervention militaire au Kosovo.

Toute démocrate qu'elle soit, Samantha Power juge froidement les hommes de son parti :

> « Si l'on reprend la chronologie des événements qui ont conduit l'Amérique à s'engager dans la guerre du Kosovo, Tony Blair et Robin Cook ont été à l'origine de l'intervention. Ils ont joui d'une plus grande autorité que Clinton dans la constitution du dossier et dans l'enchaînement de la prise de décision. Ce n'est qu'une fois la guerre enclenchée que Clinton en a assumé la totale direction, mais c'est Tony Blair qui a conduit à son déclenchement. Dans la guerre d'Irak, le rôle de Tony Blair fut beaucoup plus important que ce que pensent les Européens. Ce fut un étrange spectacle que de voir Tony Blair, cet homme qui jouissait au sein de la gauche américaine d'un immense crédit, rangé au côté du républicain George W. Bush. En Europe, on ne s'est pas rendu compte de cela, et je sais que beaucoup d'Anglais sont en désaccord avec moi sur ce point. Mais Blair a eu une grande responsabilité dans cette

guerre. Blair s'était engagé pour le Kosovo, il avait conduit l'intervention en Sierra Leone et dans le Timor oriental, et il a joué un rôle stratégique clé en articulant une vision en faveur de l'intervention humanitaire. Il a été le seul dans la période qui a précédé l'invasion de l'Irak à invoquer la cause humanitaire. C'est lui qui a associé la guerre de Bush à la cause humanitaire. Cette voix étrangère, plus modérée et mieux argumentée que le discours de Bush, a rassuré les opposants démocrates à la politique de George W. Bush, et a donné à cette intervention la crédibilité qu'elle n'aurait pas eue sans lui aux yeux de la gauche américaine. »

Le point de vue de Samantha Power sur le rôle du Premier ministre anglais dans la constitution d'un large soutien du parti démocrate à l'intervention de George W. Bush en Irak jette une nouvelle lumière sur le « dossier Blair ». On se souvient du mémo de Downing Street rendu public en juin 2005, qui avait montré que, dès le mois d'avril 2002, l'objectif anglo-américain d'une intervention militaire en Irak avait été scellé au cours d'une rencontre de Tony Blair avec le président américain au ranch de Crawford (Texas). Les révélations de l'ancien ambassadeur anglais à Washington, Christopher Meyer, en poste aux États-Unis entre 1997 et 2003, publiées en novembre 2005 en Angleterre, sous le titre *DC Confidential*[1], ont ajouté encore en ce sens de nouvelles charges. Selon Christopher Meyer, la fascination de Tony Blair pour la puissance américaine l'aurait convaincu de renoncer à faire pression sur Washington pour repousser à l'automne une intervention militaire en Irak. Pour cet *insider*, l'Angleterre avait les moyens de convaincre

---

[1] Christopher Meyer, *DC Confidential: The Controversial Memoirs of Britain's Ambassador at the Time of 9/11 and the Iraq War*, Londres, Orion Books Limited, nouvelle édition, 2006.

George W. Bush d'attendre la fin des inspections pour préparer un plan politique de reconstruction de l'Irak, et tenter d'obtenir sur cette base un accord avec la France et la Russie. Blair aurait non seulement renoncé à cette marge de manœuvre diplomatique, mais il aurait de surcroît joué un rôle actif dans la précipitation des événements, comme l'a montré le scandale de l'« affaire Kelly ».

Le jugement de Samantha Power va beaucoup plus loin que ce scénario à la John Le Carré. Ce qu'elle m'a montré, c'était comment, sur la scène politique intérieure des États-Unis, le parrain de la doctrine de la « guerre juste » a instrumentalisé le crédit international du discours de Chicago pour le mettre au service d'une *Realpolitik* d'intérêt national américain, ou qui se croyait telle. L'ironie de cette guerre, en effet, est d'avoir vu, au contraire, Jacques Chirac face à Tony Blair apparaître en Europe et en Amérique comme le grand coupable, alors que sa position, non dénuée d'arrière-pensées, s'en sort tout de même, malgré tout, avec les honneurs de la morale internationale. Jamais le cas de Tony Blair, présenté comme un modèle de loyauté en Europe, n'a été instruit en trahison par les décideurs européens, intimidés par ses succès économiques. Et au pays du *non*, la même presse d'« opinion », qui claironnait sur la politique étrangère française et sa résistance à l'Amérique, s'est montrée d'une extrême complaisance à l'égard des manœuvres de Tony Blair. Si Tony Blair a été ébloui par le glamour du pouvoir américain, les décideurs européens et les médias européens ont succombé, eux, à un complexe bien mal inspiré à l'égard du « caniche » de Washington.

Impitoyable procureur, la belle Samantha. Avec la guerre d'Irak, Tony Blair s'est assis sur les principes de « la guerre juste ». Non seulement sa présence au côté de George W. Bush a trompé l'opposition démocrate, mais le Premier ministre anglais a eu l'extrême habileté de passer en Europe pour une « victime » de sa « loyauté » envers George W. Bush. Le talent de Blair a été celui d'un prince du double jeu qui, après avoir joué un rôle dans le déclenchement des hostilités, a pris soin de se ranger dans la posture du second rôle, en avocat malheureux du droit international, pour se ménager une sortie sur la scène européenne, laissant peser sur les épaules de George W. Bush toute la responsabilité de l'intervention.

À l'aune de ce réquisitoire hautement vraisemblable, comment la position de Bernard Kouchner, aussi bien intentionnée soit-elle, peut-elle être autre chose qu'un tissu de contradictions ? Il défend les droits de l'homme pour ne pas faire la guerre, alors que Samantha Power me montre que cette guerre a été justement invoquée au nom de la cause qui lui est chère ; il se montre fidèle au principe de la « guerre juste » de Tony Blair, alors que celui-ci s'est en fait assis dessus au nom de l'intérêt national britannique identifié à celui des États-Unis. Le courage de Bernard Kouchner a sans doute été de s'opposer à l'anti-américanisme français qui a obscurci la position de Dominique de Villepin officiellement plaidée au nom du droit international. Mais la voix de Bernard Kouchner soutenant les droits de l'homme, contre le pacifisme juridique du Quai d'Orsay, n'aura pas proposé pour autant une alternative crédible. Elle était bien trop liée à la doctrine de Tony Blair pour pouvoir exister contre le Premier ministre anglais sans pâtir du désaveu idéologique de la « guerre juste » dont l'Irak a été le théâtre. La compassion envers les victimes ne fait jamais une politique. En voulant sauver au nom des droits de l'homme Tony Blair contre lui-même, Bernard Kouchner s'est perdu avec lui.

Voilà plus de deux heures que je parle avec Samantha Power, sur cette terrasse de la Massachusetts Avenue de Cambridge. Le soleil s'est couché. C'est le moment de vérité. Elle ne s'y dérobera pas. Dans la pénombre du crépuscule, Samantha agite les fantômes de ses engagements d'hier en Bosnie, toutes ces nuits de traque où elle avait voulu être sur le terrain au plus près de s'en prendre au Mal dans l'Histoire. Et puis elle se souvient de ces autres nuits, 78 au total, où l'armée américaine inlassablement et sans interruption a pilonné les positions serbes au Kosovo.

« Oui, j'ai soutenu cette guerre, me dit-elle. Quand un crime de masse est commis, vous ne pouvez que vous tourner vers la puissance militaire pour l'interrompre. Mais vous savez que vous vous en remettez à une entité en laquelle vous ne pouvez avoir confiance. Et peu importe que ce soit Tony Blair, George Bush ou Jacques Chirac. Cela a à voir avec la nature de ce qu'est un État. Vous savez que sa nature est par principe de défendre un intérêt national, que ses dirigeants sont élus en principe pour défendre les intérêts de ses citoyens. Par nature les États ne sont pas des saints, ils sont vulnérables à une espèce d'"ubris".

« Même dans les années 90, quand l'opinion publique soutenait l'intervention en Bosnie, nous étions très conscients du danger, et des risques qu'il y avait pour notre cause à s'en remettre à la puissance aveugle d'un État. Voyez-vous, l'image de l'activiste humanitaire qui pousse un État à bombarder un peuple pour la bonne cause est caricaturale. Il y a une différence d'optique fondamentale entre celle des gouvernements et celle des gens concernés sur le terrain, dont les militants et les intellectuels sont les porte-parole. Ce fut une des raisons pour lesquelles une partie des activistes des droits de l'homme s'est dressée aux États-Unis contre la guerre du Kosovo, parce qu'ils ont été révoltés et frustrés par la manière dont la guerre de Bosnie a été menée sur le terrain ; la manière dont les États, sur le terrain humanitaire même, ont défendu leurs intérêts et leur marché intérieur. Il y a eu alors une première fracture dans le camp des gens favorables à l'utilisation de la force. La guerre d'Irak l'a mise en évidence et élargie. Soudain est apparue la version gouvernementale de notre idéologie. Blair a pu sembler le chef d'État le plus authentique dans son engagement, mais aujourd'hui je pense que le moralisme tel qu'il l'a incarné est dangereux. C'est bien d'intervenir pour autre chose que du pétrole. Mais cela veut dire aussi que vous intervenez en possesseur de la vérité morale. Voyez-vous, je n'aurais pas dit ça à l'époque de la guerre du Kosovo. On ne peut pas défendre comme un dogme l'intervention humanitaire. Cette idée généreuse demande une constante autocritique sur ses convictions, et sur les résultats, et je ne pense pas que les gouvernements soient faits pour ce genre de prudence et de modération. »

Six ans après le discours de Chicago, la Jeanne d'Arc des droits de l'homme aux États-Unis a fait son deuil de la « guerre juste » qui criminalise l'ennemi au nom de l'humanité. Avec l'« idéologie blairiste », les droits de l'homme se sont découvert du sang sur les mains. La pasionaria des faucons humanitaires serait-elle devenue l'emblème d'une nouvelle « génération perdue » ? Le vieil isolationnisme tapi dans les profondeurs de son pays tiendrait-il aujourd'hui sa revanche ? Dans l'obscurité du soir, Samantha Power se refuse de le croire, en se confiant à un progrès décisif de la politique étrangère américaine qui a été, selon elle, accompli contre le gré de l'Amérique. Si la guerre d'Irak a compromis la jurisprudence des droits de l'homme des années 90, me dit-elle, les attentats du 11 Septembre ont adressé à Washington une leçon qui, elle, a bien été entendue.

« L'erreur et l'échec irakiens n'ont pas entamé un progrès décisif de la politique étrangère américaine, qui a été accompli avec le choc du 11 Septembre. Les attentats de New York ont apporté la preuve du danger que représentent les "États défaillants". On n'avait pas jusqu'ici réussi à rendre vraiment convaincant cet argument, ainsi que le démontre l'expérience en Afghanistan dans les années 80, où l'Amérique put soutenir en toute bonne conscience le régime des moudjahidin. Il semble aujourd'hui tenu pour acquis aux États-Unis que la manière dont ces régimes traitent leur propre peuple est un bon critère pour prévoir le danger extérieur futur qu'ils représenteront pour le monde. Trois ans après avoir gazé les Kurdes, l'Irak envahissait le Koweït, et envoyait des missiles sur Israël. Il y a clairement corrélation entre la violation des droits de l'homme et la stabilité mondiale, et elle est apparue manifeste le 11 Septembre. Si les États-Unis soutiennent un pays qui viole les droits de l'homme, comme l'Arabie Saoudite ou l'Égypte, les populations de ces pays autoritaires sont tentées de se retourner par les armes contre l'allié du régime qu'ils condamnent. Il n'a pas échappé à Washington que les pilotes du 11 Septembre étaient pour la plupart saoudiens et égyptiens, de surcroît formés aux États-Unis. C'est une leçon très importante pour notre politique étrangère future : quand vous soutenez un régime qui écrase son propre peuple, bafoue la liberté d'expression et la liberté religieuse, le ressentiment qui s'accumule se retourne contre vous aussi bien, et même plus, que sur le régime lui-même. La conscience, largement partagée désormais à Washington, que le bien-être des États-Unis est lié au bien-être dans ces pays-là n'existait pas dans les années 70-80. Oui, il y a un retour en arrière sur le plan des droits de l'homme, mais il y a aussi maintenant une petite fenêtre pour justifier politiquement l'aide humanitaire et pour réduire le soutien aux régimes totalitaires. Cette façon lucide de voir le monde et d'agir sur lui est mieux comprise aujourd'hui aux États-Unis qu'avant le 11 Septembre. »

Ce n'est pas le genre d'une Samantha Power de baisser les bras.

★

Washington, trois jours plus tôt.

Chevelure blanche à la Andy Warhol, tenue noire de rocker californien, Leon Wieseltier m'ouvre la porte de son bureau du *New Republic* à Washington. À 52 ans, cet intellectuel renommé de l'establishment démocrate garde décidément l'allure d'un adolescent mal dégrossi, bras ballants dans un T-shirt XXL, grignotant des M&M's sur une table de travail en champ de bataille. La bouteille de whisky n'est pas loin.

> « Ah, vous allez voir Samantha à Harvard ? Vous savez qu'elle a été une de mes "protégées" ?... Je dois vous dire une chose qui restera entre nous : nous avons été très proches, Samantha et moi, mais j'ai trouvé que son comportement n'a pas été correct au moment de la guerre en Irak. »

Depuis notre premier entretien à Noël 2003, au lendemain de la capture de Saddam Hussein, je suis resté sous le charme de cet homme à l'esprit libertin et railleur, adorant s'écouter parler, souvent provocateur, toujours brillant. Leon Wieseltier traîne derrière lui un air de soufre. Ce juif new-yorkais, né à Brooklyn et diplômé de Harvard, a toujours été regardé avec inquiétude par ses coreligionnaires pratiquants, qui le soupçonnent d'avoir mené une vie pas très orthodoxe. L'intéressé avoue :

> « Je ne peux pas dire que j'ai l'esprit purement philosophique, je suis aussi gouverné par d'autres appétits. »

En 1996, le très laïc Leon Wieseltier, éprouvé par la mort de son père, a accepté de faire amende honorable. Avec *Kaddish* publié deux ans plus tard, il a écrit un journal de bord de sa découverte du Talmud, dont il a récité pendant un an la Loi, conformément au rituel du deuil hébraïque.

En 2003, le trublion de Washington a recommencé ses incartades en mettant en garde la communauté juive américaine contre la tentation de voir dans le conflit israélo-arabe les prémices dramatiques d'un nouvel Holocauste. « Pas de panique, Hitler est mort ! » leur avait-il répondu dans un article publié en 2003 dans le *New Republic*, traduit en français dans la revue *Commentaire*[1]. Ce texte provocateur émanait d'un patriote américain, reconnaissant à son pays, qui avait sauvé la vie de sa famille, d'avoir enfin donné au peuple juif la possibilité, pour la première fois de sa longue histoire dramatique, de rompre avec le pessimisme du passé. Contre les voix, de plus en plus nombreuses, qui s'inquiétaient de la montée de l'antisémitisme, jusqu'à voir dans le conflit israélo-arabe un retour des années 30, Leon Wieseltier exprimait sa foi dans l'Amérique, le pays fondé sur un modèle pluriethnique, où le préjugé antijuif n'existe plus, et qui a les moyens aujourd'hui de faire que l'histoire de l'Holocauste ne se répète pas. Quant à la montée de l'antisémitisme européen, qu'il jugeait bien réelle, elle ne devait surprendre outre mesure les esprits lucides. Il concluait ainsi avec un optimisme lapidaire :

> « La Seconde Guerre mondiale n'a eu qu'un seul effet positif pour le peuple juif : séparer pour toujours son avenir de l'Europe. L'antisémitisme européen doit être combattu, mais sans croire pour autant que les Européens participeront à ce combat. »

---

[1] Leon Wieseltier, « Pas de panique, Hitler est mort ! », in *Commentaire*, Printemps 2004.

En septembre 2004, Leon Wieseltier s'est engagé dans la campagne de John Kerry pour se venger de l'idiot de la Maison Blanche dans lequel il avait eu la faiblesse de croire. Oui, Leon Wieseltier a d'abord été un bushiste de gauche convaincu. Au nom de la sécurité d'Israël menacée par le risque de prolifération des armes nucléaires au Moyen-Orient. Au nom également de l'idéal démocratique, seul horizon durable de la solution au premier problème. Mais l'enthousiasme d'hier a laissé place aujourd'hui à la colère ; il est devenu le plus féroce publiciste s'attaquant à George W. Bush.

> « Je suis internationaliste, me dit-il, et je crois au leadership américain. Mais Bush n'est pas un vrai internationaliste. Plus je regarde Bush, Cheney et Rumsfeld, plus je trouve que leur arrogance unilatérale a de profondes similitudes avec un certain isolationnisme. Bush a nourri un anti-américanisme beaucoup plus répandu que ce que les États-Unis méritent. Il faut un talent assez rare pour qu'un pays, qui renverse une des dictatures les plus sanguinaires de la seconde moitié du XXe siècle, trouve le moyen d'être haï du monde entier. »

Comme Samantha Power, Leon Wieseltier n'a pas été surpris par la défaite des troupes démocrates de l'automne 2004. L'échec de Kerry a été pour lui la confirmation qu'il est vain de poursuivre sur la lancée des années Clinton.

> « Le parti démocrate a perdu toute son identité, m'explique-t-il. Bush a achevé le travail, mais c'est Clinton qui a commencé. Cet homme a été un tel opportuniste que pour se faire élire il a multiplié les alliances à droite et à gauche. Le parti s'est effrité sous l'effet de ce qu'on a appelé la "triangulation". Ensuite, il y a eu Bush. Et Bush a achevé le travail.

Son radicalisme de droite a poussé le parti démocrate à la dérive. L'extrême gauche, incarnée par son leader Howard Dean, a pris le risque de transiger sur les questions de sécurité et jouer les inconséquents en période de guerre. »

Je lui demande comment la gauche pourrait, selon lui, reconquérir le pouvoir. Il me répond qu'elle n'a pas d'autre solution que la quadrature du cercle : défendre une politique étrangère musclée tout en s'opposant à l'idéologie réactionnaire de l'administration Bush.

« La gauche doit être à gauche en s'opposant à l'antidarwinisme des Églises, à leur veto sur la recherche scientifique, au démantèlement de l'État-Providence, aux baisses d'impôt inéquitables. Il y a quarante ans, pendant la guerre froide, le parti démocrate avait trouvé une ligne gagnante : le *liberal anticommunism*. Il défendait la puissance américaine, l'utilisation de la force, une politique étrangère missionnaire pour défendre la démocratie contre l'Empire du Mal et, en même temps, il restait attaché à la protection du Welfare State et à la défense d'un agenda social et culturel progressiste. L'avenir du parti démocrate dépend de sa capacité à réinventer une doctrine équivalente à l'âge de la "guerre contre la terreur". »

Le peut-il aujourd'hui ? Leon Wieseltier en doute.

« Vous savez, me dit-il, il y a parfois de la dignité à être dans la minorité. Le problème est qu'en Amérique, aujourd'hui, on ne voit plus aucun honneur à être dans la minorité. Cela revient à être un *loser*, et les Américains n'aiment pas les *losers*, ils aiment les *winners*. Si cela continue, le parti démocrate doit accepter d'être en désaccord avec la majorité du pays pour un temps. Je crois même qu'il y a aujourd'hui une certaine dignité à accepter ce rôle ingrat. »

Un *loser* : était-ce bien à cela que ressemblait Leon Wieseltier ? J'avais voulu le rencontrer aussi pour cela. Pour voir à quoi ressemble un « faucon » en pleine déroute. Aux États-Unis, seul le parti des « colombes » compromis dans la guerre a fait publiquement son mea-culpa. « Je suis l'homme qui a défendu devant le monde le dossier des armements irakiens au nom des États-Unis, et ma carrière politique sera à jamais salie par cette faute », a ainsi déclaré Colin Powell le 9 septembre 2005 sur ABC. En écoutant Leon Wieseltier, je me rends très vite compte que mon interlocuteur n'est pas prêt, lui, à se plier à un tel exercice. Avec la dernière énergie, il se refuse à jeter le bébé de la démocratisation de l'Irak avec l'eau du bain des néo-conservateurs.

« Dans cette guerre, me dit-il, mes convictions n'ont reculé ni devant le regain de résistance baassiste, ni devant la guérilla chiite et sunnite, ni devant les prises d'otages menées contre l'"occupation américaine". Personne ne croyait, sauf quelques idiots de l'administration Bush, que la guerre allait être facile à gagner, que l'ordre public serait facile à restaurer. Je n'ai jamais été de ceux qui ont cru que le bien allait surgir comme par miracle de l'éradication du mal incarné par Saddam Hussein. J'ai toujours prétendu que la démocratisation engagée en Irak était d'abord une politique de déstabilisation, ce qui suppose le renversement d'un ordre établi, avec toutes ses conséquences, y compris les plus insupportables. Mais ce que ma conscience n'a pu avaler, c'est la découverte que toute cette stratégie américaine n'avait raison d'être. J'ai été révolté par le fait qu'on ne trouve aucune arme de destruction massive en Irak. Les intentions de cette guerre ne sont pas ici en cause. Je ne crois pas que le président Bush ait menti. Ce qu'il a dit était simplement faux. Les hommes qui ont conduit cette guerre ont fait preuve d'un manque de discernement accablant en se trompant de cible. Ils auraient mieux fait de concentrer la lutte antiprolifération contre l'Iran. Si j'avais su qu'il n'y avait aucune menace nucléaire en Irak, je n'aurais jamais soutenu cette guerre. »

Un dialogue avec Leon Wieseltier est une expérience déroutante. Il m'a fait sentir le fossé qui existe entre l'Europe et les États-Unis, avec d'autant plus de force que j'avais affaire à un homme de gauche. J'ai compris ce jour-là que la guerre d'Irak, au-delà du coup de force juridique de l'administration Bush et de ses erreurs tactiques, est d'abord pour un Américain, même de gauche, une question de principe qui engage les valeurs fondamentales de son pays. Remettre d'emblée en cause sa légitimité, ce serait ni plus ni moins renier tout son patriotisme. Cela équivaudrait à mettre en doute les Lumières du rêve américain et sa société multiraciale pour retomber dans les errements de la Vieille Europe contre laquelle les États-Unis se sont constitués. Pour le dire carrément, s'opposer par principe à la guerre en Irak, cela revient à défendre plus ou moins un point de vue raciste, supposant qu'il est impossible pour un pays arabo-musulman de vivre en démocratie.

« Vous ne pouvez pas forcer un peuple à devenir démocratique. Mais vous ne pouvez pas non plus dire qu'il est impossible pour un pays arabe de vivre en démocratie. Dire que c'est impossible, c'est accepter la fatalité d'un conflit "civilisationnel", entre blocs xénophobes et irréconciliables. Il ne fallait pas aller en Irak, mais du moment qu'on y est allé, il faut en voir les effets possibles. Qu'on le veuille ou non, grâce à la présence américaine, l'avenir de l'Irak est aujourd'hui dans les mains des Irakiens, pour le pire si l'on veut, mais peut-être aussi pour le meilleur. Ils sont libres de choisir le régime qu'ils souhaitent pour leur pays. Si je continue à soutenir l'intervention américaine, c'est que je crois que la démocratie est encore possible en Irak. La vraie révolution, celle d'un pays arabe démocratique, est possible, si les Irakiens le veulent. »

La France n'a pas le monopole des défaites qui prennent le faux éclat d'une victoire. Je m'amusais à penser que Leon Wieseltier avait fini par retrouver par des voies inattendues l'art du sophisme gaullien qu'il avait si brillamment raillé dans les colonnes de son journal. Pour dégager la responsabilité de son pays dans le cours des événements tragiques du Moyen-Orient, Leon Wieseltier m'offrait un autre coup de théâtre en accusant la culture européenne d'être la vraie coupable du « choc des civilisations ».

« L'échec historique de l'Europe, ç'a été les autres. Nulle part en Europe, nulle part dans sa tradition, dans son expérience historique, ni dans sa tradition philosophique, il n'y a la moindre trace d'un penchant naturel pour la compréhension de la multiethnicité. La multiethnicité a toujours été un problème en Europe. Que vous définissiez l'ethnicité par la religion ou par la race, c'est le problème de l'Europe. Et c'est un problème toujours irrésolu, comme l'a prouvé la guerre de Bosnie. »

Je tombais de mon haut. Oubliés et niés les Champollion et autres découvreurs européens de la mémoire du monde. Derrière les réticences de l'Europe à adhérer au programme de démocratisation du Moyen-Orient, il y aurait la manifestation d'une « idéologie européenne » de la haine de l'Autre. De la guerre de Bosnie à l'opposition d'un Valéry Giscard d'Estaing à l'intégration de la

Turquie, l'Europe de l'après-guerre froide démontrerait, selon Leon Wieseltier, la même éternelle crispation identitaire du Vieux Continent.

« Le Pen en France, Haider en Autriche, Pym Fortuyn en Hollande, l'Europe s'enfonce dans le populisme. On observe d'ailleurs ce même phénomène en Amérique latine. Mais alors qu'un Chavez au Venezuela, un Morales en Bolivie ou un Lula au Brésil, incarnent un populisme de classe, en Europe, c'est l'affirmation d'une résistance culturelle, qui prétend se barricader dans une "civilisation" monocolore. »

J'écoutais Leon Wieseltier me faire l'étrange procès de cette Europe du repli sur soi, me demandant comment il pouvait ignorer que ces critiques étaient exactement celles adressées par l'opinion européenne à l'Amérique d'Abou Ghraïb et de Guantánamo. Mais il fallait aussi reconnaître que la démonstration paradoxale de Leon Wieseltier n'était pas sans fondement. Face à une Amérique accusée en Europe de « fondamentalisme », Leon Wieseltier rendait une actualité forte au lieu commun américain de l'Europe décadente en me montrant que le Mal était chez nous et que, nous aussi, nous refusions de le voir. Pour Leon Wieseltier, le réveil du nationalisme serbe au cœur de l'Europe n'a pas été un cas isolé. Il aurait, selon lui, précipité un profond changement de nature de l'Union européenne, dont les responsables européens ont été les complices inavoués. À ses yeux le projet d'Union européenne, en progrès depuis cinquante ans, se trouvait aux prises avec le retour en force d'un vieux fonds d'identité chrétienne incapable de s'ouvrir aux autres, et susceptible de dégénérer sous des formes politiques réactionnaires, « fascisme » ou « populisme ».

« Qu'est-ce que l'Europe ? me dit-il. C'est l'Union européenne ou l'Union chrétienne ? Si c'est l'Union chrétienne, alors il faut l'appeler comme ça. Mais si nous parlons de démocratie et de libéralisation économique, ce n'est pas l'Union chrétienne, c'est l'Union européenne juxtaposant comme les États-Unis religions et couleurs. »

En écoutant Leon Wieseltier, je ne voyais plus d'autre futur pour l'Europe que sous la forme d'une vaste zone d'intégration comme la rêvait un Dominique Strauss-Kahn, incluant non seulement la Turquie d'Erdogan, mais élargie aussi au Maghreb, aux anciennes Républiques soviétiques à l'ouest de la frontière russe. Quelle autre existence pour elle, dès lors que son identité était une question interdite pour cause de « fascisme » et de « populisme » ? Où était donc « la part du Diable » dont faisait état la belle Samantha Power ? Dans ces vieilles nations européennes vaincues par l'histoire, mais qui ne voulaient pas mourir ? Ou dans cette Amérique qui ne laissait à l'Europe d'autre choix moral que celui de « la bourse ou la vie » ? Dans la brutalité de ce traitement, réservé par le génie de cet Américain internationaliste à la Vieille Europe, un rétrécissement dramatique du champ politique auquel l'anti-américanisme français concourait à sa façon.

Pour Leon Wieseltier, l'Europe ne peut être sauvée. Parce que sa civilisation a fini dans la honte, elle a perdu tout crédit moral et vital :

« La centralité de l'Europe dans l'histoire du monde s'est avérée spectaculairement catastrophique, dans la forme du fascisme comme dans la forme du communisme. Le nombre de millions de personnes innocentes qui sont mortes en conséquence, c'est sans précédent. J'ai abandonné tout espoir historique pour l'Europe. »

De toute façon, espoir ou non, elle n'a plus les moyens d'assumer une quelconque responsabilité mondiale. Et si d'aventure le spectre des années 30 resurgissait chez elle, il ne faut pas s'attendre à ce que Leon Wieseltier soit surpris ou effrayé. « Pas de panique, Hitler est mort ! » pourra-t-il à nouveau déclarer. Un message non plus destiné au peuple juif sauvé des démons de l'histoire européenne par sa « nouvelle alliance » avec l'Amérique depuis 1945, mais à la Vieille Europe elle-même, bien incapable désormais de changer le cours de l'Histoire.

« Je ne partage pas l'obsession américaine pour l'Europe. Je pense que l'Europe, en aucun sens, n'occupe plus les premiers rôles de l'histoire du monde. Je pense que l'Europe a fait un long chemin depuis la Seconde Guerre mondiale. Nous avons là des alliés pour des raisons historiques et culturelles. Mais l'idée que le destin de l'Europe soit le grand sujet du monde aujourd'hui, sincèrement je n'y crois pas. Et si vous me demandez si je pense que l'Europe va être au centre des alliances stratégiques de l'Amérique, je vous dirai non. Voyez-vous, l'obsession des Américains pour l'Europe n'est qu'un alibi pour ne pas voir leurs vrais problèmes et leurs erreurs. En réalité, ni Chirac, ni Schröder, ni leurs successeurs, n'ont le pouvoir de changer le cours de l'Histoire pour le bien ou pour le mal. Ils ne l'ont pas. Ils peuvent parfois m'ennuyer ou me plaire, mais ça n'a au fond plus aucune importance. »

CHAPITRE 6

RAISON ET DÉRAISON D'ÉTAT

> « *La guerre enseigne la violence et met les passions de la multitude en accord avec la brutalité des faits. En voulant justifier des actes considérés jusque-là comme blâmables, on changea le sens ordinaire des mots. L'audace irréfléchie passa pour un courageux dévouement à la patrie ; la précaution prudente pour une lâcheté qui se couvre de beaux dehors.* »
>
> THUCYDIDE,
> *Histoire de la guerre du Péloponnèse*

Paris, juin 2006.

Lorsque j'avais évoqué avec lui à Paris, au bar du Ritz, les intellectuels américains que je souhaitais rencontrer pour ce livre, le directeur de l'influente *New York Review of Books*, Bob Silvers, anti-Bush de la première heure, m'avait nettement déconseillé de m'attarder sur le cas de John Mearsheimer. Très en marge du star-system académique, John Mearsheimer poursuivait à l'université de Chicago sa carrière de professeur spécialiste de la politique de défense des États-Unis. Conservateur, son nationalisme avait de quoi faire rougir Bush lui-même. Il partageait alors le sort obscur de tous les opposants américains à la guerre d'Irak, sans pouvoir compter sur la solidarité de l'intelligentsia de gauche, seule à pouvoir se permettre de combattre le pouvoir en place. Profitant d'un séjour à Chicago à l'été 2004, j'ai pourtant pris le temps de rencontrer John Mearsheimer[1]. Cet entretien fut la seule entorse aux conseils de Bob Silvers, qui aujourd'hui me pardonnera certainement. Sa revue a osé prendre parti sinon en faveur de John Mearsheimer, du moins de la thèse que celui-ci a défendue deux mois avant la guerre d'Israël au Liban, dans un document explosif, cosigné avec son collègue de la Kennedy School de Harvard, Stephen Walt : « Le lobby israélien et la politique étrangère américaine[2] ».

*

Chicago, deux ans plus tôt.

La veille de notre rencontre, le Pr John Mearsheimer s'était plié à l'exercice annuel du discours de remise de diplômes devant un parterre d'étudiants. Un an après le déclenchement de la guerre d'Irak, il avait apporté cette année-là un soin tout particulier à son allocution.

> « J'ai une bonne et une mauvaise nouvelle à vous annoncer, leur a-t-il dit. La bonne, c'est que l'Amérique pour les cinquante années à venir n'a en face d'elle aucun concurrent sérieux qui menace sa puissance. Les États-Unis seront plus puissants dans le nouveau siècle qu'ils l'ont été au siècle précédent.

---

[1] Une partie de cet entretien avec John Mearsheimer a été publiée dans le magazine *CitizenK International*, Janvier 2005.
[2] John J. Mearsheimer et Stephen M. Walt, « The Israel Lobby and US Foreign Policy », in *London Review of Books*, 23 mars 2006. Le texte fut d'abord mis en ligne sur le site Internet de l'université de Harvard avant d'être publié dans la revue anglaise.

La mauvaise nouvelle, c'est que transformer cette puissance en influence n'est pas une chose facile, et que les occasions où la politique étrangère américaine s'égare ne manqueront pas. Les États-Unis ont les moyens de faire beaucoup pour le monde, mais ils ont aussi les moyens de faire beaucoup de dommages, à eux-mêmes et aux autres. Comment pouvons-nous éviter d'autres Vietnams et d'autres Iraks dans un monde où l'Amérique a des pouvoirs sans précédent, et où son élite se montre déterminée à construire un monde qui soit conforme aux intérêts américains ? La réponse n'est pas simple, mais je crois qu'il vous revient de jouer votre rôle pour éviter d'autres futurs désastres américains en politique étrangère et je suis confiant que vous saurez le faire, parce que l'université de Chicago vous a formés pour cela. »

Le ton était grave et solennel : c'était celui qui convient à un grand pays, l'Amérique, qui se fait comme l'ancienne Rome une haute idée de sa responsabilité, en éduquant ses citoyens en moines-soldats, pour les préparer à l'épreuve suprême du Politique. L'austère professeur y avait ajouté une défense et illustration du Premier Amendement de la Constitution américaine, qui garantit aux États-Unis la liberté d'expression, une tradition nationale qu'il considère, à l'heure de la guerre contre le terrorisme, comme le plus précieux héritage à transmettre à ses jeunes disciples. Pour mériter son nom, l'élite doit savoir briser les croyances communes, défier les autorités du moment, et soumettre froidement au débat public le bien-fondé du pouvoir en place, de sa politique, et en particulier de la partie de celle-ci la mieux protégée, celle du domaine réservé de la politique étrangère.

La taille haute, la nuque droite, le geste appliqué, John Mearsheimer porte la jeune soixantaine avec un mélange d'autorité et de simplicité. Il m'accueille dans son bureau avec prévenance, me manifestant une extrême attention, dans laquelle je devine la joie retenue du contemplatif, qu'une visite vient distraire de longues heures de solitude. Au premier coup d'œil, je reconnais dans sa tenue l'austérité sobre que cultive le puritanisme anglo-protestant, et qui fait souvent de l'Amérique un conservatoire de nos propres années d'avant-guerre. Je suis frappé par son visage : un visage émacié au front dégagé, sans une ride, ni triste ni gai, impassible comme un masque.

John Mearsheimer est né en 1947 à Brooklyn, quartier de New York peu hanté par l'upper-class. Il a été un ancien élève de l'école militaire de West Point qui compte parmi ses prédécesseurs tous les généraux à quatre ou cinq étoiles qui ont fait la grande histoire de l'Amérique au siècle passé : Pershing, Eisenhower, MacArthur, et Norman Schwarzkopf. À West Point, il fit ses classes pendant les années Vietnam, entre 1967 et 1970, à contre-courant de la génération *flower power*, cheveux courts derrière les oreilles, et port droit dans un strict uniforme de cadet. Il servit par la suite son pays pendant quatre ans dans l'US Air Force, dont il a porté le titre de « vétéran ».

Pour le jeune Mearsheimer, la guerre du Vietnam fut un spectacle de désolation, où pour la première fois il observa en direct l'usage inconsidéré de la force dont son pays, les États-Unis, pouvait être capable, au risque de s'infliger lui-même ses propres défaites. Car cet officier fut, à sa manière, un opposant à cette sale guerre qui traumatisa sa génération. Non par antimilitarisme, mais par réalisme, au nom de l'idée tragique qu'il se fait de la puissance militaire, un sujet grave qu'il place au sommet de la politique. L'Amérique, à ses yeux, ne pouvait se permettre de desservir ses intérêts nationaux en se servant de sa force à mauvais escient.

De ses études à West Point, Mearsheimer n'a conservé aucune vénération aveugle pour l'armée. Il reconnaît volontiers aujourd'hui ne pas « aimer l'armée comme institution, ne pas aimer les armes, ne pas aimer l'uniforme, et ne pas aimer l'autorité ». Il en a retenu au moins une leçon, qu'il a étendue à sa propre carrière académique, celle du courage de la vérité, pratiquée dans ce que nous, Français, nous appelons la Grande Muette.

« West Point, dit-il, portait très haut l'exigence de dire ce qui allait contre la croyance habituelle, ce que les gens ne veulent pas entendre, simplement parce que c'est la vérité. J'ai appris à dire ce que je pensais, même si les gens n'aimaient pas ce que j'avais à dire. »

Ce parti pris des âmes fortes a fait de Mearsheimer, devenu professeur à Chicago où il enseigne la politique de défense depuis 1982, le grand théoricien de l'école dite « réaliste ». Il a poursuivi ses recherches en marge du politiquement correct, dans le seul pays au monde, les États-Unis, où ce qualificatif de réaliste, selon le mot amer d'Henry Kissinger, « est une épithète volontiers utilisée de manière péjorative ». Il l'est d'autant plus aujourd'hui que les néo-conservateurs au pouvoir ont fait de cette école de pensée leur ennemi juré au sein du parti républicain. En incorruptible, John Mearsheimer assume sa mise en quarantaine et n'attend du Washington républicain aucune faveur, fût-ce par l'entremise du « réaliste » Kissinger, dont il nie l'appartenance à la même école, en rappelant que l'ancien secrétaire d'État de Nixon a soutenu l'intervention militaire en Irak.

En 2001, John Mearsheimer a publié le livre-somme de l'école réaliste, intitulé *The Tragedy of Great Power Politics*[1]. Il pose les principes de sa théorie tout en brossant l'histoire des grandes puissances depuis la France napoléonienne jusqu'à l'Amérique reaganienne. Pour lui, les relations entre États relèvent du règne des

---

[1] John J. Mearsheimer, *The Tragedy of Great Power Politics*, New York, Norton, 2001.

« monstres froids ». Nous sommes dans un monde d'« États voyous », et l'Amérique, superpuissance qui croit naïvement à son exception, n'échappe pas à la froideur des monstres. Derrière la fiction des discours gouvernementaux qui brandissent plus ou moins sincèrement la morale pour légitimer leur propre politique étrangère, l'ordre international sur lequel ils prétendent agir au nom du Bien dépend de la seule position de force qu'occupent les États entre eux. Chaque État, pour survivre, recherche à maximiser sa puissance. L'analyse de la puissance militaire est donc le seul point de vue qui vaille pour rendre un compte véridique des relations internationales et démasquer les tartuffes.

Aux États-Unis, l'école réaliste a connu un regain de fortune à la fin des années 70, en réaction à l'idéalisme des droits de l'homme de l'administration Carter, déconsidérée pour avoir « laissé faire » le renversement du Shah par les mollahs de Téhéran. Kenneth Waltz, professeur émérite à l'université de Berkeley en Californie, fut l'une des plus illustres voix de cette école, qui a eu en son temps l'oreille de l'administration Reagan. John Mearsheimer reconnaît en Kenneth Waltz un maître, mais se démarque de lui par un parti pris plus radical. Il ajoute aux vues de Waltz un élément décisif qui aggrave la violence des relations entre États : l'instinct hégémonique qui pousse le plus puissant à vouloir dominer le système international tout entier. L'Amérique fournit au XXe siècle le meilleur exemple d'un pays qui a exercé cet instinct hégémonique avec continuité et persévérance pour devenir la superpuissance qu'elle avait la vocation et les moyens de devenir. À Chicago, John Mearsheimer s'en est fait l'apologiste et l'entraîneur le plus cohérent :

> « Il y a dans les relations internationales, me dit-il, comme dans la tragédie classique, une part d'aveuglement qui rend le rapport de forces inévitable : les États ne peuvent se fier aux intentions de leurs

voisins, et ils sont contraints de les affronter avant qu'ils ne leur fassent de l'ombre. Pour devenir le pays le plus puissant au monde, l'Amérique a dû au XXe siècle conduire une politique visant à la mise hors d'état de nuire de ses rivaux potentiels. Ce fut d'abord l'Allemagne impériale pendant la Première Guerre mondiale, l'Allemagne nazie et l'Empire japonais pendant la Seconde Guerre mondiale, l'Empire soviétique, enfin, pendant la guerre froide. La pente hégémonique est la loi d'airain des grandes puissances. »

John Mearsheimer ne va pas jusqu'à croire à la possibilité pour une superpuissance comme l'Amérique de dominer militairement la terre entière. Les contraintes de projection de son armée l'empêchent de soumettre directement le monde à son empire. En revanche, Washington a les moyens d'asseoir son pouvoir incontesté aux quatre coins du monde, en appliquant les leçons de la politique anglaise du *balance of power*, qui consiste à diviser pour mieux régner. Les États-Unis, en tant que puissance hégémonique sur son propre continent, poursuivent une politique étrangère mondiale implacable qui, par-delà les alternances démocrates et républicaines, vise à la mise hors d'état de nuire des puissances régionales d'Europe ou d'Asie, en position de la concurrencer. La politique étrangère de l'Amérique obéit à une ligne constante qui transcende les alternances d'un parti à l'autre.

Si le nationalisme décapant de John Mearsheimer prend à rebrousse-poil l'establishment politique et académique, c'est qu'il dit tout haut ce que l'Amérique n'ose s'avouer à elle-même. Comment ne pas être isolé aux États-Unis, lorsque l'on s'en prend à la mythologie de la démocratie américaine, à l'idée même que se font les Américains de leur propre pays, une nation préservée du cynisme de la Vieille Europe, et marquée par une destinée manifeste au service de la Justice et du Bien ? Comment ne pas être considéré à Washington comme un intellectuel dangereux, lorsque l'on donne raison, et une raison américaine, aux critiques européennes les plus indignées contre l'hyperpuissance des USA ? Je m'amusais pour ma part à penser que le point de vue de John Mearsheimer sur l'Amérique rejoignait, de manière paradoxale, celui du philosophe français Jean Baudrillard, dont la fascination pour le Nouveau Monde avoue s'adresser à la fatalité de sa puissance. Je cite l'un de ses morceaux de bravoure pour mémoire :

> « En tant qu'idée de la puissance mondiale, l'Amérique n'a pas changé et elle ne changera pas. Plus elle devient multiculturelle, plus elle devient intégriste, plus elle est multiraciale, plus c'est l'Amérique. C'est le mythe de la puissance. Peu importe qui la gère : ce sera l'Amérique. On pourrait avoir un président noir et homosexuel, ce serait la même politique. C'est la raison pour laquelle la bataille électorale pour la présidence américaine est purement formelle. L'élection de Kerry n'y aurait rien changé. L'Amérique change continuellement dans son fonctionnement interne. Mais comme puissance, elle reste la puissance [1]. »

L'ironie perce chez Jean Baudrillard. Chez John Mearsheimer, le sérieux écrasant du propos ne fait aucun doute.

*

Comment expliquer que cet universitaire au nationalisme forcené, partisan acharné de l'hégémonisme

---

[1] Extrait d'un entretien avec l'auteur paru dans *CitizenK International*, Été 2005.

yankee, ait au lendemain de la guerre froide prôné le repli des forces militaires de l'Aigle américain ? Il faut en effet remonter au débat stratégique de la fin de l'ère Reagan pour mieux comprendre comment John Mearsheimer, cet Américain bien tranquille, est devenu un opposant très sérieux à la politique des agités néo-conservateurs.

Bill Kristol, le directeur du *Weekly Standard*, et Robert Kagan, le célèbre éditorialiste du *Washington Post*, sont les auteurs de l'essai qui a eu dans la décennie 1990 la plus forte influence sur le devenir de la politique étrangère américaine. Ce texte publié dans la revue *Foreign Affairs* en 1996, sous le titre « Towards a Neo-Reaganite Foreign Policy[1] », est considéré depuis comme le manifeste de la révolution néo-conservatrice dans les affaires internationales. Bill Kristol et Robert Kagan rangent dos à dos le défaitisme coupable des démocrates de la génération Vietnam et le réalisme amoral d'un Kissinger dont le passage au Département d'État a coïncidé, selon les mots de Reagan, « avec la perte de la suprématie militaire des États-Unis ». Pour les deux auteurs, la fin de la décennie 90 doit opposer le même refus que la présidence Reagan avait opposé aux errements des années 70, à ce même « relativisme moral » qui avait alors affaibli – ils aimaient mieux dire « efféminé » – la politique étrangère américaine. Il fallait retrouver la même détermination que Ronald Reagan avait su mettre en œuvre dans sa lutte contre l'Empire soviétique. Face à l'URSS, Reagan avait rompu avec la doctrine du *containment* pour mettre en place une doctrine offensive du *roll out*. L'Amérique était passée avec lui de l'endiguement, ce qui revenait à accepter une cohabitation avec le bloc soviétique, au refoulement, ce qui supposait la volonté d'en finir une fois pour toutes avec le communisme. Aux républicains tentés de

---

[1] William Kristol et Robert Kagan, « Towards a Neo-Reaganite Foreign Policy », in *Foreign Affairs*, Juillet-août 1996.

procéder à un désengagement de l'Amérique dans le monde de l'après-guerre froide, les deux auteurs montraient qu'il leur fallait surmonter leurs propres velléités isolationnistes, et adapter aux circonstances la leçon laissée par Reagan. Avec « Towards a Neo-Reaganite Foreign Policy », Kristol et Kagan ont écrit le scénario de la politique étrangère de l'Amérique post-11 Septembre, qui postule une identification des années Bush aux années Reagan : Bush est Reagan, Tony Blair est Margaret Thatcher, l'Axe du Mal est l'Empire du Mal.

Le retournement spectaculaire de l'Amérique dans les années 80, qui a abouti à la victoire historique des USA sur l'URSS, est l'argument massue en même temps que l'exemple qui fonde le projet néo-conservateur. Dans les faits, un demi-siècle après la victoire de Roosevelt sur l'Allemagne nazie, la réalité de la grandeur américaine au service du Bien a été de nouveau prouvée par cette éclatante victoire. Pour Bill Kristol et Robert Kagan, le Roosevelt chef de guerre, le Truman des bombes A sur le Japon et du plan Marshall, le Reagan de la « guerre des étoiles » ont été les trois plus grands présidents des États-Unis. Tous les trois ont affirmé haut et fort l'exceptionnalisme américain, volonté servie par une supériorité économique et militaire, et la servant. Fort de ces précédents, Kristol et Kagan plaidèrent dans leur manifeste pour une politique américaine de nouveau résolument engagée sur la scène internationale. L'Amérique ne pouvait se dérober face au défi du XXIe siècle, d'autant qu'elle l'abordait en superpuissance victorieuse et sans rivale. Seule capable de stabiliser le monde, elle n'avait pas d'autre choix possible que d'assumer son rôle de « domination bienveillante », en mobilisant sa force au service de la démocratie et de la morale internationale. Selon les auteurs de ce vigoureux manifeste, la mission historique de l'Amérique ne pouvait être menée à bien sans une hausse du budget défense, et une réforme intellectuelle et morale des jeunes générations, à qui il fallait réapprendre la citoyenneté, l'amour de la patrie et l'acceptation du sacrifice militaire.

Dès janvier 1998, les deux hommes orchestrent la première campagne de presse visant à faire du renversement du régime de Saddam Hussein en Irak l'objectif N° 1 de la prochaine présidence. Francis Fukuyama, Richard Perle et Donald Rumsfeld, les trois vedettes du parti néo-conservateur, prennent la parole dans les grands médias. Ils étaient aussi les architectes de l'intervention de la guerre de Bush en Mésopotamie. En 1998, Bagdad venait d'expulser six inspecteurs américains de l'ONU, et narguait la communauté internationale en lui interdisant l'accès à ses sites stratégiques. Bill Clinton et Tony Blair se résolurent à utiliser la force militaire pour contraindre l'Irak à coopérer avec l'ONU. Dans le *New York Times*, les deux publicistes Bill Kristol et Robert Kagan signent une lettre ouverte au président Clinton sous le titre « Bombarder l'Irak n'est pas suffisant ».

> « La bonne nouvelle, écrivaient-ils, c'est que l'administration Clinton a enfin abandonné tout espoir de résoudre par la négociation le bras de fer avec Saddam Hussein. Aujourd'hui, Washington prépare une campagne de bombardement de trois ou quatre jours contre les sites stratégiques du régime irakien. Mais la mauvaise nouvelle, c'est que cela conduira à un nouvel échec, de la même manière que les tentatives diplomatiques précédentes n'ont apporté aucune solution durable. La seule manière de repousser la menace des armes de destruction massive détenues par le régime irakien est de se débarrasser de Saddam Hussein, ce qui veut dire utiliser les forces aériennes et terrestres pour changer de régime, et finir le travail qui a été inachevé en 1991. Est-ce que les États-Unis doivent assumer cette lourde tâche ? Oui. Si nous n'agissons pas, c'est la politique de Saddam Hussein qui s'impo-

sera, le Moyen-Orient sera déstabilisé, d'autres agresseurs dans le monde suivront son exemple, et les soldats américains devront payer un prix bien plus élevé quand la paix internationale garantie par le leadership américain commencera à s'effondrer [1]. »

En relisant ce texte avec le recul du temps, on se rend compte que, bien avant les attaques du 11 septembre 2001, l'Amérique était déjà, dans la tête au moins des esprits forts du parti néo-conservateur, sur le pied de guerre. Venus du ciel, les attentats de New York ont apporté l'ultime justification à cet ardent projet de rendre à l'Amérique tout son rôle sur la scène géopolitique. Les néo-conservateurs avaient gagné. Un an plus tard, par la voix d'un des leurs, Norman Podhoretz, la « quatrième guerre mondiale » était déclarée [2]. Pour eux, George W. Bush restera comme le Roosevelt de ce nouveau Pearl Harbor.

John Mearsheimer partage avec les néo-conservateurs de Washington le même diagnostic de la toute-puissance américaine et la même admiration pour la victoire de Ronald Reagan sur l'URSS. Mais de ce constat partagé, il déduit une politique opposée à la leur. Là où Robert Kagan, devenu une sorte de Super-Kissinger optimiste et progressiste, voit dans la puissance militaire des États-Unis l'instrument providentiel d'une moralisation du monde, le pessimiste John Mearsheimer refuse tout alibi moral à la puissance américaine, dont l'exercice doit être rationnellement pondéré, au lieu que l'alibi moral affaiblit son sens des limites et encourage sa pente à la démesure. À défaut de purifier le monde du Mal, la politique étrangère et les forces militaires américaines doivent se

---

[1] William Kristol et Robert Kagan, « Bombing Irak isn't enough », in *The New York Times*, 30 janvier 1998, et aussi « A Great Victory for Irak », in *The Washington Post*, 26 février 1998.
[2] Norman Podhoretz, « How to win World War IV », in *Commentary*, Février 2002.

donner pour ce qu'elles sont, l'instrument froidement dosé de la montée en puissance des États-Unis. Pour le Pr Mearsheimer, l'« hégémonie bienveillante » n'existe pas. L'Amérique c'est l'« hégémonie » tout court, qu'on se le tienne pour dit ! Et c'est au nom de cette puissance, appelée à croître sans s'exalter ni s'énerver, qu'il a prôné, dès le début des années 90, le retour à la maison des 200 000 soldats américains basés en Europe et en Asie.

Pourquoi ce repli ? Les positions de John Mearsheimer s'accommoderaient-elles d'une bonne dose d'isolationnisme ? Il y a de quoi se poser la question : en préconisant un tel rapatriement, Mearsheimer s'est retrouvé au lendemain de la guerre froide dans le même camp que Pat Buchanan, le tenant de la cause isolationniste au sein du parti républicain, qui a occupé le poste de porte-parole de la Maison-Blanche sous l'administration Reagan. « Nous ne sommes pas les Romains », avait proclamé publiquement Buchanan au lendemain de la chute du mur de Berlin, pour encourager l'Amérique à renoncer à la couronne de l'Empire. Auparavant, il avait préconisé un grand compromis entre Moscou et Washington, en faveur d'un retrait simultané des troupes américano-soviétiques du continent européen. Pour cet éloquent interprète de la droite isolationniste, le moment était venu de restaurer « la vieille République » des pères fondateurs, pervertie par un appétit yankee d'hégémonie, et renouant avec l'âge d'or de l'Amérique d'avant Lincoln et la guerre de Sécession. Une démocratie originelle, isolée du monde, préservée du décadentisme européen, cultivant le *self government* et les vertus virgiliennes ; en somme, une sorte de « retour à la terre », version WASP.

John Mearsheimer me rassure : son alliance avec les isolationnistes n'était qu'un hasard de circonstance. S'il plaidait la modération, c'était au service de l'instinct hégémonique de son pays et certainement pas pour le convertir au mythe rousseauiste d'une Suisse d'outre-Atlantique. L'évaluation qu'il me propose des rapports de forces dans le monde ne fait aucun doute là-dessus. En absence de concurrent sérieux, l'Amérique doit renoncer à se laisser tenter maintenant par un usage inutile de sa force pour mieux se préparer à un combat qui s'annonce demain inéluctable avec la Chine, seule rivale de taille à inquiéter les États-Unis à l'horizon 2030.

« Si l'Europe s'unissait, elle pourrait devenir une puissance extrêmement forte, équivalente à celle des États-Unis. Mais je ne crois pas qu'il y aura des États-Unis d'Europe, car la rivalité des États européens entre eux est trop forte. Le processus de retrait des troupes américaines basées sur le Vieux Continent, mis en œuvre par l'administration Bush à partir de 2003, devrait permettre à l'Allemagne réunifiée de retrouver en Europe une plus grande indépendance et une plus grande influence. Mais le déclin démographique de l'Allemagne empêche la première puissance européenne de devenir une puissance régionale capable d'inquiéter de nouveau les États-Unis. L'histoire hégémonique de l'Europe, de Napoléon à Hitler, est derrière nous. Quant aux deux autres anciens challengers des États-Unis, le Japon et la Russie, ils sont également frappés d'un vieillissement qui contraste avec le dynamisme et la jeunesse de la population américaine. Seule en Asie, la Chine populaire s'annonce comme un pays capable d'ici trente ans d'entrer en concurrence sérieuse avec la puissance américaine. Dans ces conditions, faute de menace immédiate, l'Amérique n'a rien de mieux à faire que de retirer ses troupes inutilement basées en Europe et en Asie depuis la guerre froide. »

Ce qui n'était pour John Mearsheimer qu'une divergence de vues sur les options stratégiques de l'Amérique de l'après-guerre froide s'est transformé en opposition radicale avec les hommes-liges de l'administration Bush après le 11 Septembre. Alors que pour les néo-conservateurs les attentats de New York ont justifié le réarmement américain qu'ils préconisèrent en vain depuis le milieu des années 1990, pour engager les États-Unis dans une nouvelle croisade, mon interlocuteur de Chicago voyait au contraire, dans les attentats de New York, la justification dramatique de ses appels à la prudence. John Mearsheimer fut en effet une des rares « têtes d'œuf » aux États-Unis à oser briser le consensus patriotique sur la politique américaine après le 11 Septembre. Il le fit avec d'autant plus de force et d'assurance que son nationalisme était au-dessus de tout soupçon.

« Les États-Unis, me dit-il, ont trop mobilisé leur force militaire dans le monde et ils auraient dû au lendemain de la victoire sur l'URSS rapatrier leurs troupes déployées en Asie et en Europe. La politique étrangère américaine est trop militarisée, dépense trop d'argent pour la défense ; elle s'est fixé l'objectif irréaliste et dangereux de résoudre tous les conflits de la planète avec ses propres moyens militaires. Il en résulte une hostilité croissante du monde à son égard. C'est cette surexposition armée de la puissance américaine, qui est la raison profonde pour laquelle les États-Unis sont devenus la cible du terrorisme mondial. »

En renvoyant dos à dos les néo-conservateurs et la vieille droite isolationniste, John Mearsheimer me fait découvrir que l'héritage républicain des années Reagan est loin d'être univoque. Sous l'unanimisme dont se prévaut la vision des néo-conservateurs et que le 11 Septembre semblait avoir entériné, mon interlocuteur me dessine une autre vision de l'héritage reaganien, dont il se réclame, lui aussi, d'une certaine façon. En appliquant à la lutte contre le terrorisme la stratégie militaire de la confrontation musclée avec l'URSS laissée en héritage par Reagan, les néo-conservateurs ont, selon lui, commis une erreur grossière, ils ont sous-estimé une autre dimension de la politique de leur héros de la guerre froide.

« Ronald Reagan a conduit une politique intelligente face au terrorisme. En 1982, au cours de l'invasion israélienne du Liban, les États-Unis ont été contraints d'envoyer des troupes sur place. En 1983, la caserne militaire américaine à Beyrouth a été la cible d'un attentat-suicide, tuant plus de 200 marines. Reagan a immédiatement compris que la seule réponse face à cette agression était le retrait des forces américaines. Les Israéliens ont passé dix-huit ans au Liban. Ils sont finalement partis. Ils ont été vaincus par les chiites et le Hezbollah. Pourquoi voulez-vous attaquer le Hezbollah sur son propre terrain ? Autre exemple : de 1945 à 1990, les États-Unis ont été très impliqués dans la sécurité du golfe Persique. Nous avons toujours considéré cette région comme extrêmement stratégique. Mais nous en avons assuré l'ordre en construisant une force militaire de projection rapide, sachant bien que l'occupation du Moyen-Orient allait au-delà de nos capacités. C'est se laisser prendre au piège que de baser des troupes américaines sur le sol saoudien ou sur le sol irakien. Je ne dis pas du tout que le golfe Persique n'est pas important, ou que l'Europe n'est pas importante, bien au contraire. Mais l'Amérique n'a aucun intérêt à stationner des troupes dans cette région. En Irak, l'administration Bush n'a pas voulu seulement renverser un régime hostile, mais elle s'est mis en tête d'instaurer par les armes la démocratie et la paix dans tout le Moyen-Orient. C'est à mes yeux une erreur. En s'engageant de la sorte, on aboutit à un résultat inverse du but cherché : une politique de déstabilisation de toute la région qui aggrave les risques terroristes plutôt qu'elle ne les contient. »

Faire de la guerre du Liban de 1982 un précédent de la guerre en Irak déclenchée en 2003 prenait à rebrousse-poil tous les présupposés de l'administration Bush. La guerre d'Irak avait été lancée dans le culte unanime de la « grandeur américaine » ; les néo-conservateurs l'avaient justifiée par le précédent de la victoire de Reagan sur l'URSS, les États-Unis, certains de leur invulnérabilité, n'ayant plus selon eux à craindre aucun ennemi sur terre. Comment Mearsheimer pouvait-il dès lors se faire entendre, lui qui rattachait cette guerre d'Irak à l'histoire d'une « défaite » oubliée du glorieux règne Reagan ? Son propos était tout simplement sacrilège. Il blasphémait l'homme qui avait redonné confiance au moral américain et son jeune successeur qui, après le 11 Septembre, était en train brillamment de renouveler l'exploit. Ces haussements d'épaules laissèrent Mearsheimer imperturbable. Sa leçon était claire : les États-Unis ont tout à perdre à occuper militairement le Moyen-Orient, au risque de liguer contre eux le terrorisme arabo-musulman et d'entrer en conflit avec deux milliards d'hommes, dans une guerre qu'ils ne pourraient jamais gagner.

En matière de scandale, mon interlocuteur a de qui tenir. Il fut en effet l'élève à Harvard de Samuel Huntington, l'inventeur du « choc des civilisations [1] », qui a le don comme lui de jouer le rôle bien peu populaire aux États-Unis d'« oiseau de mauvais augure ». En pleine euphorie de l'après-guerre froide, Huntington avait osé assombrir le tableau de la victoire de son pays en montrant que l'Amérique devait se préparer à un prochain conflit avec l'Islam. Beaucoup, en Europe, ont considéré Samuel Huntington, autre représentant de la vieille garde intellectuelle de la Nouvelle-Angleterre,

---

[1] Samuel P. Huntington, *Le Choc des civilisations*, Odile Jacob, 1997. Huntington traita une première fois ce thème dans un célèbre article publié dans *Foreign Affairs*, l'été 1993, et intitulé « A Clash of Civilizations ? ».

défenseur de l'Amérique blanche et puritaine, comme un esprit malin, aux relents racistes et xénophobes. En agitant le spectre du « choc des civilisations », le dernier des WASP aurait tout fait pour souffler sur les braises d'une quatrième guerre mondiale larvée entre l'Occident et le monde arabo-musulman.

Dans *American Vertigo*, Bernard-Henri Lévy fait d'Huntington « l'inspirateur de toute la partie du courant néo-conservateur qui fait de l'affrontement planétaire avec l'Islam la question centrale du nouveau siècle [1] ». Pourtant, à Chicago, mon entretien avec John Mearsheimer m'a convaincu que cette légende noire de Samuel Huntington, agitée comme un repoussoir en Europe, se fondait sur un malentendu. En associant Huntington au courant néo-conservateur le plus radical, Bernard-Henri Lévy met à côté de la plaque.

Comme Mearsheimer, Samuel Huntington, aussi peu néo-conservateur que possible, fut dès le départ hostile à la guerre d'Irak.

> « Ce que j'ai dit avant le début du conflit, m'a-t-il déclaré au printemps 2004 dans un entretien pour le journal *Le Point*, c'est que, si les Américains pénétraient en Irak, il y aurait deux guerres. La première, contre Saddam Hussein, contre son régime, son armée et ses officiers. Cette guerre serait gagnée en un mois et demi. La seconde, ce serait la guerre contre les Irakiens. Elle a commencé depuis la chute de la dictature, et elle a éclaté au grand jour avec la révolte des sunnites dans la ville de Falloudja. Cette guerre-là, les Américains ne la gagneront jamais [2]. »

En réalité, loin d'avoir encouragé une déclaration de guerre entre l'Occident et le monde arabo-musulman,

---

[1] Bernard-Henri Lévy, *American Vertigo*, Grasset, 2005, p. 422-423.
[2] Entretien avec l'auteur, *Le Point*, n° 1649, 22 avril 2004.

Samuel Huntington a dramatisé dans les années 90 un choc des civilisations probable entre Islam et Occident, pour encourager l'Amérique à la prudence et à la retenue, et afin de tout faire pour éviter celui-ci. Après la révolution iranienne de 1979, la guerre du Liban en 1982 avait été pour lui un signal parmi d'autres d'une « révolution musulmane », un fait nouveau qui devait conduire les États-Unis à la réflexion sur la meilleure manière de défendre leur intérêt national dans cette conjoncture inédite. L'appel n'a certainement pas été entendu par les conseillers du président Bush :

> « La mondialisation du choc Islam-Occident a été annoncée tout au long des années 90 par la multiplication des conflits locaux dans lesquels on a vu différentes communautés musulmanes s'émanciper des pays non musulmans. Ce fut le cas au Kosovo, en Bosnie, en Tchétchénie ou au Cachemire. Ce fut le cas aussi, en 2000, avec le tournant de la seconde Intifada dans le conflit israélo-arabe. Avec l'occupation de l'Afghanistan et de l'Irak, les Américains ont créé un premier foyer de propagation globale du choc entre Islam et Occident, dont ils seront les premiers à subir les conséquences [1]. »

On retrouve chez Samuel Huntington le même principe de prudence et de modération classiques qui inspire la pensée de Mearsheimer et la même aversion pour le principe de démesure qui agite les néo-conservateurs et fait d'eux les « croisés de la guerre contre le terrorisme islamiste ».

> « Je crois aux valeurs occidentales et à la nécessité de préserver ce que nous sommes, m'a dit Samuel Huntington. Je crois aussi à la nécessité de défendre

---

[1] Entretien avec l'auteur, *Le Point*, n° 1649, 22 avril 2004.

les droits de l'homme et d'encourager la diffusion d'idées libérales. Mais il faut être réaliste : l'Occident ne domine plus le monde comme au lendemain de la Première Guerre mondiale. L'univers musulman, en particulier, constitue un bloc idéologique qui force l'Occident à abandonner toute prétention à l'universalisme. Nous devons reconnaître que de grands ensembles comme la Chine ou le monde arabo-musulman accèdent au devant de la scène sans partager nos valeurs, qu'elles se développent et se renforcent à leur propre rythme, selon leurs propres orientations. Leur imposer un changement de régime n'est ni souhaitable, ni possible. Notre marge de manœuvre et notre intérêt consistent plutôt à miser dans ces pays sur l'évolution progressive des élites en place [1]. »

Ce que Huntington préconise, c'est le contraire de la croisade planétaire : il est d'avis que l'Occident doit accepter la cohabitation avec un monde arabo-musulman qui ne partage pas spontanément les valeurs libérales et séculières de la démocratie. Pour se préserver et se défendre, l'intérêt de l'Occident est de tout faire pour éviter un choc frontal avec ce monde émergent ou réémergent.

Le nationalisme de John Mearsheimer est en parfaite harmonie avec le point de vue réaliste de son ancien professeur. Lui aussi, il affirme que l'Amérique en s'engageant dans une occupation militaire du Moyen-Orient, joue follement contre ses propres intérêts, en provoquant le risque d'une guerre totale avec un ennemi innombrable. En poursuivant l'objectif démesuré de démocratisation par la force du monde arabo-musulman, les néo-conservateurs ont pris le risque d'impliquer l'Occident dans un conflit où la démocratie même des sociétés occidentales va au-devant de sa propre destruction.

[1] Entretien avec l'auteur, *Le Point*, n° 1649, 22 avril 2004.

Pourquoi Bernard-Henri Lévy a-t-il délibérément, dans *American Vertigo*, entretenu le malentendu en confondant Samuel Huntington avec les plus radicaux des néo-conservateurs, alors qu'il en est un opposant de poids ? Curieusement, dans son livre, BHL montre beaucoup plus de sympathie à l'égard d'un Bill Kristol, néo-conservateur patenté, dont il déclare partager le même combat profondément moral pour la démocratie et contre le totalitarisme. Or c'est bien en invoquant la démocratie et l'antitotalitarisme, mais aussi au prix de quelque mensonge, que l'Amérique de Bush s'est engagée en Irak avec les résultats qu'on connaît. Et c'est au nom du nationalisme américain bien compris qu'un John Mearsheimer et un Samuel Huntington se sont dressés contre cette guerre. On est tenté de croire que l'hostilité d'un Bernard-Henri Lévy à toute idéologie nationale le conduisait à se rallier aux principes politiques mondiaux des néo-conservateurs, tout en prenant soin de critiquer leur engagement dans la guerre d'Irak. La position de notre nouveau philosophe est-elle vraiment tenable ? Qu'il se montre farouchement hostile au nationalisme américain d'un Huntington, c'est son droit le plus strict. Qu'il le compromette en l'amalgamant aux néo-conservateurs purs et durs, pour mieux le discréditer et sauver ce qu'il peut de l'impérialisme moral d'un Bill Kristol, ressemble en revanche à un mini-procès de Moscou.

J'ai constaté, en écoutant John Mearsheimer, que son nationalisme de vieille garde américaine, démocrate ou républicain, suffisamment assuré de lui-même pour admettre chez les autres ce qu'il porte au plus haut pour son propre pays, fournit, aussi désagréable soit-il d'en convenir, un ultime garde-fou aux dérives globalisantes de la démocratie armée de l'administration Bush, sur lesquelles, d'ailleurs, BHL émet lui-même des réserves !

> « Le nationalisme est la plus puissante idéologie sur la terre, me dit Mearsheimer. Et la principale

raison pour laquelle les États-Unis ont trébuché en Irak, c'est parce qu'ils ont oublié ce principe qui leur a si longtemps réussi. C'est le nationalisme et non pas la démocratie, qui est le vecteur le plus rationnel de la puissance que le monde connaisse. Je pense qu'en matière de compréhension du terrorisme, et du Moyen-Orient, la politique étrangère de la France, bien qu'imparfaite, est très supérieure à la politique étrangère américaine. La plupart des Européens savent ce que l'Amérique a oublié. N'importe quel étudiant français en relations internationales a compris que les Américains allaient au-devant de sérieux obstacles s'ils décidaient d'envahir l'Irak ou n'importe quel autre pays du Moyen-Orient, car ce à quoi ils allaient être confrontés, c'est à la puissance des nationalismes locaux. Les Français ont appris cela à leurs dépens en Indochine et en Algérie dans les années 50. Les Américains ont appris cette leçon au Vietnam dans les années 60. Mais ils l'ont oubliée après la fin de la guerre froide. L'Irak nous a remis en face de cette réalité historique qui est la puissance des nationalismes alors que nous avions oublié le nôtre. »

*

Il y a des alliés dont il vaut mieux taire le nom : c'est le cas de John Mearsheimer pour la France opposée à la guerre en Irak. Dominique de Villepin s'est bien gardé d'inviter comme témoin à décharge, à la barre de son procès transatlantique, ce héraut compromettant de l'hégémonisme des États-Unis, lui préférant le gaulliste Stanley Hoffmann, beaucoup plus flatteur, mais beaucoup moins convaincant. Or Mearsheimer est l'auteur de la plus sérieuse critique jamais écrite de l'intervention militaire en Irak. Son article parut en mars 2003, dans la revue *Foreign Policy*, sous le titre « An Unnecessary War », alors que les blindés américains s'avançaient vers Bagdad [1]. Jamais pourtant il n'a été traduit en France, ni même cité par l'intelligentsia française, mobilisée derrière l'Élysée contre l'Amérique en guerre. En lisant ce texte, on comprend mieux pourquoi. Si l'ambassade de France aux États-Unis s'est bien gardée de relayer à Paris l'analyse de ce professeur aussi encombrant pour le parti néo-conservateur que pour les opposants de gauche à l'administration Bush, c'est que cette analyse aboutit aux mêmes conclusions que la diplomatie française, mais selon une démonstration qui bouscule l'argumentation purement juridique et morale du Quai d'Orsay.

Nous sommes à la veille de l'intervention américaine en Irak. Le coup de théâtre qu'aura été la révélation qu'aucun arsenal nucléaire ou chimique n'était détenu par le régime irakien, est encore inimaginable. Bagdad refuse depuis 1998 toute collaboration avec les inspecteurs de l'ONU. C'est une présomption de culpabilité. Selon les informations que laissent filtrer les services secrets américains, Saddam Hussein serait en possession d'armes de destruction massive. Washington peut en toute vraisemblance mettre en avant le risque de prolifération nucléaire, dont Condoleezza Rice et Paul Wolfowitz ont été les spécialistes pendant la guerre froide.

Pendant toute la guerre froide, m'avait dit Mearsheimer, les États-Unis se sont bien gardés de confier à l'ONU leur sécurité, qu'ils ont assurée en totale indépendance, par une politique calculée de dissuasion. Que l'ONU puisse ou non faire son travail d'inspection, cela n'a jamais en rien influencé la politique de Washington. De ce point de vue, l'argument français pour s'opposer à la guerre en Irak, le respect du droit international, est de faible poids. L'Amérique n'a jamais fait dépendre sa

---

[1] John J. Mearsheimer et Stephen Walt, « An Unnecessary War », in *Foreign Policy*, Janvier-février 2003.

sécurité du droit international. Washington ne pouvait que faire la sourde oreille aux vœux pieux du Quai d'Orsay. L'Amérique, affirmait en substance Mearsheimer, ne comprend que le rapport de forces. Dominique de Villepin ne dit pas au fond autre chose. Alors pourquoi a-t-il maquillé sa plaidoirie par des arguments supraterrestres d'ordre moral et juridique ? Notre ministre des Affaires étrangères aurait dû aller jusqu'au bout de son raisonnement, en s'appuyant sur la réalité d'un sentiment frappé au coin du bon sens, plutôt que de s'envelopper dans le voile de la vertu. C'est ce bon sens dont le nationalisme américain n'a jamais été dépourvu d'une rare prescience que John Mearsheimer nous offre tout nu dans son article intitulé « An Unnecessary War ».

Résumons cet article paru dès mars 2003. Le débat sur la nécessité ou non d'intervenir en Irak n'est pas lié au faux prétexte de la crise des inspecteurs internationaux, mais au constat de Washington selon lequel il n'est plus possible de « contenir » Saddam Hussein par la menace d'une riposte immédiate et massive prévenant toute utilisation par Bagdad d'armes nucléaires ou chimiques. Tout se passe donc comme si ce que l'Amérique avait réussi à faire avec l'énorme Staline, neutraliser son arsenal nucléaire sans intervenir militairement, elle ne pouvait plus le faire avec le petit Saddam Hussein. En quoi la tyrannie de Bagdad était-elle plus dangereuse pour les États-Unis que l'ancien Empire soviétique ? Selon Washington, le régime irakien était incapable de respecter les règles rationnelles du jeu de la dissuasion. La guerre préventive était la seule solution pour mettre hors d'état de nuire un pays gouverné par un homme devenu « fou ». Comme l'a soutenu l'ancien directeur des affaires du Moyen-Orient du National Security Council, Kenneth Pollak, Saddam Hussein avait fait la preuve à partir de la première guerre du Golfe de son comportement « suicidaire ». Pour juger cette guerre, il faut donc examiner le bien-fondé de l'accusation de folie, accusation d'autant plus fragile que les États-Unis ont longtemps tenu l'Irak de Saddam Hussein comme un partenaire fiable, notamment contre l'Iran de Khomeiny.

Dans « An Unnecessary War », John Mearsheimer se fait l'avocat du diable en analysant les conditions dans lesquelles Saddam Hussein a eu recours à la force pendant ses trente ans de règne. Son objectif est d'examiner, en dehors de tout critère, le caractère sensé ou non des calculs du tyran de Bagdad *du point de vue de la raison d'État*. Ou bien Saddam Hussein comprend le rapport de forces et utilise sa puissance pour défendre son pays, assurant sa survie dans les limites qui ne l'exposent pas à la menace d'une riposte massive de destruction. Dans ce cas, Saddam Hussein peut être maîtrisé par une politique de dissuasion traditionnelle. Ou bien le tyran de Bagdad est vraiment fou, d'une folie comparable à celle des terroristes des attentats-suicides de l'Islam radical, dont la violence ne connaît aucune limite sensée. Autant dire que l'analyse de John Mearsheimer est une épreuve à déconseiller aux âmes sensibles. La raison d'État représente à ses yeux l'ultime garde-fou d'un ordre international, grâce auquel la lutte sans merci des puissances entre elles ne peut être maîtrisée que par la dissuasion. Mais l'instrument suprême de l'hégémonie politique n'en est pas moins le moindre mal qui garantit le monde contre la menace de destruction totale ou de chaos sans remède.

Déroulant le film des guerres de l'Irak depuis la fin des années 70, John Mearsheimer n'a pas de difficulté à prouver que Saddam Hussein, en attaquant l'Iran, s'est comporté en véritable homme d'État. La guerre de Saddam contre les mollahs de Téhéran a été la riposte d'un pays, l'Irak, affaibli par l'expansion de la révolution khomeiniste, et menacé par la politique de Khomeiny visant à s'appuyer sur les chiites irakiens pour renverser l'État baassiste. L'attaque de l'Iran par l'Irak s'est faite à un moment judicieux, profitant de la désorganisation de l'armée iranienne au lendemain de la révolution. Le pari de Saddam Hussein était partagé par des alliés de poids, les États-Unis, la France, l'Arabie Saoudite et le Koweït, tous unis derrière Bagdad pour contenir l'expansionnisme de l'islamisme chiite au Moyen-Orient.

Il semble plus difficile de plaider la raison dans le cas de l'agression contre le Koweït en 1991, une aventure qui a marqué en vérité le début du déclin de l'Irak de Saddam Hussein. La guerre du Koweït apparaît rétrospectivement comme un pari perdu d'avance pour l'Irak. Pourtant, John Mearsheimer montre que Saddam Hussein n'en a pas moins respecté, dans cette crise, les règles élémentaires de la logique du rapport de forces. Selon lui, on ne peut déduire, même de la première guerre du Golfe, le caractère dangereusement suicidaire du dictateur de Bagdad, qui le rendrait immaîtrisable et justifierait dès lors, pour s'en débarrasser, le déclenchement d'une guerre préventive.

L'annexion du Koweït par l'Irak était un projet fondé d'abord sur l'analyse raisonnable du rapport de forces avec le petit Émirat du Golfe. La décision d'envahir le Koweït trouve son autre origine dans les difficultés financières du régime irakien, que l'effort de guerre contre l'Iran avait lourdement endetté vis-à-vis des Koweitiens (10 milliards de dollars). Bagdad a cherché à négocier avec l'Émirat une remise de dette, au nom du sacrifice de sang consenti par les Irakiens pour préserver les intérêts du Koweït contre la menace que représentait pour eux une puissance iranienne dominante dans le Golfe. Non seulement les Koweitiens opposèrent à Saddam Hussein une fin de non-recevoir, mais ils continuèrent à dépasser les quotas de production de pétrole autorisés par l'OPEP, avec pour conséquence la baisse du prix brut et un manque à gagner insupportable pour l'économie irakienne.

Le Koweït était donc devenu un obstacle réel au

maintien de la puissance de l'Irak. De surcroît, Saddam Hussein n'a pas engagé sa politique de force sans prendre en considération les risques d'une riposte américaine. Avant l'entrée des troupes irakiennes au Koweït, Saddam, qui jouissait depuis longtemps des faveurs du Département d'État, a demandé à Washington, par l'entremise de l'ambassadeur des États-Unis à Bagdad, April Gaspie, quelles seraient les menaces encourues par son pays s'il prenait par la force son « dû » au Koweït. L'ambassadeur a répondu au cours d'un entretien resté célèbre : « Nous n'avons aucune opinion sur un conflit entre pays arabes, tel que votre désaccord avec le Koweït. » Pour John Mearsheimer, si le projet irakien d'invasion du Koweït est passé à l'acte, ce n'est pas parce que Saddam avait perdu la tête, mais parce qu'aucune dissuasion n'avait été exercée à son encontre par Washington.

L'implacable, mais calme procureur admet qu'une fois bien claire la volonté américaine de riposte, Saddam Hussein s'est trompé, en croyant que Bush père n'était pas prêt à aller jusqu'à la guerre. Ce fut là son vrai pari perdant : l'Irak ne pouvait sortir gagnant d'une logique de guerre avec les États-Unis. Reste que, dans cette déroute, Bagdad s'est bien gardé d'utiliser des armes chimiques ou biologiques contre les États-Unis, Israël et les membres de la coalition, ce qui prouve sa capacité à prendre en considération la menace solidaire d'une riposte immédiate et massive à l'utilisation de telles armes. Saddam Hussein, conclut Mearsheimer, s'est révélé rationnel dans cette affaire où il avait tout à perdre, sa politique a tenu compte des règles élémentaires de prudence et de dissuasion.

S'en tenant au strict rapport de forces avec l'Amérique, et mettant de côté, aussi insupportable que ce soit pour les belles âmes, la question morale, John Mearsheimer affirme froidement que l'utilisation par Saddam Hussein d'armes chimiques contre son propre peuple ne prouve pas davantage l'indifférence du pouvoir de Bagdad à l'égard de la dissuasion. Dans ce cas, ce n'est pas la folie du maître de Bagdad qui est à l'œuvre, mais la violence absolue de la raison d'État d'un dictateur : les armes interdites sont utilisées à l'intérieur de ses propres frontières par le pouvoir en toute impunité, car l'ennemi civil ne peut exercer aucune menace de riposte. Cet argument est en soi révoltant, mais il n'est pas moins en conformité avec la logique de la dissuasion à l'extérieur des frontières nationales.

Quant à l'usage effectif de ces armes par Saddam Hussein pendant l'atroce et interminable guerre d'Iran, il ne faut pas oublier, nous dit Mearsheimer, que ce sont les États-Unis eux-mêmes qui ont donné les moyens à Bagdad d'y avoir recours, via les contrats américains passés avec l'Irak et conclus au cours de l'ambassade de Donald Rumsfeld, l'envoyé spécial de Ronald Reagan au Moyen-Orient. Si Saddam Hussein n'est pas capable de comprendre la dissuasion, pourquoi l'Amérique lui a-t-elle confié une telle bombe à retardement qui pouvait à long terme se retourner contre elle ? La réponse est implacable : parce que les décideurs américains avaient la certitude qu'il était hautement improbable que l'Irak les utilise contre les États-Unis en raison des menaces de riposte immédiate exercées par Washington dans le cas de leur utilisation. John Mearsheimer en veut pour preuve l'opinion d'une Condoleezza Rice, qui, dans un numéro de *Foreign Affairs* du mois de janvier 2000, plaidait elle-même pour que le problème des armes chimiques de l'Irak soit résolu dans le cadre du jeu d'équilibre des forces de la dissuasion [1].

Reste le dernier scénario le plus redoutable, celui qui verrait Saddam Hussein fournir à une organisation terroriste comme Al Qaida la bombe nucléaire. Ce scénario a souvent été évoqué par les avocats de la guerre préventive

---

[1] Condoleezza Rice, « Campaign 2000 : Promoting the National Interest », in *Foreign Affairs*, Janvier-février 2000.

contre l'Irak. Il est tenu pour improbable par John Mearsheimer, car Saddam Hussein et Oussama Ben Laden sont deux ennemis jurés, le second représentant un fondamentalisme radical contre lequel le baassiste Saddam a toujours lutté. D'autre part, dans le cas où Oussama Ben Laden se rapprocherait de Saddam Hussein par solidarité dans l'adversité face à l'Amérique, les clés du terrorisme nucléaire données par Bagdad à Al Qaida seraient devenues aussi dangereuses pour l'Irak que pour les États-Unis. Confirmant l'analyse prémonitoire de Mearsheimer, un récent rapport du Sénat américain de septembre 2006 vient d'établir qu'il n'y avait aucun lien entre l'Irak et Al Qaida avant l'entrée des Américains à Bagdad [1].

Renversant l'ordre du monde selon Bush, John Mearsheimer considère dès 2003 que la question n'est pas de savoir si Saddam Hussein était fou ou non – car tout prouve qu'il ne l'a jamais été –, mais au contraire de comprendre pourquoi les États-Unis l'ont été en déclarant une guerre fondée sur des arguments irrationnels, qui font fi des règles fondamentales du rapport de forces sur lesquelles l'Amérique n'a jamais transigé, et dont elle a toujours fait la pierre angulaire de sa puissance et de sa politique de sécurité. La démonstration de John Mearsheimer peut apparaître purement formelle, mais la suite de l'histoire a établi que son analyse coïncidait avec les faits. Elle accuse d'autant mieux aujourd'hui l'administration Bush et ses contradictions, au-delà des erreurs des services de renseignement américains. En s'en tenant aux règles strictes du rapport de forces, Washington a délibérément surévalué un risque

---

[1] Le 8 septembre 2006, la commission antiterroriste du Sénat, présidée par le républicain Pat Roberts, a rendu public un rapport confidentiel de la CIA datant de 2005, selon lequel il n'y avait eu aucun lien entre Saddam Hussein et Al Qaida avant l'entrée des Américains en Irak au printemps 2003.

imaginaire et sous-évalué les risques réels qu'elle n'avait pas prévus aussi redoutables. En attaquant l'Irak, l'Amérique a rompu avec la prudence de sa raison d'État. Pourquoi ? Cette question reste pour John Mearsheimer sans réponse. « Même si cette guerre se passe bien, concluait-il dans son article du *Foreign Policy*, et induit des changements positifs sur le long terme, elle n'aura pas été nécessaire. Et si elle se passe mal, leurs architectes auront d'autant plus à se justifier. »

★

Washington, juin 2005.

Quelles ont été les raisons, irrationnelles selon John Mearsheimer, qui ont poussé l'Amérique à attaquer l'Irak ? Pour répondre à cette question entêtante, je ne peux pas avoir meilleur interlocuteur en face de moi : Hillel Fradkin, le spécialiste de l'Islam et de l'avenir du monde musulman au Hudson Institute, l'ami de l'architecte de l'intervention américaine en Irak, Paul Wolfowitz. Il est devant moi, disposé aujourd'hui à me donner « sa » réponse, celle que je tiens comme la plus avisée et la mieux renseignée sur l'analyse qui a prévalu à Washington au lendemain du 11 Septembre et qui a poussé l'administration Bush à attaquer l'Irak. Voilà plus de deux heures que nous nous entretenons dans son bureau climatisé. Je m'étais juré de ne pas quitter mon interlocuteur, sans avoir fait la lumière sur le point de vue du parti officiel de la guerre. À sa manière, Fradkin m'aura donné entière satisfaction.

Il choisit de commencer sa longue explication en revenant sur le dilemme stratégique qui a mis les États-Unis au pied du mur au lendemain de l'élection de George W. Bush. Ce dilemme est celui que pose un des pays alliés de l'Amérique, l'Arabie Saoudite, qui s'est indirectement retournée contre elle par la participation de plusieurs de ses citoyens aux attentats du 11 Septembre.

« La cause immédiate et presque suffisante à l'origine des attentats du 11 septembre 2001, me dit-il, fut notre présence militaire en Arabie Saoudite depuis la première guerre du Golfe. Ben Laden lui-même a invoqué cette raison à plusieurs reprises. Le stationnement de troupes américaines en Arabie Saoudite est la conséquence de notre politique d'endiguement qui visait à empêcher Saddam Hussein d'occuper des États voisins et de contrôler leurs champs de pétrole, en conduisant la même politique d'annexion dont il s'est montré capable au Koweït. Les choses étant ce qu'elles sont, les États-Unis sont les garants de la sécurité de l'approvisionnement mondial en pétrole, pour eux-mêmes et pour les autres. Ils assurent la sécurité des champs de pétrole, mais aussi de ses moyens de distribution. Voyez-vous, à l'origine de tout, il y a la question du pétrole et de la sécurité de son approvisionnement, gravement menacé par l'Irak de Saddam Hussein.

« Or notre politique d'endiguement contre le pouvoir de Bagdad a montré ses faiblesses, dès 1998, quand Saddam Hussein a expulsé les inspecteurs internationaux. Après les attentats du 11 Septembre, si nous avions voulu retirer nos troupes de l'Arabie Saoudite, nous aurions laissé ce pays désarmé face à l'appétit de Saddam Hussein. En d'autres termes, nous n'avions pas beaucoup de marge de manœuvre. Que pouvions-nous faire dans cette situation ? Si vous ajoutez à cela la conviction des services secrets américains que Saddam était en possession d'un arsenal d'armes de destruction massive, la décision de se débarrasser définitivement du régime de Bagdad s'est imposée comme la seule issue à une crise de plus en plus difficile à supporter.

« Vous me direz qu'on n'avait pas besoin pour autant de se lancer dans une politique ambitieuse visant à créer un Irak démocratique. Nous pouvions en effet trouver un dictateur un peu moins fou et moins retors que Saddam pour prendre sa suite. Cette solution a été discutée au sein de l'administration américaine, avant l'élection de Bush et même après. Certaines voix ont ouvertement défendu la solution du coup d'État. Mais leur argumentation était en butte aux difficultés avérées d'une telle opération. Comme vous le savez, la CIA a tenté à plusieurs reprises pendant les années 90 de renverser Saddam, et chaque fois il a déjoué le projet de coup d'État.

« Finalement, la décision prise par l'administration Bush de conduire une politique plus ambitieuse en Irak et ailleurs, impliquant un changement de régime, s'est fondée en dernière analyse sur une réflexion d'ensemble sur le problème de l'Islam radical. Bien que, comme je vous l'ai dit, notre position en Arabie Saoudite semblait la cause directe des attentats du 11 Septembre, cet événement tragique a mis en évidence l'existence d'un problème plus large, dont l'Arabie Saoudite n'est qu'une facette : celui de l'Islam djihadiste. Au cours des années 90, des intérêts américains avaient été durement frappés au nom de cette idéologie qui a inspiré les attentats à la bombe dans nos ambassades du Kenya et de Tanzanie en 1998, et l'attentat contre le vaisseau de guerre *US Cole* dans le port d'Aden en 2000. Jusqu'ici cette menace criante n'avait suscité que des récriminations verbales, et aucune solution sérieuse n'avait été esquissée, à plus forte raison appliquée. Le 11 Septembre a mis l'Amérique face à face avec ce problème. L'administration Bush a fait le choix de le traiter dans sa globalité. »

Voilà un néo-conservateur qui sur le sujet sensible de l'Irak ne se paye pas de mots. Oubliés les droits de l'homme – l'Amérique se serait bien satisfaite en Irak d'un dictateur pro-américain de substitution si cela avait été possible ; négligé, le caractère décisif de la menace des armes de destruction massive – le moment était déjà venu où cet argument massif se retournait contre ceux qui l'avaient brandi. Non, ce qui fonde aux yeux de ses inspirateurs la position de l'Amérique de Bush sur l'Irak de Saddam Hussein, et ce qui a justifié la guerre, n'est rien autre que la menace sur la sécurité de l'approvisionnement des États-Unis en pétrole, attribuée à de sombres desseins prêtés à Saddam. Je n'en croyais pas mes oreilles !

Sortant de la bouche d'Hillel Fradkin, l'argumentation était pour le moins surprenante, les anti-Bush les plus enragés, façon Michael Moore, ne s'étant pas privés d'y avoir recours pour confondre les bonnes intentions affichées par Washington dans cette guerre « libératrice ». Je m'étais toujours refusé à considérer comme crédible la vieille antienne du pétrole, qui faisait à mes yeux la part trop belle aux critiques gauchistes et anti-impérialistes d'une Amérique caricaturée en une entreprise mondiale vampirique et cynique. Or, pour la première fois, le très avisé Hillel Fradkin me forçait à prendre cet argument au sérieux. De la question du pétrole dépendait en effet l'examen du lien problématique que Washington s'est évertué à défendre entre le 11 Septembre et Saddam Hussein. Fallait-il que mon interlocuteur fût aux abois pour s'en remettre à une argumentation retournée contre les siens par leurs pires adversaires politiques ? Ou bien s'était-il vraiment décidé à jouer avec moi cartes sur table ?

En novembre 2004, une confortable majorité d'Américains ont réélu Bush d'une seule main au nom du lien direct entre l'Irak, le 11 Septembre et les valeurs morales. Cet amalgame idéologique a été la colonne vertébrale de la stratégie de réélection du président sortant[1]. La guerre d'opinion menée par le parti républicain avait fait merveille, et son maître d'œuvre, Karl Rove, le stratège politique de Bush, pouvait en être félicité. Presque un an plus tard, Hillel Fradkin ne montrait aucun scrupule à prendre ses distances avec les simplifications du discours électoral qui avait porté à la victoire George W. Bush et son propre camp. Alors quoi, la réélection de Bush s'était donc faite sur un énorme mensonge ? Hillel Fradkin sourit, refusant d'accorder au discours électoral plus de signification qu'il n'en a. Une grande politique, selon le mot célèbre de Dean Acheson, l'ancien secrétaire d'État de Truman, doit savoir se faire « plus vraie que la vérité ». En d'autres termes, la simplification réductrice des discours électoraux n'est qu'un péché véniel des démocraties modernes, où la règle est de faire simple et court pour se faire élire dans les provinces reculées. Chez les initiés, au sein même du clan néo-conservateur, on se garde bien d'être dupe et de mélanger discours électoral et motifs sérieux. Le lien entre Saddam et le 11 Septembre, auquel croit mon interlocuteur, n'est pas du même ordre que le slogan habilement façonné par Karl Rove. Quelle est donc la vérité des initiés ?

Au lendemain du 11 Septembre, la sécurité des États-Unis exigeait que Washington se ménage une marge de manœuvre à l'égard de l'Arabie Saoudite, devenue suspecte, tout en protégeant ses intérêts pétroliers. Le renversement de Saddam Hussein permettait à Washington de faire d'une pierre deux coups : renforcer son crédit vis-à-vis des États voisins producteurs de pétrole menacés par le régime irakien, tout en desserrant sa dépendance vis-à-vis de l'Arabie Saoudite grâce à l'éventuel levier d'un Irak pro-américain. Le lien entre le 11 Septembre et l'Irak n'était donc pas direct : c'était un

---

[1] Voir sur ce sujet l'excellent article de Mark Danner, « How Bush really won », in *New York Review of Books*, 13 janvier 2005.

jeu de billard à trois bandes. Autre chose que l'effet domino de l'École Perle qui ne serait, à suivre Hillel Fradkin, qu'une formule politicienne, destinée aux heures de grande audience sur la chaîne Fox News. Dans le dessein de ceux qui savaient vraiment, la lutte globale de l'Amérique contre l'Islam radical supposait, au nom d'une *Realpolitik* dont la froideur n'avait rien à envier à celle de John Mearsheimer, de lever à tout prix l'hypothèque Saddam Hussein.

La réponse est-elle satisfaisante ? Hillel Fradkin n'avait résolu jusqu'ici que la première partie du problème. En bon néo-conservateur, le réalisme politique ne saurait suffire : la morale doit s'y ajuster. Oui, l'intervention en Irak trouve sa cause immédiate dans une politique traditionnelle de *balance of power* visant à défendre au Moyen-Orient les intérêts américains. Mais en dernière analyse, la tête de la fusée américaine lancée en Mésopotamie trouve sa raison ultime et profonde dans une analyse d'ensemble du problème musulman, qu'Hillel Fradkin s'empresse de me dévider. C'est, selon lui, cette réflexion, inspirée sans doute par l'islamologue américain le plus écouté par l'équipe Bush, Bernard Lewis, qui a levé les derniers scrupules de Washington à déclencher la guerre. Cette arrière-pensée profonde qui a dicté la décision écarte l'objection de ceux qui voulaient voir une contradiction absurde dans une stratégie qui, visant à contenir l'Islam radical, commence par attaquer un des derniers grands pays laïcs du Moyen-Orient. La morale de l'Histoire, telle que me l'exposait maintenant le Pr Fradkin, prenait le pas sur les froides considérations tactiques de la politique énergétique américaine.

> « La montée en puissance de l'Islam radical comme idéologie coïncide, au Moyen-Orient, avec l'effondrement de l'idéologie nationaliste. La défaite de l'Égypte de Nasser dans la guerre des Six Jours a précipité cette mutation. Nasser fut le héros du mouvement non

aligné, dont le charisme allait bien au-delà du Moyen-Orient : il était admiré jusque dans l'Asie du Sud-Est. Son projet panarabe visait à instaurer dans les pays musulmans traditionnels des régimes nationalistes et socialistes modernes. Mais sur le chemin de son ambition d'unité politique du monde arabe, il s'est trouvé très vite en rivalité avec le régime saoudien. Au Caire et Ryad, s'opposaient deux conceptions de l'avenir du monde arabe, l'une nationaliste, l'autre islamiste. La répression de l'Islam radical des Frères Musulmans a été entreprise par Nasser comme une guerre larvée contre l'Arabie Saoudite et son modèle. Tant est si bien que les islamistes persécutés en Égypte ont trouvé refuge en Arabie Saoudite. Pour mémoire, je vous rappelle qu'il y avait parmi ces fugitifs le professeur d'Oussama Ben Laden en Arabie Saoudite, le frère de Sayed Qotb exécuté par Nasser. De leur côté, les Saoudiens ont réagi aux intimidations du régime de Nasser en recherchant des appuis dans le monde arabe et en jouant la carte du prosélytisme. C'est ainsi que, dès le début des années 60, ils ont créé des institutions, comme l'Association des étudiants musulmans, la Ligue mondiale des musulmans, pour propager leur forme d'Islam intégriste, le wahhabisme, et démontrer qu'elle était la plus authentique et la plus expansive. En réalité, derrière l'unité de façade du monde arabe, il y a eu une sorte de guerre civile au Moyen-Orient entre les régimes nationalistes laïcs et les régimes traditionalistes religieux. Et ce sont ces derniers, à tout le moins leurs représentants radicaux, qui ont gagné. Nasser fut incapable de contenir les Saoudiens. Le nationalisme arabe a perdu la partie. Bien sûr, je ne dis pas que les États arabes créés par le nationalisme n'existent plus, mais le nationalisme comme idéologie a perdu à partir de cette date toute sa crédibilité. Le premier à l'avoir compris est Bernard Lewis, dans un article de la revue *Commentary* intitulé

"Le retour de l'Islam", passé inaperçu lors de sa parution en 1976. Il ne parle pas à proprement parler de l'Islam radical – il faut attendre pour cela le livre de l'historien franco-israélien Emmanuel Sistan, publié en 1985 –, mais de l'Islam comme principe d'adhésion et de légitimation d'un projet politique panarabe. Il donnait d'excellents exemples, comme l'Égypte de Sadate, ou le Pakistan dont Kissinger avait fait le grand allié de l'Amérique. Le retour de l'Islam y était presque devenu irrésistible. Les régimes dictatoriaux des États-Nations ne pouvaient plus se passer de l'Islam-idéologie, leur nationalisme laïc ne galvanisait plus la rue arabe. L'attrait émotionnel était du côté de l'Islam et en particulier de l'Islam radical. Il a fallu du temps pour s'en apercevoir, mais dès les années 60, l'Islam radical a été le seul mouvement politique et idéologique en expansion dans le monde arabe. Rien ne le concurrençait. »

C'est dans cette analyse que la guerre d'Irak trouvait sa justification ultime. Pour Washington, le régime baassiste de Saddam Hussein n'était plus qu'une fiction politique, comme c'était le cas des autres nationalismes de la région qui avaient emprunté leur idéologie au jacobinisme, et créé sur ce modèle des États laïcs et égalitaires. En attaquant l'Irak, ce n'était pas ce modèle « français » que l'Amérique de Bush avait visé, mais son caractère usé, vieilli, et privé de toute légitimité populaire. Il était donc relativement facile à vaincre, ses sujets étant disposés à ne pas le regretter et à accueillir les Américains en libérateurs.

À partir de là, les néo-conservateurs pouvaient réaliser leur première expérience de démocratisation à marches forcées. À entendre Hillel Fradkin, la démocratisation préventive de l'Irak conçue par son ami Paul Wolfowitz était même inspirée par une sorte de générosité envers le sentiment religieux vivant dans le cœur des Irakiens et qui était resté trop longtemps opprimé par le laïcisme intolérant et persécuteur du baassisme de Saddam. Prévenant l'invasion de l'Islam radical, le régime de liberté apporté par les troupes américaines assurait à l'Islam irakien les voies d'une expression politiquement modérée. De ce pari gagné dans un pays clé du Moyen-Orient, découlerait le succès d'un cercle vertueux embrassant toute la région, y compris dans les pays où les islamistes radicaux jouissaient depuis longtemps des faveurs du pouvoir, ouvertement comme en Iran, indirectement comme en Arabie Saoudite. Brillante et hardie perspective, qui faisait de l'intervention militaire en Irak le premier chaînon d'une victoire progressive de l'Islam politique modéré sur l'Islam radical au Moyen-Orient, ce « Grand Moyen-Orient » si souvent évoqué par Condoleezza Rice. Cette politique aurait des retombées heureuses dans le conflit Israël-Palestine. Elle devait conduire à l'isolement du terrorisme du Hamas palestinien et du Hezbollah pro-iranien libanais et créer les conditions favorables à un règlement de fond du conflit. « Le chemin de Jérusalem passe par Bagdad », avait déclaré en 2003 Henry Kissinger, pour justifier le renversement de Saddam Hussein. Le lien véritable entre le 11 Septembre et l'Irak était ainsi bouclé.

Je tire mon chapeau à cette Amérique visionnaire et certaine du succès. Car, juste ou fausse, une telle stratégie à long terme tranche singulièrement avec les propos embarrassés et à courte vue que l'Europe a tenté de formuler pour lui donner la réplique. Elle se déploie dans le grand angle d'une authentique responsabilité américaine mondiale, héritière de celle qu'avait longtemps assumée l'Angleterre impériale, et cela notamment dans la région du monde la plus dramatique qui soit, mère de la civilisaiton, mère de nos trois religions, chargée de haines et objet de violentes amours.

Dans un intervalle de mon haletante conversation avec Hillel Fradkin, il me revint le souvenir de mes rencontres avec Frits Bolkestein et René Girard. À Paris, à Amsterdam, je les avais entendus l'un et l'autre déplorer l'incapacité des Européens à oser poser franchement le « problème musulman », sur lequel ils auraient dû avoir des idées à eux et les faire valoir. L'algarade franco-américaine sur l'Irak et sur la guerre n'avait été, selon eux, qu'une occasion manquée : c'était le moment ou jamais pour le Vieux Continent, fort de sa longue histoire avec les pays musulmans, d'affirmer face aux Américains une autre vision du problème de l'Islam que celle dont Hillel Fradkin m'avait donné la version américaine. Le vrai débat sur les relations entre les pays occidentaux et le monde musulman avait été étouffé dans l'œuf de l'anti-américanisme français. Grâce à Hillel Fradkin, j'étais revenu à ce débat manqué à Paris, et à mon tour, à Washington, dans le creux de ces conversations américaines, je constatais la gravité de l'absence d'un réel contrepoids européen, autre que de jérémiades vertueuses.

Devinant ma gêne, Fradkin reconnut bien volontiers que l'Amérique avait longtemps partagé, avec l'Europe, une même cécité lâche sur la question musulmane. Trop longtemps, pendant toute la guerre froide, ses compatriotes étaient restés attachés au prisme « national » sous lequel on l'abordait généralement alors, en sous-estimant le facteur décisif de l'Islam radical.

> « À cette époque, me dit-il, tout le monde considérait le nationalisme arabe comme l'avenir, comme ce qui allait structurer le monde arabe. La question israélo-arabe ne se posait pas elle-même en termes de terrorisme islamique. Cette question, que d'aucuns considèrent aujourd'hui comme le nœud de la solution au problème de l'Islam radical, était regardée à l'époque comme l'accident d'un conflit local. L'OLP était une organisation nationaliste et non une organisation islamiste. L'Amérique avec tout l'Occident pensait de cette manière. »

Cette cécité partagée par tout l'Occident est-elle une circonstance atténuante que mon interlocuteur est prêt à accorder à la politique inconséquente conduite par les leaders européens et américains des années 70 ? D'une certaine façon, oui. Le maître à penser du parti néoconservateur sur les affaires islamistes ne tient pas à jeter la pierre à l'administration Carter que d'autres, plus vindicatifs dans son camp, ont accusé d'avoir « laissé faire » la révolution islamiste de l'ayatollah Khomeiny. Je le félicite de sa mansuétude, sachant très bien que, comme les autres, il voue une haine farouche aux années Carter pour avoir introduit à la Maison Blanche les doutes de l'Amérique post-Vietnam. Au titre de Français, je m'invite volontiers à cette cérémonie du grand pardon, en accordant moi aussi l'absolution au président Valéry Giscard d'Estaing, qui a sur la conscience d'avoir cédé à l'avis du Shah en laissant Khomeiny, en exil politique à Neauphle-le-Château dans la banlieue parisienne, piloter depuis sa villa cette révolution fatale à l'Iran et funeste à l'Occident tout entier. L'ancien président de la République ne m'en saura pas gré, car il ne se prive pas dans ses *Mémoires* d'égratigner l'inconséquence de Jimmy Carter dans la gestion de la crise iranienne, se lavant les mains de sa décision de ne pas expulser de France le mollah Khomeiny[1]. Hillel Fradkin a peut-être raison. Carter comme Giscard ont été tous les deux, sur la question iranienne, aveuglés par leur temps.

Mon interlocuteur est beaucoup moins indulgent pour le président Jacques Chirac. Si le refus de reconnaître le problème de l'Islam radical peut être mis, dans le cas de VGE, sur le dos du conformisme d'une époque, l'aveuglement devient anachronisme dans le cas de Chirac. Le soutien apporté par l'actuel président de la République à Yasser Arafat, jusqu'à son dernier souffle, ne bénéficie

---

[1] Voir Valéry Giscard d'Estaing, *Le Pouvoir et la vie, op. cit.*, p. 85 et s.

pour Hillel Fradkin d'aucune circonstance atténuante. Les néo-conservateurs ont toujours considéré le symbole de la lutte nationale palestinienne, dont l'administration Clinton avait fait un Prix Nobel de la paix au lendemain des accords d'Oslo, comme un interlocuteur « *has been* ». Tapi comme un rat dans son QG assiégé et ruiné de Ramallah, Arafat fut déclaré à Washington en état de « mort cérébrale ». C'est aussi l'avis du spécialiste Hillel Fradkin. La lente agonie du leader palestinien fut aussi selon lui celle des dernières illusions de l'Occident sur la question arabo-musulmane vue au prisme des nationalismes. Je veux pousser mon interlocuteur dans ses derniers retranchements et le faire avouer son jugement sur le président français. Mais Hillel Fradkin est un gentleman : il sait user du compliment ironique en guise de condamnation sans appel. Il préfère évoquer le souvenir d'une époque, pas si lointaine que ça, la fin des années 70, où la France s'était montrée étonnamment pionnière du combat contre l'Islam radical. En comparaison, les dirigeants américains, contraints de suivre la règle du jeu binaire de la guerre froide, apparaissaient bien moins avisés.

« Si un pays a pris conscience très tôt du problème de l'Islam radical, me dit Hillel Fradkin, c'est bien la France ! Souvenez-vous, en novembre 1979, la Grande Mosquée de La Mecque est prise d'assaut par des islamistes radicaux pour protester contre le laxisme religieux autorisé selon eux par le régime saoudien. Pour expulser les rebelles, le Prince régnant d'Arabie Saoudite a fait appel aux troupes d'élite de la gendarmerie française. Pourquoi la France ? Était-ce au nom de l'expérience que l'armée française avait acquise en Algérie dans la lutte contre le FLN ? C'est une histoire extraordinaire. Aucun infidèle n'est autorisé à pénétrer dans les lieux saints. L'Amérique a été accusée par Ben Laden de profaner la religion islamiste en stationnant des troupes en Arabie Saoudite, à 500 kilomètres de La Mecque. Seuls les Français – fait unique dans l'histoire de La Mecque – ont eu, à cette occasion, le droit et le privilège, avec la bénédiction du chef des croyants de la dynastie saoudienne, d'y pénétrer pour bouter hors des lieux saints les extrémistes. Eh bien, voyez-vous, votre fermeté clairvoyante aurait dû nous inspirer ! Contrairement à vous, nous n'avons pas suffisamment porté attention à l'Islam radical, quand nous sommes entrés en Afghanistan avec les moudjahidin. On a cru bon de s'unir à eux comme des frères d'armes en soutenant leur guerre sainte ! Il fallait infliger une raclée aux Soviétiques fourbus. Du luxe ! On n'a pas prévu les terribles conséquences de ce qu'on faisait. »

J'ai reçu le message : quitte à être passéiste, Jacques Chirac aurait été bien inspiré de rappeler à sa mémoire cet événement aujourd'hui oublié plutôt que de s'obstiner à soutenir une politique arabe toujours aveuglée par les combats d'hier. Je croyais devoir m'en tenir là sur la France de Jacques Chirac, mais visiblement pris au jeu, Hillel Fradkin m'offre pour ma gouverne, avec la même franchise qu'il m'avait témoignée en me décrivant de l'intérieur comment l'administration Bush s'était décidée à entrer en guerre en Irak, son opinion sur ce qui sépare à ses yeux les deux rives de l'Atlantique sur la question des relations de l'Occident avec les pays musulmans. Ce bouquet final clôt mon mémorable entretien avec Hillel Fradkin.

« Le point de vue français sur le monde musulman est façonné par votre expérience coloniale. Il fut un temps en France où la colonisation suscitait beaucoup d'enthousiasme : elle suscite maintenant beaucoup de remords. Vous avez une très longue et très étroite relation avec le monde musulman, ou tout au moins une partie du monde musulman, qui a marqué l'élite politique française et même européenne, au moins depuis deux cents ans, depuis que Napoléon a envahi l'Égypte. Le "politiquement correct" qui étouffe le débat français sur le problème musulman a son origine dans votre mauvaise conscience d'un passé colonialiste. Aux États-Unis, nous n'avons pas cette mémoire. Nous commençons d'un tout autre point de départ.

« La seconde différence vient d'une prédilection du milieu intellectuel français pour la sociologie plutôt que pour les sciences politiques. Gilles Kepel, lui-même, appartient à cette école sociologique. Aux États-Unis, beaucoup d'intellectuels s'y reconnaissent, mais notre approche est dans l'ensemble assez différente. Le livre *Globalized Islam* d'Olivier Roy, qui est un livre très pertinent à bien des égards, poursuit lui aussi une analyse sociologique, selon laquelle le vrai gagnant de l'Islam de demain sera l'Europe. L'Europe y est décrite comme le creuset de l'Islam moderne. Il critique ce qu'il appelle le point de vue "orientaliste" pour qui l'Islam est une et une seule chose, incapable de s'acclimater en Occident, point de vue dont Bernard Lewis serait le principal représentant. "Les Orientalistes, dit-il, déforment la réalité." Mais il me semble que le sujet ne peut pas être évacué aussi facilement. Si les Occidentaux, et en particulier les Américains, se trompent parce qu'ils essentialisent l'Islam, force est de reconnaître que les wahhabites et les radicaux islamistes en font tout autant, et sur le terrain. Le point de vue d'Olivier Roy passe à côté du vrai problème qui est que, pour beaucoup de gens dans le monde musulman, l'Islam est une chose, et une seule, l'Oumma. C'est à cette réalité-là qu'on doit s'attaquer.

« Le dernier point qui m'apparaît saillant entre nous et vous, c'est la question d'Israël. Il y a tout d'abord un malentendu sur la question de savoir d'où vient la politique étrangère américaine. En gros, vous recourez plus ou moins à la théorie du complot, selon laquelle les juifs contrôlent Washington. Cette accusation est encore plus avouée dans le cas de l'administration Bush. Je pense que c'est faux. C'est d'autant plus faux que nous avons eu tour à tour une administration républicaine et démocrate, et l'une et l'autre sont restées pro-Israël. D'autant que le soutien particulier accordé à Israël dont on accuse l'administration Bush ne correspond à aucune réalité dans l'électorat républicain, puisque vous savez que les juifs américains votent en majorité démocrate.

« Ce qui est vrai, c'est que les Américains ont un vrai sentiment de sympathie à l'égard des Israéliens, en tout cas plus spontané que les Européens et les Français. Et il faudrait se demander pourquoi ! Sur quoi repose votre politique à l'égard d'Israël ? Une première explication, cynique, consiste à dire que les pays européens ont une communauté musulmane plus importante que l'Amérique. C'est un argument recevable. Mais on ne voit pas en quoi le fait d'avoir une politique différente de nous vis-à-vis d'Israël pourrait régler ce problème-là. Vous avez un problème avec une très large communauté de musulmans qui ne trouvent pas ses marques en France. Cette communauté, vous l'avez. Le fait que cette communauté soit là n'a rien à voir avec Israël, rien à voir avec l'existence ou non d'Israël. Ce sont deux questions qui n'ont aucun rapport. L'équation politique relative aux difficultés que vous pose votre communauté musulmane s'explique d'une part par la dynamique de votre marché du travail, qui a une proximité géographique avec l'Afrique du Nord, et d'autre part par votre relation historique avec l'Algérie. Pour être franc, un des buts de la politique française face à Israël, c'est d'éviter de regarder en face le problème que posent les musulmans en France et de régler la question. C'est un bouc émissaire qui vous dispense d'assumer vos propres responsabilités, tout en faisant porter la responsabilité sur quelqu'un d'autre. Si vous pensez que la disparition totale d'Israël va résoudre votre problème musulman, voilà une bonne raison pour ne rien faire, sauf laisser aller les choses d'elles-mêmes. C'est en effet de votre point de vue une conduite qui peut paraître séduisante. »

*

Paris, juin 2006.

Deux ans se sont écoulés depuis ma rencontre à Chicago avec John Mearsheimer. Deux ans pendant lesquels, dans l'isolement de son campus du Middle West, la guerre d'Irak n'a cessé d'être son obsession. Pourquoi l'Amérique s'est-elle égarée en s'engageant dans un conflit où elle n'avait rien à gagner et tout à perdre ? Aucune justification avancée par les néo-conservateurs ne tenait. Le professeur de sciences politiques butait sur le constat d'un aveuglement incompréhensible du parti au pouvoir, sans précédent à ce degré dans l'histoire de la politique étrangère américaine telle qu'il la comprend, c'est-à-dire invariable quelle que soit la majorité au pouvoir, dans son calcul rationnel de ce qui sert au mieux l'intérêt de la nation. S'en tenant au fait, rien qu'au fait, il a donc scrupuleusement pesé une à une les causes de cette singulière déviation, en prenant à la lettre, dans un sens bien différent de celui que lui avait donné le parti néo-conservateur, le mot célèbre de l'ancien secrétaire d'État Dean Acheson : « Une grande politique doit être plus claire que la vérité. » Le grand dessein libérateur de l'intervention américaine en Irak devait, pour être justifié, supporter un examen au laser qui ne devait laisser aucune ombre sur les causes réelles de cette guerre.

Je savais cela, mais je n'aurais jamais pensé que son analyse des motifs de la seconde guerre d'Irak le pousse à aller si loin. Et pourtant, c'est le même Mearsheimer qui s'est décidé à casser une fois pour toutes la baraque des néo-conservateurs en publiant, au printemps 2006, deux mois avant la seconde guerre israélo-libanaise, une suite explosive à son enquête de 2003 sur l'Amérique en guerre, sous ce titre pour le moins sulfureux : « Le lobby israélien et la politique étrangère américaine ». Mearsheimer avait fini par trouver la pièce manquante du puzzle irakien : le dessein sous-entendu d'assurer la sécurité de l'État hébreu au Moyen-Orient, par l'occupation américaine de la Mésopotamie. Si les attentats du 11 Septembre ont été une cause déterminante du choix d'entrée en guerre, ils n'ont pas été une cause suffisante. Selon Mearsheimer, sans l'influence du « lobby » qui avait fait pression à Washington bien avant le 11 Septembre pour le renversement de Saddam Hussein, cette guerre dont le résultat contraire à l'attente de ses inspirateurs place l'Amérique et Israël dans une position difficile au Moyen-Orient, n'aurait pas été déclenchée.

Ce brûlot avait pour garant un second auteur, Stephen Walt de la prestigieuse Kennedy School de Harvard. Quelle était l'argumentation des deux professeurs ? Ils ne critiquent pas l'existence, ni même l'efficacité du lobby israélien aux États-Unis, qui inscrit son action dans le droit commun des nombreux groupes de pression représentés à Washington. En revanche, ils contestent la politique jusqu'au-boutiste que les soutiens américains d'Israël encouragent, et que la Maison Blanche suivrait de trop près selon eux, car elle serait contraire à l'intérêt national des États-Unis, en entraînant des conséquences en termes de sécurité pour les Américains et pour le monde trop importantes pour ne pas être examinées froidement, aussi bien sur le plan stratégique que sur le plan moral. Ils constatent qu'aucun groupe d'intérêt n'a réussi à éloigner autant la politique étrangère américaine de ce que l'intérêt national américain recommande, en convainquant les Américains que les intérêts des États-Unis et d'Israël sont identiques. Selon les deux auteurs, l'alliance étroite de l'Amérique et d'Israël a été pendant la guerre froide un objectif stratégique de Washington au Moyen-Orient pour contenir l'influence soviétique de pays comme la Syrie ou l'Égypte. Mais cette « relation spéciale » apparaît aujourd'hui comme un fardeau dans la guerre contre le terrorisme et la politique américaine de lutte contre les « États voyous ».

John Mearsheimer (car c'est bien lui qui tient la plume) ne conteste pas non plus l'alliance entre Israël et les États-Unis. Mais il critique le soutien excessif apporté à Washington à l'État hébreu qui lui lie les mains au Moyen-Orient, en l'empêchant de jouer tout rôle d'arbitre. Son étude de la relation spéciale entre les deux pays remonte à 1976. À partir de cette date, Israël est devenu le premier pays bénéficiaire en aides directes économiques et militaires des États-Unis. À partir de 1982, les États-Unis ont apporté un soutien diplomatique sans faille à l'État hébreu en apposant 32 vetos aux résolutions discutées au Conseil de sécurité visant à condamner la politique d'Israël dans les Territoires occupés. Sur le plan de la défense, les États-Unis ont laissé Israël obtenir la bombe, en protégeant le pays de tout contrôle de l'International Atomic Agency. À partir de la première guerre du Golfe, l'Amérique adopta pour le Moyen-Orient une doctrine de *dual containment* mise en œuvre sous les années Clinton, en plaçant sous embargo l'Irak et l'Iran, les deux grands États du Moyen-Orient par lesquels dans le passé l'Amérique avait assuré ses intérêts dans la région par une politique d'équilibre des puissances. La doctrine du changement de régime de l'administration Bush s'inscrit dans cette continuité, visant, en dernière analyse, à garantir à Israël une plus grande sécurité au Moyen-

Orient. La guerre d'Irak apparaît dès lors comme l'opération la plus spectaculaire jamais engagée par l'Amérique au nom de la « relation spéciale » entretenue entre les États-Unis et Israël. Avec le vote par le Congrès le 12 décembre 2003 du Syria Accountability Act, Damas, dernière capitale indépendante de la région grâce à laquelle l'Amérique avait conduit sa politique d'équilibre des puissances par le passé, se voyait à son tour soumise à des sanctions. Mais cette fois-ci, l'administration Bush avait réussi à impliquer la communauté internationale par le vote de la résolution 1559, en obtenant que la France fît le sacrifice de son allié syrien en échange de la promesse de Washington de conforter Paris dans son rôle traditionnel de protecteur du Liban.

Rétrospectivement, je voyais mieux pourquoi le Quai d'Orsay s'était bien gardé de faire de John Mearsheimer le relais académique aux États-Unis de la politique française sur l'Irak. Un tel allié aurait été bien trop compromettant. En s'avançant sur le terrain douteux du « lobby juif », l'intellectuel américain anti-guerre le plus proche en principe de la ligne du Quai d'Orsay ne risquait-il pas de faire peser un discrédit supplémentaire sur la politique de Jacques Chirac en donnant raison aux critiques des néo-conservateurs ? Car si ce document prouvait quelque chose, c'était bien qu'Hillel Fradkin n'avait pas tout à fait tort de suspecter une antipathie à l'égard d'Israël au fond de l'opposition de Paris à cette guerre en Irak.

Par comparaison, l'opération diplomatique d'un Bernard-Henri Lévy paraissait beaucoup plus judicieuse pour tenter de rapprocher Paris et Washington. Dans *American Vertigo*, BHL s'efforce de dissocier la défense des intérêts d'Israël, auxquels il est attaché, et la seconde guerre d'Irak, dont il fut un de nos rares « nouveaux philosophes » à combattre le principe. *American Vertigo* sauve l'honneur de la France, en ôtant tout soupçon d'antisémitisme à la politique de Jacques Chirac hostile à la guerre d'Irak. Son auteur va jusqu'à se faire le censeur sévère de l'anti-américanisme de notre classe politique française. John Mearsheimer, lui, ne s'embarrassait pas de telles subtilités parisiennes. Il faisait éclater toute tentative de conciliation entre la France de Jacques Chirac et l'Amérique de Bush, en faisant gicler la question ultrasensible d'Israël du fond de leur désaccord.

Initialement commandée par la revue *The Atlantic Monthly* – l'éditeur du reportage de Bernard-Henri Lévy en Amérique sur les traces de Tocqueville – l'essai de John Mearsheimer sur le lobby israélien et la politique étrangère américaine fut refusé de publication par le directeur de cette revue. Il trouva finalement une tribune en Angleterre dans les colonnes de la *London Review of Books*, le 23 mars 2006, rivale de gauche du *Times Literary Supplement* à Londres. La publication de ce document de l'autre côté de l'Atlantique risquait de tourner à la mise en quarantaine et son histoire aurait pu s'arrêter là. Depuis la résolution 1559 du Conseil de sécurité sur le retrait syrien du Liban, Paris et Washington s'étaient décidés à enterrer leur hache de guerre. Il n'était ni dans l'intérêt de l'un ou de l'autre de rouvrir les plaies. Il était prévisible que, plus isolé que jamais aux États-Unis, John Mearsheimer ne réussirait pas, cette fois encore, à briser la solidarité à toute épreuve que les maîtres de l'opinion américaine lui avaient toujours opposée, et surtout sur la thèse nouvelle sous sa plume qu'il osait défendre à l'étranger.

Sa sévère mise en cause du « lobby » visait en particulier les ténors du parti néo-conservateur, qu'il citait nommément – et parmi eux plusieurs de ceux que j'avais rencontrés et dont j'ai rapporté les propos –, tous impliqués dans une nébuleuse de relais d'opinion enveloppant le pouvoir de la première puissance mondiale, et l'inclinant à appuyer sans faille la politique, quelle qu'elle fût, du pouvoir israélien. John Mearsheimer n'épargnait ni le stratège Paul Wolfowitz, ni l'islamologue Bernard Lewis, ni le publiciste William Kristol, ni l'ambassadeur américain à l'ONU John Bolton ; il faisait aussi sortir de la pénombre les représentants au Congrès de la droite évangéliste sudiste, les Tim DeLay, Jerry Falwell et Pat Robertson, tous convertis à l'idée que la restauration du pouvoir temporel d'Israël en Palestine est le prélude annoncé par l'Apocalypse du *Second Coming* du Christ. John Mearsheimer mettait également dans le même sac du lobby les puissants *think tanks* qui ont l'oreille de la Maison Blanche, comme le Hudson Institute dont une des lumières est mon ami Hillel Fradkin, et l'American Enterprise Institute, longtemps présidée par Irving Kristol dont le fils, Bill, dirige *The Weekly Standard*, la revue tenue à juste titre par la gauche américaine comme l'expression officielle du parti néo-conservateur. L'illustre hebdomadaire démocrate, *The New Republic*, où caracole le faucon humanitaire Leon Wieseltier, figurait lui aussi parmi les rouages du lobby démontés par le mécanicien de Chicago. Tous, de près ou de loin, étaient accusés d'être en cheville avec les démarcheurs officiels du gouvernement israélien auprès du Congrès, l'American Israel Public Affairs Committee (AIPAC), lequel exerce son influence dans le cadre on ne peut plus légal des nombreux groupes de pression aux États-Unis. Bref, avec cette description d'un paysage jusqu'ici connu des seuls initiés, John Mearsheimer s'attaquait en fait au Tout-Washington, et pas seulement celui de George W. Bush. Quel pays ne se serait pas senti botté en touche par un pareil déshabillage, même opéré par une « tête d'œuf » professorale qui n'avait jusqu'ici jamais eu accès aux *sunlights* ?

Mais voilà : après quelques semaines de silence embarrassé, l'Amérique a choisi de soumettre malgré tout à l'examen critique et contradictoire une thèse qui peut sembler apporter de l'eau au moulin de ses ennemis les plus radicaux et infréquentables d'Europe et du Moyen-Orient, mais qui n'en émane pas moins de deux autorités sérieuses en matière de sciences politiques. Belle leçon infligée aux Français ! Contre toute attente, alors que les médias hexagonaux étouffèrent l'affaire, un débat public s'est ouvert aux États-Unis autour d'un acte d'accusation qui aurait dû attiser la gourmandise de l'anti-américanisme français, de droite comme de gauche. Qui eût cru que, sur la question d'Israël, la France se montre plus asservie au « politiquement correct » que l'Amérique, la meilleure alliée sans aucun doute de l'État hébreu ?

À dire vrai, l'idée que l'un des objectifs de la guerre d'Irak ait été de garantir une fois pour toutes la sécurité d'Israël n'était pas une nouveauté pour moi. Elle ne m'apparaissait pas suspecte non plus. À Washington, Leon Wieseltier, le célèbre responsable des pages Culture du *New Republic*, qui avait été si féroce envers Dominique de Villepin écrivain, avait explicitement invoqué devant moi cette raison légitime à son soutien des premières décisions de l'administration Bush. L'absence constatée d'armes de destruction massive dans les hangars irakiens de Saddam Hussein avait poussé, par la suite, ce faucon humanitaire à se dissocier de la politique des néo-conservateurs : elle avait sottement manqué le coche et obtenu le contraire de l'objectif recherché, en remettant en selle la puissance de Téhéran, directement pointée contre Tel-Aviv et Jérusalem. Et il était clair que si Leon Wieseltier s'était retourné contre les choix de l'administration Bush, c'était toujours au nom de la sécurité de l'État d'Israël, compromise par l'aventure irakienne ; aussi avait-il fait campagne pour John Kerry dans l'espoir que celui-ci saurait redresser la situation. Pour autant, l'anti-bushisme de Leon Wieseltier n'était pas disposé à se rallier aux arguments d'un John Mearsheimer. Il ne pouvait pas non plus les ignorer.

Le 6 avril 2006, *The New Republic* a ouvert les hostilités, prenant violemment à partie l'article de John Mearsheimer et de Stephen Walt, et emboîtant le pas à Eliot A. Cohen qui, dans le *Washington Post*, en venait à accuser les auteurs d'« antisémitisme ». Après quinze jours d'un silence embarrassant, Tony Judt, dans une tribune du *New York Times*, parue le 19 avril 2006, sortit du bois pour prendre parti pour les deux universitaires[1]. Il déplorait « l'hystérie [qui] s'est manifestée en guise de réponse à l'essai de Mearsheimer », et « le silence virtuel des principaux médias ». Le résultat, c'était un « manque [regrettable] de considération pour un sujet de première importance pour la politique internationale », une forme d'« autocensure » nuisible pour les juifs, dangereuse pour Israël, et surtout nocive pour les États-Unis, la nation par excellence de la liberté d'expression.

> « Il ne sera pas évident, ajoute-t-il, d'expliquer aux futures générations d'Américains pourquoi le destin de leur pays, celui d'une puissance impériale et internationale comme les États-Unis, est si étroitement aligné sur un petit et controversé État client de la Méditerranée. »

La polémique était lancée.

Quelques jours plus tard, ce fut au quotidien israélien de centre gauche, *Haaretz,* de prendre position par la voix de Daniel Levy, ancien conseiller d'Ehud Barak et initiateur de la conférence de Genève. Tout en critiquant la faiblesse de certains arguments mis en avant par les auteurs, il écrivait qu'il serait « irresponsable » d'ignorer « son propos à la fois sérieux et dérangeant ». Au lieu d'encourager le lobby israélien de Washington à pousser les dirigeants américains à le soutenir « sans réserve », « le gouvernement israélien doit comprendre que le monde n'attendra pas indéfiniment le moment où Israël se retirera des Territoires occupés. Il doit comprendre que l'opinion exprimée par Mearsheimer risque de trouver dans la politique américaine un écho favorable, si Israël ne change pas rapidement la réalité politique ». Cette

---

[1] Tony Judt, « A Lobby, Not a Conspiracy », in *New York Times*, 19 avril 2006.

distinction entre les intérêts supérieurs, et à long terme d'Israël, et les politiques de ses gouvernements honorait l'honnêteté du journal et servait la réputation démocratique de la société israélienne.

Mais c'est sans aucun doute l'intervention de la *New York Review of Books* qui fut dans cette affaire la plus explosive, car elle révélait l'effet produit par le réquisitoire de Mearsheimer sur l'intelligentsia américaine anti-Bush. La brillante revue dirigée par Bob Silvers ne se contenta pas seulement de prendre parti sur le fond pour la thèse du professeur de Chicago, elle la complétait et renforçait sous la plume de Michael Massing, par une enquête approfondie sur le cadre légal du fonctionnement des lobbys auprès du Congrès et sur les méthodes mises en œuvre par l'AIPAC pour parvenir à ses fins particulières. L'auteur se voulait prudent et il insistait sur ce qui sépare les activités et les intentions du lobby politique pro-israélien des sentiments partagés par la majorité des juifs américains, favorables à un retrait des Territoires occupés par Israël et dont le vote est traditionnellement « libéral », c'est-à-dire démocrate de gauche. Cela mettait à l'aise l'enquêteur pour descendre dans les arrière-cuisines de la vie parlementaire américaine, où le *fund raising* est utilisé par les lobbys pour exercer ce qu'il faut bien appeler un chantage sur les sénateurs et les députés, afin d'obtenir d'eux un engagement sur la cause qu'ils représentent. Michael Massing se montrait décidé à mettre une à une toutes les cartes sur la table, quitte à éclabousser en chemin la grande favorite démocrate des élections de novembre, Hillary Clinton. Il révèle entre autres comment celle-ci a changé de cap. Hillary Clinton n'a pas toujours été du côté des ultras du gouvernement israélien. En 1998, elle s'est prononcée pour la reconnaissance officielle d'un État palestinien et en 1999 elle a embrassé publiquement Suha Arafat, l'épouse de Yasser Arafat, en signe de sympathie pour la cause du Fatah. Or la voilà devenue la candidate la plus choyée du lobby pro-Sharon et pro-

Olmert. Selon Michael Massing, qui n'a pas été démenti, elle aurait reçu de l'AIPAC le plus gros financement, soit 80 000 dollars, pour sa campagne, en gage d'un soutien indéfectible à la politique actuelle du gouvernement d'Israël.

John Mearsheimer pouvait être content : il avait piqué au vif le Washington néo-conservateur, et gagné pour la première fois le soutien d'une partie de l'intelligentsia libérale opposée à l'administration Bush. Outre le coup d'éclat en sa faveur de Michael Massing, il avait enregistré le soutien de Zbigniew Brzezinski, l'ancien conseiller pour la Sécurité nationale de l'administration Carter, dans un article publié dans le numéro d'été de *Foreign Policy*[1]. Mearsheimer avait-il obtenu de replacer la question israélo-arabe, éclipsée par le front irakien, au centre du débat controversé sur la politique étrangère de l'administration Bush ? Certainement pas. Mais le coup de projecteur qu'il avait lancé sur le lobby inconditionnel opérant à Washington avait levé un tabou, et endommagé sérieusement le décor patriotique dans lequel l'équipe Bush s'était confortablement logée. Deux mois plus tard, le déclenchement de la seconde guerre israélo-libanaise mettait en évidence des signes de division au sein même de l'administration Bush, à l'occasion d'un conflit dont la conduite mettait directement en jeu la sécurité présente et future d'Israël.

*

L'été 2006 a accumulé non seulement des destructions et massacres des deux côtés de la frontière israélo-libanaise, mais des menaces pour l'avenir proche. Dans le

---

[1] La revue *Commentaire*, dans son numéro d'automne 2006, a publié la traduction intégrale de ce débat.

Sud-Liban une guerre par procuration entre l'Amérique et l'Iran se profile, et il est à craindre qu'elle n'incite à une confrontation directe entre Téhéran et Washington. C'est là le cauchemar de Jacques Chirac. Le président français ne veut pas de guerre avant la fin de son second mandat : toute sa diplomatie a été mise en ordre de marche pour tenter de repousser les échéances. Son opposition à l'intervention américaine en Irak trois ans plus tôt suffit à honorer son bilan international devant l'Histoire. La France avait alors pris un risque considérable. Mais elle avait tenu le choc contre les foudres américaines, tout en conservant une position de neutralité, qui lui a valu d'être épargnée par les menaces d'Al Qaida. Elle est sortie grandie de cette épreuve aux yeux de tous, au fur et à mesure que les conséquences de l'intervention américaine en Irak sont allées à contresens de ce qu'attendait Washington. Ce crédit moral est devenu le trésor de guerre de Jacques Chirac, qu'il ne veut surtout pas compromettre en se laissant forcer la main pour impliquer la France dans un nouveau conflit à grande échelle possible et même probable au Moyen-Orient. Or, selon un paradoxe dont il est coutumier, voilà que c'est en chef d'État-major qu'il finira son mandat, à la tête d'une armée européenne et musulmane de 15 000 hommes mobilisés au Sud-Liban, entre les feux croisés de deux machines de guerre hostiles, le Hezbollah armé par Téhéran, et Israël armé par Washington. Notre Gandhi national s'est finalement résolu, contre l'avis de ses généraux, à prendre les armes dans une situation où un chat ne reconnaîtrait pas ses petits. Un mois après cette décision, souhaitée à Washington et à Jérusalem, le N° 2 d'Al Qaida proférait pour la première fois des menaces d'attentats sur le territoire français.

George W. Bush a su y mettre du sien pour convaincre le président français de s'engager à fond dans sa guerre contre le terrorisme et pour la civilisation. Lui a-t-il expliqué qu'il avait enfin compris les limites de sa politique unilatérale, qu'il avait reconnu le prix de l'alliance française et européenne, qu'il saurait désormais tenir la balance égale entre Londres et Paris ? Son interlocuteur français a-t-il voulu saisir l'occasion de s'affirmer dans un rôle traditionnel de « protecteur du Liban » et de concurrencer Tony Blair dans le rôle de « meilleur allié » des États-Unis, comme au temps de la première guerre du Golfe ? Blair annonce qu'il se retirera du pouvoir en 2007. Et George W. Bush a su se faire touchant en prononçant des mots allant droit au cœur de l'homme de l'Élysée :

> « La France est une amie. La France est une alliée. Le président Chirac a dit très clairement que la démocratie au Liban est importante. Nous avons des intérêts communs avec la France. C'est un acteur très important de la scène internationale et elle sera un acteur très important au Liban [1]. »

Les temps ont bien changé depuis l'été 2004, où George W. Bush répétait à qui voulait l'entendre son admiration pour le dissident soviétique immigré en Israël, Natan Sharansky, qui fut un temps ministre d'Ariel Sharon, dont il considérait le livre, *The Case for Democracy*, comme la matrice de sa conception militaire de la politique étrangère au service de la liberté [2]. Dans l'été 2006, George W. Bush a découvert *L'Étranger* d'Albert Camus et il l'a fait savoir. Ses adversaires politiques aux États-Unis ont immédiatement fait des choux gras de cette révélation littéraire chez un « Mr President » qui lit peu, et ont ironisé sur le sens caché de ce singulier

---

[1] In « Aux États-Unis, seul George Bush défend la France, durement critiquée », *Le Monde*, 22 août 2006.
[2] Natan Sharansky et Ron Dermer, *The Case for Democracy : The Power of Freedom to overcome tyranny and terror*, New York, Public Affairs, nouvelle édition, 2006.

devoir de vacances. Dans le *New York Times* [1], la perfide Maureen Dowd a vu dans le personnage de Meursault, qui avait enchanté Bush, le miroir d'une présidence déphasée et indifférente à ce qui l'entoure, traversée par le vide de l'absurde qui fait verser le sang pour rien ; Meursault, un tueur d'Arabes sans raison. On aurait pu interpréter la chose autrement. Le président américain n'avait après tout pas si mal choisi son auteur pour se convertir à notre littérature. Camus est oublié de ce côté de l'Atlantique. Mais à la Maison Blanche, on rappelait le souvenir de l'honnête homme qui avait osé proclamer contre Sartre qu'il préférait sa mère à la justice. En pleine guerre d'Algérie. Au temps de la Bataille d'Alger. Et si Bush était sensible à cet argument ?

Paradoxalement, la lecture de l'étude critique de John Mearsheimer apporte des preuves qui forcent à reconnaître, dans une certaine mesure, la bonne foi du président américain. Le fond de la critique du « lobby » par le professeur repose sur l'étude des rivalités de pouvoir qui se sont exercées au lendemain du 11 Septembre au sein de l'administration américaine. Les intentions du président américain y apparaissent moins invariables que sa politique unilatérale pourrait le laisser croire.

Un chapitre important de cet essai anti-Bush montre en effet comment, au lendemain du 11 Septembre, l'administration américaine, au moment même où elle attaquait l'Afghanistan avec le soutien de l'Otan pour mettre hors d'état de nuire Ben Laden protégé par le régime des Talibans, avait fait de la résolution du conflit israélo-palestinien une condition politique essentielle de sa reconquête de l'opinion musulmane. De l'automne 2001 au printemps 2002, s'est écoulée une période où la diplomatie américaine dirigée par Colin Powell s'est résolue à exercer une pression diplomatique sur Israël

---

[1] Maureen Dowd, « Camus comes to Crawford », in *New York Times*, 16 août 2006.

pour pousser l'État hébreu à négocier un accord de paix avec les Palestiniens.

Qui se souvient aujourd'hui des déclarations d'Ariel Sharon, comparant George Bush à Neville Chamberlain, et accusant le président américain d'essayer d'apaiser le monde arabe aux dépens d'Israël ? « Israël ne sera pas une nouvelle Tchécoslovaquie ! » concluait le Premier ministre israélien. Dans cette période oubliée aujourd'hui, Washington se prononça pour la création d'un État palestinien, mettant en demeure officiellement l'armée israélienne de cesser ses incursions dans la bande de Gaza. La diplomatie américaine exigea en outre du ministre des Affaires étrangères israélien, Shimon Peres, une rencontre avec le chef palestinien démocratiquement élu Yasser Arafat. Clinton n'aurait pas fait mieux.

Comment ce bras de fer entre l'Amérique de Bush et Israël a-t-il pu se transformer en une alliance de fer scellée entre Bush et Sharon, avec pour conséquence le désaveu de Colin Powell, à son retour d'une mission diplomatique au Moyen-Orient au printemps 2002, et le feu vert donné à la stratégie des néo-conservateurs en Irak ? Pour Mearsheimer, « ce furent les forces pro-Israël aux États-Unis et non pas Sharon ou Israël qui ont joué le premier rôle pour faire plier Bush et Powell », aboutissant à l'enterrement du processus de paix de Camp David, à l'isolement de Yasser Arafat, à la disgrâce de Colin Powell et à l'alignement de Washington sur la politique de Sharon, prétendant résoudre de façon unilatérale la question palestinienne par le retrait de la bande Gaza couplé à une expansion dans les autres territoires occupés. La solution politique par la création d'un État palestinien, que l'administration Bush a considérée un temps comme un préalable indispensable à la lutte contre le terrorisme islamique, s'est vue brusquement transportée à Bagdad, où devait commencer le processus de démocratisation contagieux dont Israël devait être l'un des premiers bénéficiaires.

L'échafaudage par les néo-conservateurs d'une stratégie mirobolante, propre à résoudre la quadrature du cercle et à éliminer l'Islam radical en contournant la question israélo-palestinienne, explique, selon John Mearsheimer, le dérèglement inquiétant de la politique étrangère américaine aux dépens des intérêts des États-Unis. Le patriotisme qui anime sa critique est tel qu'il ne renonce pas à sauver malgré lui le Roi élu de la nation, et ce en dépit de toutes les erreurs de son administration : à croire en lisant sa critique que ce n'est pas le Roi qui est incapable, mais ses ministres, ses conseillers, son entourage. Vouant un immense respect à la fonction présidentielle et une non moins grande confiance dans les destinées de son pays, John Mearsheimer se refuse, dans son essai-pamphlet, à admettre que la raison d'État de l'Amérique ait complètement perdu la tête, et qu'elle ne puisse finir par retrouver le droit chemin de toujours. Il y a depuis le 11 Septembre des luttes d'influence autour du trône du Bureau ovale. En les évoquant, Mearsheimer a donné à entendre, avec trois mois d'avance, les craquements que la guerre israélo-libanaise a révélés à l'intérieur du « système » Bush.

De l'Irak au Liban, tout se passe comme si la politique étrangère américaine était en train de s'éveiller d'un bref égarement. Sa ligne de force enfouie un moment dans les nuées de l'« Irak démocratique » avait resurgi, et cette ligne de force c'est bien la garantie réelle de la sécurité d'Israël. Parmi les soutiens de l'administration Bush, les néo-conservateurs purs et durs, tel Bill Kristol, ne dissimulent plus désormais leur hostilité envers la diplomatie de Condoleezza Rice, jugée trop encline, comme son prédécesseur Colin Powell, à écouter une opinion européenne qui a obtenu le vote de la résolution 1701, retenant Israël de pousser plus loin son nettoyage du Hezbollah pro-iranien et la destruction des infrastructures du Liban. En 2002, le parti néo-conservateur avait obtenu la peau de Colin Powell, en l'accusant par la voix de Bill

Kristol d'« oblitérer la distinction entre les terroristes et ceux qui combattent les terroristes ». Aujourd'hui sur la défensive, Bill Kristol affirme que le recul imposé à l'armée israélienne au Liban est aussi une défaite de l'administration Bush, plaçant l'Amérique en position de faiblesse dans son bras de fer avec l'Iran d'Ahmadinejad[1]. De son côté, Richard Perle accuse Condoleezza Rice d'« avancer dans la brume d'une diplomatie qui s'accommode de concessions avec ses alliés, quand ces mêmes alliés prônent une politique d'apaisement avec nos ennemis[2] ».

Chassez le naturel, il revient au galop : l'aggravation des menaces qui pèsent aujourd'hui sur Israël du fait du chaos irakien et du réveil chiite qui en est l'effet politique majeur, au lieu du soulagement de l'État hébreu qui avait été prévu, a replacé la question israélo-arabe au centre du débat sur la politique américaine au Moyen-Orient. De ce point de vue, John Mearsheimer n'a fait que devancer le cours des événements.

*

Paris, automne 2006.

À moins d'un mois des élections au Congrès, le retour sur le devant de la scène politique de James Baker est un signe qui ne trompe pas, même vu de Paris. Ses ennemis le surnomment aux États-Unis « l'éboueur » de la famille Bush, depuis qu'en 2000 cet avocat texan, ancien secrétaire d'État de Bush père, a dénoué l'imbroglio du

---

[1] William Kristol, « The Bugs Bunny Democrats », in *The Weekly Standard*, 21 août 2006.
[2] Richard Perle, « Why did Bush Blink on Iran ? (Ask Condi) », in *The Washington Post*, 25 juin 2006.

comptage des voix de l'État de Floride à la faveur de Bush fils, obtenant à l'arraché la décision de la Cour suprême de valider son élection à la Maison Blanche. Cette fois-ci, George W. Bush a fait appel à lui pour prendre les devants de la défaite électorale annoncée du 7 novembre 2006.

Au printemps dernier, James Baker a créé avec le démocrate Lee Hamilton « un groupe d'étude pour l'Irak », anticipant une approche bipartisane de la gestion de la guerre. Depuis six mois, dans l'ombre des discours jusqu'au-boutistes de la Maison Blanche, les grandes manœuvres se multiplient pour trouver ce qu'on appelle à Washington une *exit strategy*. Dans la presse, les grandes orientations de cette « sortie de crise » ont déjà filtré : Baker serait ainsi favorable à un retour du dialogue avec l'Iran et la Syrie pour sortir l'Amérique de son incapacité à jouer un rôle d'arbitre au Moyen-Orient. Il souhaiterait revenir au cadre multilatéral de la conférence de Sharm el-Sheikh qui s'était tenue il y a deux ans sans succès, pour impliquer tous les États arabes voisins dans un règlement régional de la crise irakienne. En somme, le retour de la bonne vieille politique traditionnelle du *balance of power* au Moyen-Orient. George W. Bush a beau réaffirmer son refus de toute main tendue à ses ennemis, le plan Baker, négocié avec lui, montre désormais que le président américain ne peut plus faire l'économie d'aucune solution.

La mission secrète à Damas du conseiller diplomatique de Tony Blair, Sir Nigel Sheinwald, est-elle la première manifestation liée à cette diplomatie orchestrée dans l'ombre de la Maison Blanche ? « Aucune des préoccupations vitales de la Grande-Bretagne ne peut être envisagée et encore moins résolue sans l'Amérique », a déclaré le Premier ministre britannique au lendemain de la défaite électorale des républicains du 7 novembre. En retrait depuis que Washington a convaincu Paris d'être le meilleur allié des États-Unis au Liban, Tony

Blair serait-il devenu le petit soldat du plan Baker, profitant du gel des relations entre la France et la Syrie pour compter, comme il a toujours su le faire, dans le jeu américain ? Au cours de son discours annuel à la City, le 13 novembre 2006, Tony Blair est allé jusqu'à prendre pour la première fois le contre-pied de la stratégie des néo-conservateurs en Irak, en affirmant que la question palestinienne était le « cœur du problème » au Moyen-Orient. À Londres aussi, les grandes manœuvres ont commencé.

À Washington, les néo-conservateurs ont vu de loin le vent tourner. Ils savent qu'ils ne pourront pas cette fois-ci avoir la peau de Condoleezza Rice, comme ils avaient eu celle de Colin Powell au lendemain de la réélection de leur président en 2004. Le flirt de l'avocat de la famille Bush avec le parti démocrate ne leur dit rien qui vaille. Ils se sont mis très vite d'accord sur leur scénario de sortie de crise : ils quitteront le navire de l'administration Bush pour être libres de dire leur vérité sur la guerre d'Irak.

Octobre 2006 – Washington DC. La banlieue de la capitale politique et militaire des États-Unis évoque encore la nature luxuriante des forêts du Nouveau Monde traversées par Chateaubriand. L'ancien patron du Policy Board du Pentagone, le néo-conservateur très francophile Richard Perle, a donné rendez-vous à son domicile au grand reporter du magazine *Vanity Fair*, David Rose, pour préparer l'après-7 novembre. Le journaliste a obtenu de lui un entretien-vérité sur l'Irak et sur l'administration Bush. Richard Perle n'a pas été le seul à accepter la proposition de *Vanity Fair*. D'autres figures du parti néo-conservateur, comme Michael Leeden de l'American Enterprise Institute, Eliot Cohen de la Johns Hopkins School, ou bien Kenneth Adelman, ancien du Pentagone, se sont prêtés au jeu. Ce sera leur dernière salve[1]. Tous ensemble, ils ont décidé de faire état des dysfonctionnements à l'intérieur et à la tête de l'administration Bush, dans la mise en œuvre de leur grand projet politique en Irak. Les décisions n'auraient pas été prises comme elles auraient dû l'être. Leurs recommandations pour gagner l'après-guerre n'auraient pas été suivies des faits. Ils n'auraient eu en définitive que peu d'influence dans la conduite de la politique en Irak, telle qu'elle s'est concrétisée sur le terrain. Pour eux, seul George W. Bush et l'incompétence de son administration sont responsables de la défaite. La « défaite » : ils ont osé pour la première fois prononcer le mot. « La défaite totale, a confié à David Rose Richard Perle, c'est-à-dire un retrait américain sans condition, qui laisse l'Irak dans l'anarchie complète, n'est plus seulement possible, mais devient même désormais probable. » Par un retournement de l'histoire, les néo-conservateurs, qui ont été les premiers à illusionner l'opinion américaine sur le bien-fondé de la guerre en Irak, ne sont pas les derniers à déclarer l'Amérique vaincue.

---

[1] « Neo-Culpa », David Rose, *Vanity Fair*, Janvier 2007. Des extraits de ces entretiens ont été publiés sur le site Internet du magazine quelques jours avant la défaite électorale du parti républicain au Congrès.

CHAPITRE 7

DANS LE MIROIR AMÉRICAIN

> « *La France exalte ses intellectuels qui la vomissent, les États-Unis sont sans indulgence à l'égard des leurs qui les exaltent.* »
>
> RAYMOND ARON,
> *L'Opium des intellectuels*

Washington, juin 2005.

Notre rendez-vous sera repoussé d'une heure : dans la salle d'attente de la rédaction du *Weekly Standard*, la secrétaire du boss vient m'annoncer que Bill Kristol a été convoqué d'urgence à la Maison Blanche par Condoleezza Rice, pour une réunion consacrée à la situation européenne après l'échec du référendum français et danois sur la Constitution. Nous sommes le 16 juin 2005.

Bill Kristol a fondé en 1995 le *Weekly Standard* avec des capitaux du magnat américano-australien Rupert Murdoch. Ce journal est au petit monde de Washington ce que la chaîne Fox News est à l'Amérique des provinces profondes : un puissant outil d'action psychologique au service du parti néo-conservateur et de l'administration Bush. Ses bureaux au numéro 1150 de la 17e Rue sont installés à la même adresse que l'American

Enterprise Institute, le *think tank* par excellence de la droite républicaine, logé dans le même immeuble un étage plus haut. C'est une enseigne historique de la famille Kristol. Le père de Bill, Irving, surnommé aux États-Unis le « parrain » des néo-conservateurs, avait choisi l'American Enterprise Institute pour quartier général de sa propre révolution, après avoir rompu avec le parti démocrate. Passant avec armes et bagages au camp adverse, il soutient aux élections de 1972 la candidature de Richard Nixon contre celle du sénateur McGovern. Le *Weekly Standard*, imprimé sur du papier gris de mauvaise qualité, est réputé pour ses articles longs et austères, qui font de lui le rival d'une autre revue pour « têtes d'œuf » du camp démocrate, l'*American Prospect*, fondée en 1990 par Robert Kuttner. En Europe, l'hebdomadaire de Bill Kristol a servi de modèle au quotidien *Il Foglio* créé en 1996 par Giuliano Ferrara, et financé par la belle Madame Berlusconi qui se pique d'intellectualité. Cette feuille quotidienne très bien écrite est devenue la tête chercheuse d'un néo-conservatisme à l'italienne, avec Rupert Murdoch toujours en embuscade. Un an après son soutien apporté à la guerre de Bush en Irak, le chef du gouvernement italien, qui est aussi le patron du groupe Mediaset, propriétaire des trois chaînes de télévision privée de la péninsule, a négocié avec Rupert Murdoch l'ouverture de son marché à une filiale de chaîne satellitaire Fox News, faisant de Rome la tête de pont en Europe du nouvel ordre néo-conservateur et de sa conquête de l'opinion publique, élite politique et masse électorale.

Né en 1952 à New York, Bill Kristol appartient à la même génération que Jeremy Rabkin. Comme lui, il a été l'élève à Harvard de Harvey Mansfield, le traducteur américain de Machiavel et de Tocqueville. Avant notre rencontre à Washington, j'avais rencontré Bill une première fois à Paris. Il était l'invité de marque d'un colloque organisé au printemps 2005 par Jean-Claude

Casanova et la revue *Commentaire*, pour le centième anniversaire de la naissance de Raymond Aron. Sa présence parmi ses amis français de *Commentaire* était toute naturelle. Avec Norman Podhoretz, Irving Kristol a été dans les années 50-60 l'interlocuteur privilégié de Raymond Aron aux États-Unis. Leurs deux noms figurent d'ailleurs au comité de patronage de la revue *Commentaire*, fondée par Raymond Aron en 1978. Bill Kristol était donc à Paris en bonne compagnie. Il honorait par sa présence la dette que les Américains de la génération de son père, et leur héritier de son âge et de son parti, ont contractée envers l'auteur de *L'Opium des intellectuels*.

À cette époque, ayant l'idée d'écrire ce livre sur les intellectuels américains face à la guerre en Irak, j'avais souhaité le rencontrer pour préparer mon enquête sur place à Washington. Je l'avais rejoint le soir à une table de Saint-Germain-des-Prés. Nous avions évoqué son éducation intellectuelle, à rebours de notre génération 68. Non sans malice, mais très sérieusement, Bill Kristol revendiquait un pedigree français au néo-conservatisme, comme si la tradition libérale française s'était transportée aux États-Unis pour échapper au « Siècle de Sartre » et à ses années de plomb.

> « Étudiants, m'avait-il confié, nous nous sommes reconnus dans la tradition d'Aron et à travers lui de Tocqueville, contre celle qui a eu à l'époque un grand succès dans la gauche américaine, la *Theory* de Foucault et Derrida. Quand j'étais plus jeune encore, on lisait Camus contre Sartre. Pour nous, la tradition française que nous avons aimée, c'est celle-là. Ce n'est pas celle de la gauche, nous ne croyons pas à la fin de l'Histoire par le socialisme. Ce n'est pas celle de la vieille droite non plus. Nous étions résolument des conservateurs libéraux tocquevilliens. »

Kristol m'avait également parlé des années Reagan qui furent nos années Mitterrand, comme la seconde étape de son éducation politique, en ponctuant ses souvenirs d'une autre référence parisienne.

« Reagan a été une grande figure pour nous. Nous l'avons admiré et soutenu. Les intellectuels ne l'aimaient pas beaucoup. Les Européens le méprisaient. Reagan a dû faire face aux dernières grandes manifestations aux États-Unis de la gauche, qui ont eu lieu à New York et à Hollywood. Et Reagan a gagné. Pour nous, la grande leçon qui a décidé de notre engagement en politique, c'est que Reagan a gagné et que les intellectuels ont perdu. Voyez-vous : je suis un intellectuel qui sait que les intellectuels ont souvent tort. Julien Benda était un intellectuel, et il a écrit pourtant *La Trahison des clercs*. C'est parfois très utile d'être sceptique sur les intellectuels. »

Quand je repense aujourd'hui à cette première rencontre, je me dis que Bill Kristol, revenu le temps d'une escapade à Paris aux sources françaises du néo-conservatisme, avait sûrement déjà quelque chose d'autre en tête. George W. Bush réservait un cadeau à la France de Raymond Aron, dont Bill Kristol avait été l'ambassadeur plénipotentiaire de l'autre côté de l'Atlantique. Quelques mois plus tard en effet, dans une interview accordée à la chaîne CBS, le président américain annonçait officiellement son intention de léguer en héritage à son pays, après son départ de la Maison Blanche en 2009, une fondation qui porterait le nom de « Tocqueville » : le Français qui a compris l'Amérique, pour honorer à jamais son règne néo-conservateur ! Selon les mots mêmes du président américain, ce nouveau temple de l'intelligence républicaine devrait se consacrer à « la diffusion des idéaux démocratiques tels que les a révélés au monde l'auteur de *La Démocratie en Amérique*, incarnés dès les origines dans la Constitution fédérale conciliant la représentation du peuple avec la vigueur des pouvoirs locaux et des corps intermédiaires ».

Par ce geste le président des États-Unis entendait renouveler le pacte d'amitié franco-américain célébré jusqu'ici autour du marquis de La Fayette. À New York, la conversation avec le néo-conservateur Jeremy Rabkin m'avait révélé un autre visage du héros français de la guerre d'Indépendance des États-Unis : celui d'un aristocrate français nostalgique, qui avait préféré sacrifier sa survie et sa liberté, en refusant, au nom d'un sens de l'honneur extravagant, l'aide américaine de Gouverneur Morris venu à son secours en 1790 pour le sortir des geôles autrichiennes. Tout aristocrate qu'il ait été lui aussi, Alexis de Tocqueville s'était révélé un vrai Américain. En 1848, l'auteur des *Souvenirs*, ministre des Affaires étrangères de la IIe République, avait vu dans la défaite ou la victoire des insurgés des « journées de Juin » une question de vie ou de mort. Au nom de la liberté et de la société de liberté, il avait tranché avec le gouvernement Barrot en faveur d'une répression sans pitié confiée au général Cavaignac. À l'inverse du sentimental marquis de La Fayette, en qui Rabkin voyait un pantin, Tocqueville avait su mettre de côté ses scrupules d'homme sensible à la Louis XVI et décider en faveur de la liberté contre le péril du communisme. Pour lui, comme pour tous les Américains, à en croire Rabkin, la préservation de la liberté, physique ou morale, individuelle ou politique, est une question si sacrée, qu'elle autorise tout en temps de péril, y compris de surmonter les états d'âme compassionnels et les délicatesses du sentiment d'honneur.

Inutile de dire que l'hommage solennel de l'administration Bush envers la France n'a reçu aucun écho à Paris, ni dans la presse, ni au ministère des Affaires étrangères, ni au ministère de la Culture et ni même au sommet de l'État à l'Élysée. Avec Tocqueville, l'Amérique célébrait une autre révolution que celle de 1789, conservatrice celle-là, une révolution qui tient le socialisme et toutes les formes politiques d'aliénation de la liberté individuelle pour son contraire. La France officielle n'a pas souhaité se joindre à cet hommage rendu pourtant à l'un des siens. Il est vrai que le président français avait lui-même répondu d'avance à son rival américain en plaçant la mémoire de son règne de douze ans sous le patronage des ancêtres précolombiens de l'Amérique yankee, dont les arts et la mémoire sont glorifiés sous les vitrines de verre du musée du Quai Branly.

Au cours des années 90 à Washington, Bill Kristol s'est imposé comme le « chef de produit » de l'entreprise néo-conservatrice, dont il a fait fructifier la marque au sein du parti républicain, dans l'opposition à l'administration Clinton. Avec des méthodes et un esprit très différents de ceux de son père, l'ami d'Aron, il s'est assis sur tous les scrupules du « spectateur engagé », pour revêtir la tenue de combat de l'« intellectuel organique » au service du pouvoir, reprise au théoricien marxiste italien Antonio Gramsci. Son action n'en a été que plus originale et décisive : elle fait de lui tout le contraire du fils à papa. Il est l'auteur avec Robert Kagan du célèbre et influent manifeste néo-reaganien, publié dans la revue *Foreign Affairs*, qui en 1996 a jeté les bases de la politique étrangère de l'Amérique post-11 Septembre.

J'ai devant moi une demi-heure encore à patienter dans ce bureau de verre. Pour passer le temps, je consulte les derniers numéros du *Weekly Standard* déployés sur la table de la salle d'attente. Je ne savais pas à l'époque que, six mois plus tôt, me précédant, Bernard-Henri Lévy avait attendu son tour pour interviewer Bill Kristol. Le résultat de cet entretien est paru depuis dans *American Vertigo*, le récit du fameux voyage aux États-Unis de l'auteur de *L'Idéologie française*, lancé par la revue *Atlantic Monthly* sur les traces de Tocqueville. BHL avait tenu à rencontrer le fils du fondateur du néo-conservatisme américain. Moi aussi. Tout voyageur étranger un peu curieux à Washington ne peut manquer ce rendez-vous obligé, dès lors que le courant idéologique qui inspire ces années-ci la Maison Blanche a ses origines dans la tradition de la famille Kristol.

> « Je tenais beaucoup à cette rencontre-ci, écrit BHL. Le patronyme d'abord, associé, dans mon esprit, à tout un paysage légendaire où se mêlent la saga de l'extrême gauche américaine, les secrets de l'Alcove One du City College de New York, le souvenir des joutes idéologiques d'Irving Kristol, son père, avec Daniel Bell, Irving Howe, Nathan Glazer ou Gertrude Himmelfarb, sa future femme (…) D'une certaine façon, je serai déçu : avec son costume de grand patron, ses cheveux impeccablement peignés, ses manières affables et publicitaires, ses yeux bleus rieurs, son teint fleuri, l'homme que j'ai en face de moi ressemble plus à un dirigeant de l'American Enterprise Institute (…) qu'à l'idée qu'on se fait, en Europe, d'un intellectuel [1]. »

Pour préparer mon entretien, je me suis plongé à mon tour dans ce « paysage légendaire de l'extrême gauche américaine », dont je repasse dans ma tête l'histoire en attendant mon hôte.

Irving Kristol, né en 1920, et Norman Podhoretz, né en 1930, sont tous les deux des enfants de Brooklyn. Ils incarnent cette génération d'intellectuels juifs new-yorkais, fils d'émigrés, arrivés à maturité à gauche au lendemain de la Seconde Guerre mondiale. Leur spectaculaire ascension est exemplaire de la mobilité sociale américaine. Norman Podhoretz en a raconté la comédie humaine dans *Making it* [2], le premier tome de son autobiographie parue en 1967, où il fait le récit décomplexé et provocateur de l'arrivisme et de la soif de

---

[1] Bernard-Henri Lévy, *American Vertigo*, op. cit., p. 316.
[2] Norman Podhoretz, *Making it*, New York, Random House, 1967.

réussite sociale qui l'animait, lui et toute sa génération. En revendiquant ouvertement son immodestie et son ambition dans la conquête du milieu intellectuel new-yorkais, il avait voulu titiller l'hypocrisie de la bonne société démocrate qui l'avait accueilli, en rappelant à tous ceux qui feignaient de s'en offusquer, quelles étaient les vraies et fortes vertus américaines. Dès sa sortie en librairie, le livre avait fait un beau scandale : Podhoretz s'était vu rayé de la liste des habitués des salons les plus en vue de Manhattan, celui de Jackie Kennedy ou de Truman Capote, pour qui il était devenu, par cet aveu de sordide parvenu, *persona non grata*.

Adolescent, Irving Kristol a connu l'Amérique de la Grande Dépression, avec ses paysages à la Steinbeck, ses usines désaffectées, son chômage de masse, et la pauvreté du plus grand nombre. Il avait vingt ans lorsque John Kenneth Galbraith, futur conseiller économique des présidences Kennedy et Johnson, rallia l'administration Roosevelt et sa politique du New Deal. À New York, il étudia au City College, où beaucoup de juifs en bas de l'échelle sociale pouvaient alors s'inscrire. Harvard était encore avant-guerre la chasse gardée des bonnes familles anglo-protestantes. Il fréquenta les mêmes bancs que Daniel Bell, Irving Howe, Nathan Glazer, tous promis à une brillante carrière. Pendant trois ou quatre ans, il milita dans les jeunesses trotskistes. C'est au cours d'un de leurs meetings qu'il rencontra sa future épouse Gertrude Himmelfarb, la mère de Bill.

De dix ans son benjamin, Norman Podhoretz avait échappé dans sa jeunesse à la tentation trotskiste, pour vivre une autre aventure, celle des gangs des bas quartiers du Brooklyn des années 40 dont Rich Cohen s'est fait l'historien dans un livre passionnant, *Tough Jews*, publié en 1990[1]. Il dut son salut à la discipline de l'éducation

---

[1] Rich Cohen, *Tough Jews : Fathers, Sons and Gangster Dreams*, New York, 1st Vintage Books Edition, 1999.

juive orthodoxe qu'il avait reçue de ses parents et à la protection de son professeur d'anglais, qui reconnut très vite les talents littéraires du jeune Norman. Cette femme fut son initiatrice. Elle le prit sous son aile, l'encouragea à étudier, lui apprit à bien se conduire. Elle rêvait pour lui de Harvard : il entra à Columbia, distinction suffisante pour que Norman Podhoretz fût adopté par ce qu'il appelle « la Famille », c'est-à-dire le milieu d'écrivains et d'intellectuels new-yorkais en plein essor dans l'Amérique démocrate d'après-guerre, où gravitaient, au côté d'Irving Kristol et de Daniel Bell, des personnalités aussi brillantes que Norman Mailer, Allen Ginsberg, Hannah Arendt, Saul Bellow ou Lillian Hellmann. Cette nouvelle Athènes avait sa revue phare, *Commentary*, une revue de gauche anticommuniste éditée par l'American Jewish Foundation, dont Kristol et Podhoretz furent les deux principaux rédacteurs. Podhoretz la dirigea pendant trente-cinq ans. Il fit sa carrière au centre des batailles politiques de l'Amérique *liberal*, de cette gauche intellectuelle qu'il a adorée et malmenée à la fois, avant de rompre et de se retourner contre elle après 1968 en fondant avec Irving Kristol le mouvement néo-conservateur. En 1995, Podhoretz passait le témoin. Il quittait *Commentary* et parrainait à Washington le *Weekly Standard* de Bill Kristol, le fils de son meilleur ami.

Comment l'ancien trotskiste Irving Kristol a-t-il rompu avec le marxisme, au lendemain de la Seconde Guerre mondiale, après sa démobilisation ? Son évolution vers l'anticommunisme et le nationalisme américain est contemporaine de la genèse de la nouvelle droite américaine, au cours des années 50-60, parvenue dans les antichambres du pouvoir sous la présidence Reagan, et en son centre dès l'arrivée de George W. Bush à la Maison Blanche en 2000. Irving Kristol a défini lui-même le code génétique du néo-conservateur : « Un homme de gauche qui se cogne à la réalité. » C'est bel et bien l'intelligentsia de gauche et d'extrême gauche américaine, *liberal* et *radical*, dont la jeunesse avait soutenu le New Deal de Roosevelt, qui a été le creuset après la guerre du mouvement néo-conservateur.

En France, Raymond Aron a décrit ce retournement dans son célèbre essai *L'Opium des intellectuels*, en prenant pour modèle Irving Kristol et Norman Podhoretz. Les liens entre les trois hommes se sont noués au début des années 50 au sein du « Congrès pour la liberté de la culture ». Ce comité, dont le siège international était installé à Berlin-Ouest, rassemblait les intellectuels antitotalitaires de tous bords, engagés pour soutenir la dissidence dans l'Empire soviétique et briser le monopole de l'intelligence occupé, à cette époque en Europe, par les compagnons de route du parti communiste. Parmi les fondateurs de ce comité, on retrouve un glorieux aréopage : Bertrand Russell et André Gide, Albert Camus et Salvador de Madariaga, Benedetto Croce et John Dos Passos, Adriano Olivetti et la veuve du président Roosevelt, la grande Eleanor. L'antenne française du Congrès était présidée par le poète Pierre Emmanuel, puis brièvement par Raymond Aron avant sa rupture en 1967, à la suite du scandale des liens supposés du Congrès avec la CIA. Le Congrès des intellectuels antitotalitaires s'était doté de revues nationales mais de tenue internationale. Irving Kristol présida le Congrès à partir de 1960. Il dirigea auparavant à Londres la revue *Encounter*, homologue de la revue *Preuves* en France, avec laquelle Raymond Aron prit ses distances à la fin des années 70 pour créer *Commentaire*.

L'Opium des intellectuels a paru au lendemain de la victoire d'Eisenhower aux élections présidentielles de 1952 qui mirent un terme à plus de vingt années de règne démocrate aux États-Unis. L'essai d'Aron aurait pu aussi s'appeler *Retour des USA*, tant il est vrai que le sujet du livre – la critique de fond de l'intellectuel français du Saint-Germain-des-Prés d'après-guerre, tout ébloui par les lumières de Moscou – a pour contrechamp le portrait que dresse Raymond Aron de l'intellectuel de gauche repenti des États-Unis.

Aron montre combien l'attachement à l'Europe se nourrissait chez l'intellectuel « rooseveltien » d'une croyance commune dans les valeurs du socialisme, dont le Vieux Continent, tour à tour en Allemagne, en France, et en Italie, a été l'inventeur et le phare. Dans les années 30, l'intellectuel de gauche à la manière du jeune Irving Kristol tenait pour solidaires du même combat les promoteurs du New Deal et du Welfare State, les adversaires du Big Business, et les bolcheviks de préférence ou non trotskistes. Vingt ans plus tard, en pleine guerre froide, dans l'Amérique du maccarthysme, l'intellectuel de gauche qui s'était senti un tel vent en poupe, n'avait plus qu'à bien se tenir : il devait faire face à une majorité du pays remontée à bloc contre le communisme, prête à mettre dans le même sac « les rouges, les roses et les roses pâles, communistes, socialistes et new dealers [1] ». Raymond Aron décrit la mauvaise conscience qui travaille, au début des années 50 aux États-Unis, l'intellectuel de gauche, tenu pour responsable par la plupart de ses compatriotes de l'« abandon de l'Europe orientale aux armées russes, de la défaite de Tchang Kaï-chek et de la socialisation de la médecine [2] ». En Europe, ce n'est qu'à la fin des années 70, autrement dit avec un quart de siècle de retard, que cette mauvaise conscience s'étendra comme une grâce tardive à l'intellectuel de gauche parisien. La publication en 1977, par Bernard-Henri Lévy, de *La Barbarie à visage humain*, contemporain de la traduction française de *L'Archipel du Goulag* du dissident soviétique Alexandre Soljenitsyne, fut l'un des symptômes de cette descente du Saint-Esprit sur le Quartier latin rouge. C'était une Pentecôte pour talons rouges.

---

[1] Raymond Aron, *L'Opium des intellectuels*, Hachette Littératures, 2002, p. 242.
[2] *Ibid.*, p. 243.

Raymond Aron montrait au contraire dans le maccarthysme tant caricaturé en Europe l'expression d'une révolte du *common man* contre une élite intellectuelle irresponsable se jouant d'idées et se livrant à des activités contraires aux intérêts de l'Amérique. La victoire d'Eisenhower en 1952, observait-il, s'est faite à la suite d'une campagne d'opinion contre les « têtes d'œuf » du parti démocrate et des conseillers de son candidat A. Stevenson ; elle était dû aussi à l'âpre critique à l'endroit des Européens, au sujet desquels Eisenhower avait eu la formule assassine : « Ils ont perdu la fibre morale. » Raymond Aron voyait dans cette polémique, sur fond de maccarthysme, le symptôme d'une Amérique qui se montre dans ses profondeurs foncièrement hostile aux intellectuels de gauche tenus pour de mauvais maîtres, sinon des traîtres. Aussi, le volet américain de *L'Opium des intellectuels* pouvait-il annoncer la conversion morale de l'intellectuel de gauche, qui pour ne pas perdre sa crédibilité, allait entamer, dès le milieu des années 50, son grand ralliement au patriotisme USA et son éloignement progressif à l'égard d'une Europe toujours perdue dans ses rêves de socialisme, national ou internationaliste, malgré l'atroce démenti du réel des camps de concentration nazis et le Goulag soviétique.

Face à cette gauche américaine en pleine conversion, Raymond Aron dresse un diagnostic sévère de la situation française, et de son décalage historique. Son scalpel met au jour les motivations secrètes et les arrière-pensées qui expliquent la fascination et l'aveuglement durables exercés par le grand frère soviétique sur les intellectuels parisiens de l'après-guerre. Il fait valoir d'abord le sentiment d'humiliation d'une grande nation vaincue et défaite, la France, confrontée à l'irrésistible ascension de l'Amérique victorieuse : ce sentiment est savamment flatté par une gauche communiste directement inféodée à Moscou. En invoquant le mot d'ordre d'« indépendance nationale », un slogan que les gaullistes n'hésiteront pas à reprendre à leur compte pour faire capoter la CED en 1954, le parti communiste a offert un baume apaisant à l'orgueil blessé des intellectuels : le mirage d'un « nationalisme » anti-américain montait à la tête d'une Europe occidentale se rêvant soustraite à l'Alliance atlantique.

À l'humiliation d'une nation défaite dont les intellectuels portent le deuil en se berçant du fantasme revanchard de la France de la culture et de l'anti-capitalisme, s'ajoute le sentiment de rancœur éprouvé par nos philosophes contre l'insolente réussite matérielle américaine, dont la bonne marche empirique reste indifférente à leurs nuées et leur préfère l'avis des experts compétents. Dans son arrière-conscience, nous dit Aron, la gauche européenne en veut à mort aux Américains d'avoir réussi leur civilisation industrielle, et de surcroît, en créant une « société d'abondance », un « avènement des masses », une « augmentation du niveau de vie des ouvriers », autant de promesses qu'ils réservaient à leur utopie marxienne ou marxiste. Cette gauche s'est emmêlée et entêtée dans d'étranges contradictions : braquée contre la « brutalité » populaire de la société d'abondance sans classes créée par le capitalisme américain, elle s'est repliée sur la défense des « valeurs » culturelles aristocratiques dont l'URSS, son servage et ses goulags, seraient l'ultime refuge. Coupés des aspirations de base des populations européennes, « les intellectuels ont contre les États-Unis une querelle qui leur appartient en propre », conclut Raymond Aron.

J'en étais là, lorsque la secrétaire du boss entre dans la salle d'attente pour m'annoncer que Bill Kristol venait d'arriver : je me précipitai à la rencontre de mon hôte dans son bureau.

★

Visage poupin, teint fleuri, Bill Kristol me reçoit avec l'humeur enjouée des grands jours. Visiblement, l'échec du référendum français sur la Constitution a produit sur lui le meilleur effet. Impatient, il n'avait pas attendu la confirmation de cet événement pour crier victoire. Dans son éditorial du numéro du *Weekly Standard* mis sous presse la veille du vote, Bill Kristol avait fait le pari du succès du *non* en signant un point de vue au titre engageant : « A New Europe ? [1] ». Si l'interrogation préservait les droits de l'incertitude, le sens de son propos ne laissait place à aucune ambiguïté. Ce titre évoquait en effet clairement l'avènement sur le Vieux Continent de la « Nouvelle Europe » que Donald Rumsfeld avait appelée en vain de ses vœux au moment de la crise irakienne. Avec l'échec électoral de l'Europe politique voulue par Giscard, l'administration Bush entendait prendre sa revanche sur les chefs de file européens du parti anti-guerre qui avaient un temps laissé croire à une partie du monde que la France et l'Allemagne pouvaient jouer les contrepoids à l'Amérique de Bush. Le scrutin du 29 mai avait remis les pendules de Paris et de Berlin à l'heure de Washington : le vieux monde dégonflé était retombé à plat.

« Nous avons eu le 11 Septembre et l'Europe n'a pas compris, me dit Bill Kristol. C'est pour cette raison que s'est élargie la distance entre les deux côtés de l'Atlantique. Peut-être que l'Europe avait besoin du choc de l'échec de la Constitution pour finalement ouvrir les yeux. Il y avait jusqu'ici quelque chose d'un peu irréel dans la manière avec laquelle l'Europe fonctionnait, par espoirs et par arrangements. Comme si Chirac et Schröder pouvaient cuisiner ensemble une politique européenne ! Ce n'est pas comme cela que le monde fonctionne.

---

[1] Bill Kristol, « A New Europe ? », in *The Weekly Standard*, 6 juin 2005.

Maintenant il va falloir être sérieux. L'Otan peut jouer de nouveau un rôle plus important, et c'est pour moi une bonne nouvelle. Pour le reste, tout est ouvert. Je ne partage pas l'avis de ceux qui fondamentalement pensent que les choses ne vont pas changer. Je crois que l'Europe est en train de remettre en cause sa propre idéologie. La question est de savoir maintenant si elle va enfin se décider à tenir compte de la réalité. »

Si en Europe l'échec de la Constitution a été suivi d'un silence de basses eaux, aux États-Unis, la gravité de la crise a été prise très au sérieux. À écouter Bill Kristol, le 29 mai 2005, l'Europe se serait effondrée comme les tours du World Trade Center, et devant ses ruines, les Américains, comme les Européens l'avaient fait pour eux au lendemain des attentats du 11 Septembre, offraient leurs bras et leur cœur pour relever leur allié dans l'épreuve.

Bill Kristol ne parlait pas d'Europe, mais d'« idéologie européenne ». J'avais déjà entendu cette expression dans la bouche de son ami Jeremy Rabkin lors de nos conversations à New York. Pour ce juriste néo-conservateur, l'idéologie européenne était celle d'une conception défaitiste du droit international, propagée par les États de la Vieille Europe privés des moyens militaires, de la volonté politique, et de la force morale élémentaire pour leur défense et pour leur simple existence. L'argument de la justice et du droit défendu par l'Europe pour peser sur la politique américaine dissimulait pour lui une bonne dose de perversité, la dose qu'il faut pour légitimer des sentiments aussi serviles que la peur ou le renoncement. Pour Rabkin, l'instinct d'autodéfense des Américains était une vertu disparue en Europe. Le gouvernement américain devait donc tout faire pour maintenir tendu le ressort vital de son pays, en le préservant du danger de contamination auquel des relations trop conciliantes avec la politique européenne l'exposeraient. Aussi, mon interlocuteur avait-il salué dans le *non* français à la Constitution européenne un sursaut national portant un coup fatal à un complexe de lâcheté et d'agressivité perverse. Le point de vue de Bill Kristol n'est pas bien différent. Comme Rabkin, Kristol estime que l'effondrement du projet européen a révélé les vices cachés des fondements politiques et moraux de la construction européenne. Cette morale de la peur et du renoncement, qui nourrissait selon Rabkin le dogme européen du droit international, se manifeste plus largement pour Kristol par une forme généralisée de « politiquement correct » qui empêcherait selon lui l'Union européenne et ses dirigeants de faire face à la réalité.

« En Europe, le déficit démocratique est devenu insoutenable. Une opportunité s'offre désormais aux Européens de reconsidérer leur politique et de porter un nouveau regard sur l'avenir. J'ai toujours pensé que depuis la fin de la guerre froide, et ensuite en 1992 après Maastricht, une sorte de politiquement correct s'est appliqué sur la plupart des débats européens : personne ne voulait poser les vrais problèmes, sur le Welfare State, sur l'immigration, sur l'élargissement. J'étais pour ma part favorable à l'élargissement, mais j'admets aussi que ce ne doit pas être une opération automatique. Le drame bosniaque était aussi un vrai problème, et c'est nous qui avons dû intervenir pour le régler. C'était important qu'il y ait retour à la réalité. Je suis confiant. Le *non* français, le *non* hollandais et le succès de la CDU en Rhénanie : voilà trois événements importants qui posent un défi à l'idéologie européenne et auxquels les États-Unis font attention. Je peux vous dire que Condoleezza Rice a pris la chose très au sérieux. Nous réfléchissons à la manière dont nous pourrons aider les Européens à agir dans le bon sens. »

Bill Kristol est un excellent porte-parole de l'administration Bush : pour lui, en effet, le monde réel s'appelle tout simplement le néo-conservatisme, un ordre de droite, réaliste, économiquement libéral, volontariste, populaire. Avec pour intercesseurs, encore virtuels, le Français Nicolas Sarkozy et l'Allemande Angela Merkel :

« L'opinion en Europe commence à ouvrir les yeux et arrive à une sorte de néo-conservatisme, en politique étrangère et en politique intérieure. C'est le monde réel, il n'y en a pas d'autre. Vous pouvez dire qu'il ne faut travailler que 35 heures, vous pouvez dire que les Nations unies vont résoudre tous les problèmes, mais l'économie refuse de vous suivre et les Nations unies manifestent leur impuissance. Si vous avez à résoudre le problème de la Corée du Nord ou de l'Iran, ce genre de vœu pieux ne donne rien, il faut en revenir au réel. »

Le néo-conservatisme de Bill Kristol est donc une vision du monde, d'essence réaliste et pragmatique, dont la politique étrangère n'est qu'un chapitre. Le Grand Œuvre irakien de l'administration Bush pour lequel Bill Kristol a beaucoup fait ne saurait résumer à lui seul l'ordre nouveau dont l'Amérique s'est fait la pierre d'angle. Le néo-conservatisme, c'est une méthode de rupture tout-terrain avec les utopies et le velléitarisme. Pour l'Europe, Bill Kristol a sa petite idée sur le remède de cheval qui convient à ses maux. Son diagnostic de l'échec de la Constitution est arrêté et il s'empresse de me l'indiquer.

« Aujourd'hui, me dit-il, la question fondamentale pour l'Europe est la libéralisation économique de l'Allemagne et de la France. Vous pouvez faire des rêves, mais si vous n'avez pas une économie performante, vous allez dans le mur. Maintenant, si vous me demandez si Sarkozy et Merkel peuvent relever ce défi, je vous le dis franchement : je n'en sais rien. »

En entrant dans le bureau de Bill Kristol je m'étais préparé à interroger l'idéologue de la guerre d'Irak, avec lequel je craignais de ne pas être tout à fait d'accord. Pour être franc, je me disais que l'Amérique ne méritait pas ces intellectuels qui lui avaient fait beaucoup de mal, à elle-même et au monde en entraînant leur pays dans la mésaventure irakienne ; Israël ne méritait pas non plus ces amis américains, qui en prétendant assurer sa sécurité, ont mis l'État hébreu dans une situation de danger qu'il n'avait pas connu depuis la guerre du Kippour de 1973. L'Europe, épargnée jusqu'ici de cette « idéologie américaine », méritait-elle à son tour de s'abandonner aux conseils de porte-malheurs ?

J'écoute attentivement l'un d'entre eux, non des moindres. Kristol pose comme condition *sine qua non* de l'existence politique de l'Europe, le retour à la prospérité économique de la France et de l'Allemagne. Il invoque avec autorité le principe directeur de la politique américaine qui a permis la reconstruction de la France et de l'Allemagne ravagées par les deux guerres du XXe siècle. C'est tout juste si je n'entendais pas en surimpression chanter les lendemains de la Libération, et si je ne voyais pas l'Amérique bienveillante se pencher à nouveau sur une Europe entièrement à reconstruire. Mais de quel effondrement au juste cette Amérique bienveillante voulait-elle une seconde fois nous relever ? En Irak, les néo-conservateurs avaient surestimé les menaces de l'arsenal de Saddam Hussein, jusqu'à engager l'Amérique dans une guerre inutile pour prévenir un danger – les armes de destruction massive – qui n'a jamais existé. Voilà maintenant qu'un des plus illustres ingénieurs de ce patent désastre veut me convaincre que l'échec du référendum du 29 mai avait brusquement éveillé l'Europe à la conscience du désastre qu'elle était devenue elle-même sans le savoir. Comment croire cet Américain si bien intentionné à notre égard, lorsqu'il formule à mots couverts un diagnostic de décadence de l'Europe, dont l'urgence est d'abord économique ? Il me fallait des preuves et des garanties pour suivre mon interlocuteur. Je n'ai pas eu besoin d'aller chercher très loin.

La veille de notre rencontre, le *Washington Post* publiait un article signé de l'économiste Robert Samuelson, au titre fracassant : « La fin de l'Europe[1] ». La forme était cette fois-ci affirmative, et ne laissait aucun doute sur le pronostic de désastre, qu'aurait confirmé l'échec de la Constitution. En comparaison, l'opinion d'un Bill Kristol apparaissait modérée : lui au moins nous laissait l'espoir d'une « Nouvelle Europe » possible. Robert Samuelson ne partageait pas cet optimisme. Dans cet article, il signait l'arrêt de mort de l'Europe, qu'aucune assistance respiratoire des néo-conservateurs américains ne pouvait sauver de son propre conservatisme négateur des lois élémentaires de l'économie. Sous sa plume, la description de l'Europe de l'Ouest rappelait le ton des écrits des économistes les plus lucides des années 70, dont les rapports avaient démontré, par les chiffres, la paupérisation intérieure de l'économie soviétique, annonçant sa chute inéluctable vingt ans plus tard. En 2004, cette méthode froide et clinique avait été appliquée à la France de Jacques Chirac par Nicolas Baverez, autre jeune disciple de Raymond Aron, dans son pamphlet *La France qui tombe*. Robert Samuelson élargissait l'examen clinique de Baverez à toute l'Europe continentale de l'Ouest.

Robert Samuelson ne croit pas aux raisons « politiques » couramment avancées pour expliquer l'échec de la Constitution européenne, par exemple la peur du pouvoir anonyme des fonctionnaires de Bruxelles, ou l'incapacité de créer à 25 les États-Unis d'Europe. Le mal

---

[1] Robert J. Samuelson, « The End of Europe », in *The Washington Post*, 15 juin 2005.

européen est pour lui beaucoup plus fondamental, et donc beaucoup plus grave. La faiblesse de la croissance économique et la chute de la démographie sur le Vieux Continent sont les deux raisons structurelles de l'incapacité des gouvernements européens à contenir les mécontentements et à faire de l'Europe une puissance globale. Dans son article, les impitoyables chiffres viennent étayer la thèse mettant l'Europe face à la réalité de son propre déclin. Le taux de natalité de l'Europe de l'Ouest est de 1,5 : il est de 2,1 aux États-Unis, ce qui est le seuil de renouvellement normal des générations. Un sixième des Européens de l'Ouest ont plus de 65 ans. En 2030, ce taux atteindra un quart de la population et en 2050, un tiers. « Personne ne sait, écrit Samuelson, comment une économie moderne peut se développer avec autant de personnes âgées, directement dépendantes des retraites, qui supposent toujours plus d'impôts. » Dans les années 70, la croissance annuelle moyenne des 12 pays de la CEE était de 3 %. Entre 2001 et 2004 elle a été de 1,2 %. Avec des hautes indemnités de chômage, presque la moitié de la population de chômeurs dans l'Europe de l'Ouest est restée sans travail pendant plus d'une année. Aux États-Unis, ce taux ne dépasse guère 12 %, ce qui en dit long sur la différence de dynamisme des deux économies de part et d'autre de l'Atlantique. En 2003, 60 % des Américains entre 55 et 64 ans avaient un travail. Les chiffres en France, en Italie et en Allemagne sont respectivement de 37 %, 30 % et 39 %. La force des chiffres présentés par cet économiste incontesté est implacable, tout comme les conséquences qu'il en tire : « Les Européens aiment la retraite anticipée, un taux de chômage élevé et de longues vacances. » Son diagnostic de médecin légiste se concluait ainsi : « L'Europe est en proie au dilemme classique de la démocratie : trop de gens bénéficient du *statu quo* pour le changer. Mais le *statu quo* n'est pas tenable. »

Comment nier de tels chiffres et une telle réalité ? Il

fallait constater que les néo-conservateurs n'avaient donc pas tout faux en qualifiant de « Vieille Europe » la France et l'Allemagne. Ils avaient voulu être méprisants en attribuant cet adjectif aux deux chefs de file de l'opposition à la guerre d'Irak, Chirac et Schröder. Ils s'étaient trompés. En la matière, la Vieille Europe manifestait encore malgré tout des réflexes de bon sens. En revanche, leur diagnostic était plutôt juste dès lors que la réalité était regardée par le prisme de l'économie et de la démographie qui révélait un indéniable déphasage et un réel essoufflement du cœur de l'Europe en regard de la jeune Amérique. Ce que les Européens refusaient de voir en face, l'échec du projet politique de l'Europe de Giscard le leur a mis brusquement devant les yeux [1]. L'ancien commissaire européen Frits Bolkestein, qui a incarné pour l'Europe une nouvelle dynamique de libéralisation du marché du travail sur le Vieux Continent, avait d'ailleurs lui-même reconnu, lors de notre rencontre à Amsterdam, une forme de pertinence à cette « Nouvelle Europe » que les néo-conservateurs américains ont appelée de leurs vœux :

« Je me suis opposé à l'administration Bush sur l'opportunité de la guerre en Irak, m'avait-il dit, ce qui ne m'empêche pas de penser que le secrétaire d'État à la Défense américain, Donald Rumsfeld, n'avait pas entièrement tort lorsqu'il a parlé de "la Vieille et de la Nouvelle Europe", l'une niant, l'autre agréant, qu'elle doit sa liberté et sa prospérité aux États-Unis. »

En un sens, Bill Kristol m'avait convaincu. Il était impossible de nier que l'existence d'une Europe politique

[1] En France, le livre intitulé *Les Défis du monde* de Denis Jeambar et Claude Allègre, publié en 2006 chez Fayard, a pour la première fois présenté au grand public un diagnostic courageux du destin de l'Europe à l'aune des données brutes du rapport de forces démographiques et économiques mondiales.

fût un vain mot, si ce continent n'était pas capable de renouer avec la croissance matérielle et la prospérité. Aucune Constitution ne pouvait trouver de raison d'être si d'abord les États qui s'y identifient n'ont pas les moyens économiques et humains d'affirmer leur survie et d'exercer leur volonté. Une telle Constitution ne serait qu'un leurre, cherchant à dissimuler ou à compenser, par une prétendue force du droit, la faiblesse physique de la zone euro, et un certain renoncement à croître et à prospérer.

Pour autant, je ne pouvais suivre Bill Kristol jusqu'au bout de son raisonnement. Car enfin, comment voir dans le succès des Besancenot et Emmanuelli le soir du 29 mai un retour au réalisme ? Je lui dis qu'il défendait une vision paradoxale du résultat du *non* français.

> « Oui, c'est un paradoxe, me réplique-t-il, mais la vie fonctionne parfois comme ça. Hegel ne parlait-il pas de la ruse de l'Histoire ? »

La vision hégélienne de Bill Kristol m'apparaît pour le moins suspecte. Son enthousiasme pour l'échec de l'Europe aussi. Comment le geste suprême de déclin peut-il se renverser en geste inaugural de rebond et de renaissance ? J'ai des raisons de croire que Bill Kristol, plutôt que l'histoire hégélienne, ironisait cruellement lui-même en formulant cette théorie. Sa joie était plutôt du côté du « bon débarras » que de « bonne chance ». Après tout, l'Amérique telle qu'il la voit peut se passer de l'Europe enfermée dans ses fantasmes, alors que l'Europe, depuis 1917, ne peut connaître des retards ou d'éclaircies à son déclin qu'avec l'appui et l'exemple de l'Amérique.

Fraîchement relu, *L'Opium des intellectuels* de Raymond Aron confirmait mes soupçons. Cet essai a été écrit l'année de l'échec de la CED, en 1954. À bien y regarder, l'attitude d'esprit qui a dicté l'échec de la

Constitution européenne n'est pas si différente de celle qui, un demi-siècle plus tôt, a enterré le projet français d'armée européenne. Dans le *non* de gauche majoritaire sorti des urnes le soir du 29 mai 2005, on retrouve la même obsession antilibérale et le même anticapitalisme foncier, dissimulés derrière la bonne cause « nationaliste » de l'« Europe-puissance » mise en avant par Laurent Fabius et Henri Emmanuelli, mais toujours dressés contre la barbare Europe anglo-saxonne. Un an auparavant, à peine nommé Place Beauvau, Dominique de Villepin avait repris cette éternelle ritournelle en lançant un appel vibrant, sur les ondes radiophoniques françaises, au retour à un ordre national, avec pour repoussoir le modèle anglo-saxon : « Contrairement à ceux que je vois fascinés par le modèle anglo-saxon, je suis attaché au triomphe d'un véritable projet républicain, dans le droit fil de la tradition française. » On aimerait savoir en quoi consistait en 2004 la tradition française, version de droite de la culture chienlit de gauche. Mais peu importe. Le chevalier servant de la chiraquie avait pris date. Un an plus tard, la défaite d'une Europe « libérale », caricaturée par Jacques Chirac dans son opposition à la directive Bolkestein, faisait de Dominique de Villepin l'homme de la situation : il pouvait enfin gravir héroïque le perron de Matignon en se faisant fort d'avoir compris avant tout le monde la vocation profonde et immuable du vieux peuple français.

Le mur de Berlin a disparu, l'URSS a sombré dans le mépris et la faillite, mais tout se passe comme si la frontière idéologique qui configurait la société aristocratique rêvée par les intellectuels de gauche, loin de reculer après la chute du mur de Berlin, s'était élargie à toute l'Europe de l'Ouest, plus que jamais fantasmée comme le continent où s'expérimente ce que Dominique de Villepin a appelé « un autre monde ». À cette différence près que l'URSS n'est plus le contrefort de la forteresse de « la culture » contre la barbarie américaine, mais l'Europe élargie elle-même, créditée de pouvoir incarner par le monde un modèle de société plus noble que sa prétendue rivale d'outre-Atlantique. La chute du mur de Berlin, au lieu de rapprocher l'Europe et l'Amérique, avait fait tomber le dernier garde-fou de l'anti-américanisme. Sous couvert de social-démocratie, le Vieux Continent, dans son ensemble, se rêvait maintenant comme un nouveau phare de la résistance au capitalisme américain, renouvelant à sa manière la prophétie de Khrouchtchev prononcée à l'ONU au lendemain de la mort de Staline : « Vous vivrez tous sous le communisme ! »

Cette vision était à désespérer. Pendant la guerre froide, les États-Unis s'étaient engagés pour défendre le monde libre en Europe et contenir ses égarements politiques, en lui servant d'exemple et de bouclier. Aujourd'hui, l'ironie cruelle que manifeste Bill Kristol sur le sort malheureux de l'Europe nous laissait bien seuls dans notre dérive. J'en voulais à mon interlocuteur qui prétendait tant aimer la France de Raymond Aron : comment cet « aronien » pouvait-il se réjouir d'une victoire de l'esprit antilibéral sur le Vieux Continent, sinon en contredisant lui-même les principes vigoureux et de bon sens qu'il défendait lui-même en économie ? Il nous fallait un 11 Septembre européen pour nous rapprocher de l'Amérique, et pour Bill Kristol l'échec de la Constitution avait été celui-là. En souhaitant à l'Europe le pire pour avoir le meilleur, l'Amérique si bienveillante des néo-conservateurs se révélait en réalité bien malveillante à notre égard.

À Paris l'Anglais Tony Judt avait défendu devant moi une vision beaucoup plus tranchée de l'enjeu de la Constitution de Giscard pour la France. Le référendum du 29 mai a représenté pour lui le va-tout de l'Europe continentale dans son effort pour imposer à l'Angleterre et aux États-Unis un projet politique indépendant. Son échec a été une victoire de Washington et de son allié Tony Blair sur la France de Jacques Chirac. Ce point de vue anglo-saxon confirmait par une autre voix la joie retenue de l'administration Bush face à ce désastre. Il révélait surtout en quoi Jacques Chirac en a été le complice de fait en se faisant le chantre de la résistance à l'Europe anglo-saxonne.

« Pour comprendre le problème de l'Angleterre et de l'Europe, m'avait dit Judt, il faut remonter à la crise de Suez de 1956. La France et l'Angleterre, alliées à Israël dans une opération militaire conjointe visant à déloger Nasser du pouvoir en Égypte, ont été contraintes de rendre les armes face à l'opposition des États-Unis. C'est à partir de cette date que l'Angleterre et la France se sont choisi un destin séparé sur l'Europe. Pour la France, le bilan a été qu'il ne fallait surtout plus dépendre de Washington. Pour l'Angleterre la leçon a été inverse : surtout ne plus jamais se trouver de l'autre côté de la table des Américains. Ces deux leçons contraires, vous les trouvez exprimées noir sur blanc dans les mémoires du général de Gaulle et dans ceux d'Harold Macmillan. Or, depuis la crise de Suez, la politique anglaise n'a jamais changé de boussole : c'est l'Amérique d'abord. C'était vrai hier avec Margaret Thatcher. C'est vrai aujourd'hui avec Tony Blair. Mais alors que Margaret Thatcher ne se faisait aucune illusion sur l'Europe, au début de son mandat, Tony Blair voulait faire sincèrement de la Grande-Bretagne le troisième pilier de l'Europe, aux côtés de la France et de l'Allemagne. Mais il a vu que ce n'était pas possible. La guerre d'Irak a été le tournant. Blair a tranché en faveur de l'Amérique, et la classe politique anglaise avec lui. »

Et Tony Judt poursuivait ainsi son interprétation du dessous des cartes du référendum sur la Constitution :

« Jamais les leaders européens n'avaient imaginé qu'ils allaient poser la question de la Constitution aux électeurs par la voie d'un référendum. Mais pour des raisons de politique intérieure en Angleterre, il n'était pas possible de faire passer cette Constitution sans référendum. Tony Blair a donc annoncé aux Anglais ce référendum qui désormais n'aura pas lieu. Je ne suis pas sûr qu'il avait à cette époque compris qu'il avait conçu une stratégie qui allait être gagnante. L'annonce du référendum en Angleterre a presque obligé Jacques Chirac à avoir son petit référendum à lui. En réalité, Tony Blair était dos au mur. Il a vraiment cru qu'il allait devoir démissionner. »

Six mois avant le référendum, Tony Judt m'avait dit, désolé :

« Je crois que Tony Blair est très mal placé pour faire avancer la question européenne en Angleterre. Il a peut-être gagné un pari historique, en engageant le pays dans une nouvelle ère des relations internationales aux côtés des États-Unis, mais je crains qu'il ait perdu le pari de l'Europe. »

À cette époque, Tony Judt misait encore sur le cheval français. Mais c'était sans compter sur le caractère schizophrène tenaillé de la France de Jacques Chirac, tenaillée entre un appel au *oui* et la menace de l'« horreur économique » anglo-saxonne.

Au lendemain du *non* français, Judt devait se rendre à l'évidence :

« Grâce aux Français et aux Néerlandais, Blair n'est plus obligé de passer par le référendum sur l'Europe qui était son épée de Damoclès. Maintenant, il peut dire : moi je suis super pro-européen et je n'aurais jamais voté pour cette Constitution. Il a gagné des deux côtés, sans jamais l'avoir cherché. L'Europe de l'après-référendum, c'est l'Europe de la guerre d'Irak, cassée, en miettes, avec un tropisme américain. C'est le succès non mérité de Blair, et la défaite bien méritée de Chirac. »

Ce que la droite française n'a jamais eu le courage de dire, c'est que cette Constitution avait été conçue pour mettre au pied du mur l'Angleterre de Tony Blair, tête de pont des intérêts américains sur le Vieux Continent. Elle offrait un cadre institutionnel de modernisation de l'Europe, où le projet politique brillait certes par son absence, mais où l'Europe, malgré tout, restait debout pour maîtriser son développement futur. La ruse de l'Histoire dans cette affaire n'était pas celle que sous-entendait Bill Kristol dans son bureau de Washington. C'était celle de la duplicité d'une droite française appelant à voter une Constitution tout en laissant entendre que cette Constitution allait transposer en Europe un « modèle anglo-saxon ». Les marrons du feu tirés pour Londres et Washington.

« J'ai l'impression qu'il n'y a pas d'autorité politique capable d'expliquer au peuple français les données élémentaires sur lesquelles repose la vitalité économique d'un pays »,

m'avait dit Avis Bohlen, la grande dame de la diplomatie que j'avais rencontrée à Washington au début de mon séjour. Impossible de trouver dans la capitale un esprit plus hostile au bushisme et plus attaché à l'Europe. Eh bien, elle était consternée par le *non* français au référendum, elle lui trouvait des raisons semblables à celles qu'en donnaient, chacun à leur manière, Bill Kristol, Robert Samuelson et Tony Judt. Troublante unanimité !

« Depuis le premier mandat de Mitterrand, vous dérapez. Tout d'abord, il est faux d'incriminer le modèle anglo-saxon qui n'existe pas en tant que tel. C'est une vue de l'esprit. Les lois de l'économie n'ont pas de patrie. Le monde évolue dans une certaine direction, c'est tout. Vous avez des gens d'affaires extrêmement brillants, je dis d'ailleurs souvent qu'ils sont les plus brillants du monde, parce que nulle part ailleurs un tel poids du secteur public pèse sur eux, et malgré ce poids écrasant ils sont toujours dans la course. Mais le premier mandat de Mitterrand a encore renforcé ce poids débilitant. Cela ne peut continuer longtemps. La France – elle n'est pas la seule – mène un train de vie qu'elle ne pourra pas soutenir à l'avenir. Au lieu de dire la vérité aux Français, on les paye des 35 heures et autres sottises. Peut-être que Sarkozy en rajoute, mais peut-être aussi a-t-il compris que ça ne peut pas durer sur cette voie absurde. »

Madame Bohlen avait laissé passer un long silence qui m'a frappé. Son regard s'était fixé au loin et semblait se perdre avec tristesse dans la perspective d'une fatalité inexorable. Revenue vers moi, je l'avais entendue me prononcer cette sentence sibylline :

« Il arrive un moment où les apparences de la vitalité sont la malédiction d'un pays malade. »

Cette grande dame américaine aimait manifestement mon pays mieux que beaucoup de nos va-t-en-guerre électoraux français.

*

On ne comprend rien au crédit politique et moral dont ont joui les néo-conservateurs aux États-Unis, à l'influence qui a été la leur dans la politique américaine depuis Ronald Reagan jusqu'à George W. Bush, si on ne voit pas qu'ils reposent sur une victoire décisive et incontestable, celle que le père de Bill et ses amis ont préparée dans l'opposition à l'administration Johnson et à son projet de « Grande Société ». On mesure mal, en Europe, la dette immense que les décideurs américains estiment avoir contractée envers les néo-conservateurs de la génération d'Irving Kristol et de Norman Podhoretz auxquels ils doivent le formidable sursaut économique de l'Amérique des années 80-90. Cette reconnaissance du ventre explique toute la confiance qu'ils ont accordée par la suite à ces intellectuels d'un genre inconnu de ce côté-ci de l'Atlantique. George W. Bush a eu six ans de pouvoir absolu, fort d'un Congrès à majorité républicaine dans les deux Chambres, situation quasi exceptionnelle aux États-Unis. Au lendemain du 11 Septembre, l'Amérique tout entière, le parti démocrate y compris, s'est jetée dans les bras des néo-conservateurs pour sauver la patrie en danger. Ils ont dominé le débat intellectuel américain. La guerre d'Irak fut leur guerre, et son échec patent dès 2004 n'a pas empêché Bush d'être réélu triomphalement. Le pays dans ses profondeurs refusait encore de se convaincre que ces mêmes hommes, qui ont sauvé leur pays du déclin économique, soient capables aujourd'hui de trahir l'intérêt national américain en soutenant une politique qui ne soit pas la meilleure pour leur patrie. La victoire démocrate au Congrès à l'automne 2006 a marqué un tournant. La répudiation de Bush fut spectaculaire. Le lien de confiance entre l'Amérique et les néo-conservateurs s'est rompu.

La veille de ma rencontre avec Bill Kristol, j'avais eu un entretien avec un autre néo-conservateur, Hillel Fradkin, spécialiste au Hudson Institute du monde musulman. Il m'avait rappelé que le déclin n'était le privilège ni de l'Europe, ni de la France. L'Amérique aussi avait connu la douloureuse épreuve d'une nation qui voit sa suprématie contestée et son rang remis en cause. Le même sentiment d'échec et d'impuissance, éprouvé par tous les patriotes européens au soir du 29 mai 2005, ce sentiment de désespoir, n'était pas inconnu à ses compatriotes.

« À la fin des années 70, l'invasion soviétique en Afghanistan a été un mauvais coup pour les États-Unis, me disait-il. Nous avions la sensation que le pays était en plein déclin, et que la Russie soviétique était en plein essor, et que quelles que soient les positions relatives, l'Amérique serait la perdante. Sur le plan économique, le jugement sur l'Amérique au début des années 80 était également pessimiste. Souvenez-vous, on était partout persuadé que l'Amérique était en voie d'être surclassée par les Japonais et les Allemands. Les Japonais avaient développé une économie de haute technologie qui leur donnait l'avantage à long terme. Les Allemands avaient leur modèle "rhénan" très performant, que le monde entier leur enviait. L'arrivée de Reagan en 1980 a montré comment la décision politique peut retourner brusquement un déclin économique annoncé. À mes yeux, l'élément déclencheur du sursaut a été le leadership politique. Cela me semble important à rappeler à la France d'aujourd'hui : à son échelle, aux côtés de ses partenaires européens, elle se trouve dans la même situation que l'Amérique des années 70. Je le dis avec d'autant plus d'assurance que je tiens cette comparaison d'un diplomate français. Il m'avait dit au lendemain de l'échec du référendum sur la Constitution européenne : "Avec les dirigeants qui sont au pouvoir aujourd'hui en France, c'est comme si nous avions chez nous toujours l'administration de Gerald Ford." Il exprimait par là une profonde frustration. Autant dire que rien ne pouvait redresser le mal français. Ce même sentiment de frustration dominait les esprits aux États-Unis à la fin des années 70. L'ensemble de nos leaders politiques s'étaient résignés à l'idée que nous étions irrémédiablement en déclin. Rappelez-vous le discours de Carter sur l'Amérique "pays paresseux", qui fut d'ailleurs pour lui un désastre politique. Et puis nous avons eu les élections de 1980. Carter a été battu, les Américains ont senti que le pays avait besoin d'un nouveau leadership. Et on a eu Reagan. Et Reagan a tout simplement dit : "Non, nous ne sommes pas en déclin. On a peut-être fait les choses d'une mauvaise manière. Mais d'un point de vue politique notre Constitution est toujours là. Il y a peut-être d'autres choses qui ont juste besoin d'être revues et corrigées." »

Vingt-cinq ans ont passé. L'Amérique de Carter et celle de Bush semblent deux pays différents. Vraiment si différents ?

C'était au cours de notre conversation sur la guerre d'Irak qu'Hillel Fradkin avait évoqué cette Amérique des années 70, déclinante et soudain rendue à la prééminence. J'en viens à me demander par devers moi : n'est-ce pas l'inverse aujourd'hui ? Hillel Fradkin m'avait justifié la guerre de Bush en Irak avec aplomb. Bill Kristol me rappelait le formidable ressort économique que Reagan, avec l'appui de ses amis, avait rendu à l'Amérique. L'un était convaincu que le *leadership* de Bush aurait raison de la situation irakienne apparemment inextricable, l'autre était encore exalté par le *leadership* de Reagan qui avait arraché l'Amérique à la décadence. J'en prenais acte. Mais cet usage du mot *leadership*, appuyé et répété, trahissait chez les deux hommes une forme d'auto-persuasion. C'était comme si les difficultés en Irak de l'administration Bush, surmontées faute de mieux par l'affirmation d'un *leadership* capable de conjurer le mauvais sort, répétaient après un quart de siècle leur analyse du sursaut inespéré de l'Amérique des années 80. Mais le *leadership* suffisait-il à la renaissance économique des années 80 ? Et la puissance économique et militaire que cette renaissance avait rendue à l'Amérique n'était-elle pas maintenant mise en échec et travaillée par un nouveau doute du fait de l'erreur irakienne ? Mes deux néo-conservateurs avaient des raisons d'être fiers d'avoir contribué à l'incontestable redressement de leur pays, ils tentaient de se cacher à eux-mêmes leur responsabilité dans l'aventure où ils avaient poussé l'hyperpuissance restaurée sur leurs conseils.

Lyndon Johnson avait été l'exécuteur testamentaire de la politique économique de John Fitzgerald Kennedy, que celui-ci avait élaborée avec des économistes de Harvard, avant que sa disparition tragique brise son rêve de « Nouvelle Frontière ». Parmi ce *pool* d'experts, John Kenneth Galbraith assura la continuité du règne démocrate en conseillant à la fois Kennedy et Johnson. Il fut le maître d'œuvre du projet de « Grande Société », préparé sous Kennedy et que Johnson mit en chantier sous sa propre présidence en donnant pour nouvelle cette ambition de son prédécesseur. La « Grande Société » devait être un nouveau chapitre du New Deal rooseveltien, inspirée cette fois du modèle européen de l'État-Providence, mi-socialiste, mi-capitaliste. L'Amérique démocrate des sixties avait un complexe intellectuel à l'égard de l'Europe de gauche. C'était vrai en philosophie où la *Theory* derrido-foucaldienne – et ses promesses de déconstruire une civilisation d'oppressions hypocrites – put se répandre dans les universités élégantes. C'était vrai aussi en politique où le redressement spectaculaire de l'Europe des Trente Glorieuses fit croire au Nouveau Monde *liberal* que l'Ancien Monde avait inventé un socialisme à visage humain transposable outre-Atlantique. Cette « idéologie européenne » – pour reprendre l'expression de Kristol – a pu d'autant mieux impressionner les esprits outre-Atlantique que le « rêve américain » montrait alors cruellement la corde : inégalités, violence et racisme sur fond de « sale guerre » au Vietnam. Les années 60 ont été les années noires des États-Unis, entachées du sang de quatre assassinats politiques : JFK en 1963, Malcom X en 1965, Martin Luther King et Bob Kennedy en 1968.

Dans les convulsions de la grande nation, la mise en œuvre du projet de « Grande Société » devait panser les blessures du rêve américain, en deuil de John F. Kennedy et troublé par la réussite apparemment éclatante de l'Europe des Trente Glorieuses. Les chiffres étaient alarmistes : 40 % des non-blancs vivant sous le seuil de pauvreté ; les noirs souffrant deux fois plus du chômage que les blancs, et occupant trois fois plus de postes sous-qualifiés que leurs concitoyens blancs [1]. Johnson promit de réduire « la fracture sociale », de lutter contre la pauvreté et d'abolir les « discriminations ». Les noirs furent les premiers bénéficiaires de cette politique avec le vote du Civil Rights Act de 1964. La « Grande Société » prônait la mobilisation générale de l'État fédéral pour répartir également à tous les fruits de la croissance américaine. Avec le thème de la « fracture sociale », celui de « L'Amérique pour tous » devint l'autre slogan du gouvernement Johnson. L'utopie du temps libre et de la société des loisirs était de ce programme. La Fondation Ford, très écoutée par l'administration démocrate, incitait l'Amérique à se préparer à une société de la fin du travail que l'automatisation des moyens de production et les progrès de la productivité rendaient nécessaire et proche. On ne parlait pas des « 35 heures », mais l'idéologie du loisir culturel de masse était dans l'air du temps. Dans l'Amérique des années 60, la « Grande Société » de Lyndon Johnson a caressé pour quelque temps le rêve dont se berce depuis longtemps la France de François Mitterrand et de Jacques Chirac.

---

[1] Ces chiffres sont ceux de la commission Kerner, qui fut mise en place au lendemain des émeutes raciales de 1968.

En 1965, Irving Kristol, encore démocrate à cette époque, entra en dissidence avec l'administration Johnson qu'il avait pourtant soutenue jusqu'ici. Il co-fonda avec Daniel Bell la revue *The Public Interest* pour combattre le nouveau tour « socialisant » qu'avait pris la politique démocrate dans laquelle il ne se reconnaissait plus. Relayé par les éditoriaux de Robert Bartley dans le *Wall Street Journal*, et par la revue *Commentary* de Norman Podhoretz, Irving Kristol défendit désormais une autre interprétation du New Deal rooseveltien que celle qu'en donnaient les théoriciens de la Grande Société, les yeux fixés sur l'Europe d'après 1945. Lui et ses amis s'évertuèrent à démontrer l'inefficacité des politiques de lutte contre la pauvreté et contre les discriminations s'appuyant exclusivement sur l'action de l'État. Les émeutes raciales de 1968 apportèrent de l'eau à leur moulin. Ils y virent la conséquence des effets pervers du Civil Rights Act voté quatre ans plus tôt. Pour cette dissidence de gauche, le péché de la Grande Société a été en effet d'évacuer les notions d'ambition, de mérite, de compétition, prenant le risque d'appauvrir moralement la société que l'on veut homogénéiser matériellement et juridiquement. Le New Deal rooseveltien était resté attaché malgré tout à ces ressorts traditionnels du progrès social américain. C'est donc par leur critique du socialisme rampant dans le New Deal, que les néo-conservateurs ont été conduits à découvrir, au fond de l'économie, ses principes cachés de santé et de vitalité, celui de la famille, celui de la patrie, celui de la religion, toutes institutions que Tocqueville avait décrites comme limitant le penchant naturel de la démocratie à l'égoïsme et au nivellement social stérilisant. Voici quarante ans déjà, les néo-conservateurs ont revendiqué ce qu'aujourd'hui, en marge du parti socialiste et du parti gaulliste, Ségolène Royal et Nicolas Sarkozy ont à peine suggéré pour redonner un « ordre juste » à la société française.

Aux États-Unis, la critique de l'État-Providence qui inspirera le succès de la présidence Reagan, s'est nourrie dans les années 60 de l'analyse de l'immoralité du régime communiste, analyse que l'alliance de Roosevelt avec l'Oncle Joe pour combattre le nazisme, payée par la division du Vieux Continent, avait fait longtemps négliger. Les néo-conservateurs ont incarné le sursaut intellectuel de l'Amérique de la guerre froide contre une forme de démission du milieu *liberal* de gauche américain, qui se flattait d'une convergence entre les régimes de liberté et le « modèle » soviétique tenu pour évolutif. Dans l'Amérique confrontée à l'URSS, leur bataille contre l'idée d'État-Providence rejoignait le jugement sévère que déjà, en 1848, Tocqueville portait sur la politique d'ateliers nationaux et de fête du gouvernement Lamartine, au début de la jeune et éphémère IIe République.

Il me faut rappeler cet épisode de l'histoire de la France du XIXe siècle, tel que Tocqueville l'a rapporté dans les *Souvenirs*, pour faire comprendre pourquoi les néo-conservateurs se réclament aujourd'hui de lui. Sous la monarchie de Juillet, Tocqueville est un libéral de gauche, opposé au conservatisme du cabinet Guizot. Il observe que les élites du règne orléaniste se sont repliées sur elles-mêmes, « chacun de ses membres, écrit-il, songeant beaucoup plus à ses affaires privées qu'aux affaires publiques et à ses jouissances qu'à la grandeur de la nation ». Pour lui, le ministère Guizot s'est montré incapable d'attacher au régime une majorité de l'opinion française, et donc de gouverner. Dans un discours à la Chambre du 28 janvier 1848, il avait mis en garde le gouvernement contre la nouvelle révolution qui se prépare contre un régime qui a désespéré le pays et l'a livré aux meneurs socialistes :

> « Regardez, disait-il, ce qui se passe au sein de ces classes ouvrières, qui aujourd'hui, je le reconnais,

sont tranquilles. Il est vrai qu'elles ne sont pas tourmentées par les passions politiques proprement dites, au même degré où elles en ont été tourmentées jadis ; mais ne voyez-vous pas que leurs passions, de politiques, sont devenues sociales ? Ne voyez-vous pas qu'il se répand peu à peu dans leur sein des opinions, des idées, qui ne vont point seulement à renverser telles lois, tel ministère, tel gouvernement même, mais la société, à l'ébranler sur les bases sur lesquelles elle repose aujourd'hui ? N'écoutez-vous pas qu'on y répète sans cesse que tout ce qui se trouve au-dessus d'elles est incapable et indigne de les gouverner ; que la division des biens faite jusqu'à présent dans le monde est injuste ; que la propriété repose sur des bases qui ne sont pas équitables ? Et ne croyez-vous pas que, quand de telles opinions prennent racine, quand elles se répandent d'une manière presque générale, que, quand elles descendent profondément dans les masses, qu'elles doivent amener tôt ou tard les révolutions les plus redoutables ? [1]. »

Le 24 février 1848, Louis-Philippe abdique. Envahie par l'émotion populaire, une partie des libéraux de gauche menés par Lamartine prend la tête de la manifestation de rue, qu'ils espéraient contrôler pour préserver la chance d'instaurer en France un régime modéré, stable et libéral, sous la forme d'une nouvelle monarchie constitutionnelle ou d'une nouvelle République. Membre du gouvernement provisoire, Lamartine fait figure de dernier rempart aux yeux de tous ceux que la révolution a apeurés. À la tribune, il proclame la IIe République, se croyant l'homme de la situation grâce à une alliance avec le parti socialiste de Ledru-Rollin. Après avoir été le témoin de l'aveuglement des libéraux conservateurs,

---

[1] Alexis de Tocqueville, *Souvenirs,* in Œuvres Complètes, Robert Laffont, coll. Bouquins, 1986, p. 734.

Tocqueville observe l'aveuglement des libéraux de gauche face à la menace de désintégration sociale que fait peser sur la France l'idéologie socialiste. Les *Souvenirs* racontent comment, dans les premiers jours du gouvernement provisoire, Tocqueville décide de rompre avec Lamartine et ses anciens amis libéraux de gauche. En s'alliant naïvement au parti socialiste, Lamartine n'a selon lui aucune chance de faire triompher la cause de la liberté dont il se réclame. Les « journées de Juin » qui conclurent dans le sang cette seconde étape de la révolution de 1848 ont donné raison au penseur politique contre le poète.

Le programme mis en œuvre par le gouvernement provisoire de Lamartine était en fait suicidaire. Dans les jours qui suivirent l'instauration de la IIe République, il fut décidé d'ouvrir des Ateliers nationaux destinés à résorber le chômage en employant des ouvriers sans travail : satisfaction était donnée aux socialistes. Près de 100 000 personnes s'inscrivent au bureau d'embauche. Un programme de grands travaux est lancé à Paris avec la construction des gares Montparnasse et Saint-Lazare. Et pour faire oublier au peuple sa rage révolutionnaire, le gouvernement lui offre du divertissement à grand spectacle et organise sur le Champ-de-Mars une fête populaire de la Concorde. On croit lire sous la plume de Tocqueville, historien de la IIe République, une prophétie de la politique de la Fonction publique et de la Culture conduite à grande échelle et sur la longue durée par la Ve République. Tocqueville est d'emblée sceptique sur l'issue :

> « Je voyais clairement que Lamartine se détournait du grand chemin qui nous menait hors de l'anarchie, et je ne pouvais deviner dans quel abîme il allait nous conduire en suivant les voies détournées qu'il prenait ; comment prévoir, en effet, où peut aller une imagination toujours bondissante que la raison ou la vertu ne limitent pas ; le bon sens de Lamartine ne

me rassurait pas plus que son désintéressement, et, en fait, je le tenais pour capable de tout, excepté d'agir lâchement et de parler d'une façon vulgaire [1]. »

Le pire était donc à venir : ce fut l'insurrection des « journées de Juin » que dut réprimer dans le sang le général Cavaignac, et qui mit définitivement fin à la carrière politique brillante mais éphémère de Lamartine. Les Ateliers nationaux étaient devenus un gouffre financier et un vivier révolutionnaire que le gouvernement provisoire décida de licencier, ce qui mit le feu aux poudres. Devant le péril rouge, l'Assemblée nationale accepte de voter l'état de siège :

> « L'insurrection, écrit Tocqueville, fut de telle nature que toute transaction avec elle parut sur-le-champ impossible et qu'elle ne laissa, dès le premier moment, d'autre alternative que de vaincre ou de périr. »

Les *Souvenirs* sont une critique de l'État-Providence lamartinien, dont Tocqueville montre comment il a conduit tout droit à la décomposition sociale et à la guerre civile. On peut y voir un parallélisme avec le jugement politique que les néo-conservateurs ont porté sur l'Amérique de la contestation. Face au projet de « Grande Société » de Johnson, eux aussi ont choisi de rompre avec leurs anciens amis libéraux, sécession dont Norman Podhoretz a fait le récit dans ses mémoires politiques publiés en 1980 sous le titre *Breaking Ranks* [2]. Pour eux comme pour Tocqueville, la « Grande Société » du président Johnson devait être combattue avec résolution parce qu'elle ne pourra déboucher que sur ces « journées de Juin », que furent aux États-Unis les émeutes raciales de

---

[1] Tocqueville, *Souvenirs, op. cit.*, p. 792.
[2] Norman Podhoretz, *Breaking Ranks : A Political Memoirs*, New York, Harper and Collins, 1980.

1968 et la contestation de l'Amérique sur les campus. L'enjeu du combat de vie et de mort était la santé et la survie de la société américaine.

Milton Friedman fut à bien des égards l'inspirateur de la victoire, bien qu'il fût étranger au courant de pensée des néo-conservateurs. Ces derniers ont en effet trouvé dans les vues de l'économiste de l'École de Chicago une doctrine radicale à même de purger la nouvelle version du New Deal rooseveltien de ses infiltrations socialistes et européennes. Remontant à Roosevelt, l'École de Chicago a entrepris une relecture critique approfondie de l'histoire de la Grande Dépression des années 30 et des réponses apportées à celle-ci par l'administration Roosevelt. Pour Milton Friedman, la Grande Dépression n'a pas été une faillite de l'économie libérale, mais bien plutôt un échec des politiques de gestion monétaire mises en œuvre par la FED et qui ont précipité l'Amérique dans un naufrage économique. À rebours de la doxa keynésienne, Milton Friedman a soutenu que la crise des années 30 ne fut qu'une crise cyclique du capitalisme, aggravée par les erreurs de politique monétaire qui ont servi de prétexte à l'introduction d'une réforme socialiste de l'économie de marché et à l'interventionnisme stérilisant de l'État au nom de la croissance et du plein-emploi. Les effets pervers à long terme de cette politique ont abouti, dans la décennie 70, au développement de l'inflation, laquelle a porté atteinte au droit de propriété, pierre angulaire selon Tocqueville de toute société libre : l'inflation a dévalorisé le patrimoine des citoyens américains. L'École de Chicago a dévoilé le caractère immoral de l'interventionnisme d'État, dissimulé derrière une démagogie économique, entretenant le peuple américain dans l'illusion, et travaillant contre ses intérêts. Il fallait s'attaquer à la racine du mal de ce socialisme rampant dans la société américaine et restaurer les pleins droits de propriété individuelle, ressort de liberté et de vitalité. Le monétarisme friedmanien n'est autre qu'une réforme intellectuelle et morale du gouvernement économique, visant à contenir la démagogie des dirigeants en leur ôtant le pouvoir monétaire. Rejoignant par des voies détournées les préoccupations morales de la philosophie politique de Leo Strauss, Milton Friedman a refondé aux États-Unis la démocratie économique en y extirpant toutes les infiltrations socialistes, et en créant les conditions d'une prospérité durable, la garantie du droit de propriété et la confiance dans la clairvoyance de l'intérêt individuel. La machine américaine pouvait entrer comme neuve dans le XXIe siècle pour affronter, avec toutes ses forces rassemblées, les tigres et les dragons qui commençaient dans le Pacifique à montrer leurs griffes sous les années Clinton.

La révolution néolibérale des années Reagan a été la victoire de la branche historique du parti néo-conservateur. Le triomphe fut tel qu'il ne laissa d'autre choix à l'administration Clinton que d'emboîter le pas au nouvel ordre de marche reaganien, non sans quelques dernières velléités de résistance que Bill Kristol et ses amis s'employèrent à réduire. Vue des États-Unis, l'ère Clinton apparaît comme une présidence à rebours de l'interprétation qu'on en donne en Europe. Pour se faire élire en 1992, Clinton a dû multiplier les alliances à droite, en dehors de son parti, pour rallier le soutien d'une majorité d'Américains qui souhaitaient ne pas revenir aux abus du Welfare. Son slogan de campagne donne la couleur : « *Put an end to welfare as we know it* », en d'autres termes « En finir avec le Welfare que nous avons connu ». Une phrase sacrilège qu'en France même un Sarkozy s'interdirait de prononcer... Sous la bannière des New Democrats, Clinton allait ouvrir la voie que Blair allait bientôt emprunter pour l'Angleterre : celle d'une gauche libérale au sens européen, assumant sans complexe l'héritage thatchérien et reaganien.

Pendant les deux premières années de son mandat, Bill Clinton entreprit une politique vigoureuse de résorption du déficit public en augmentant les impôts. Cette hausse d'impôt fut très efficace et ramena les comptes publics à l'équilibre. Mais elle ne fut pas acceptée par les électeurs américains qui se sentirent dupés. Deux ans plus tard « Super Menteur » était sanctionné : il allait devoir gouverner avec une majorité républicaine, et il lui fallait signer, contre les élus de son parti, les principales lois votées par leurs adversaires.

En 1994, les élections du Congrès américain avaient porté au Capitole une majorité républicaine, qui avait fait campagne sur le slogan reaganien anti-impôt du « *Getting the government back off our backs* ». Pour la première fois depuis quarante ans, le Congrès était à majorité républicaine, et il fallait remonter à 1932 pour trouver une victoire de la droite d'une ampleur comparable en termes de sièges. C'est à cette date que George W. Bush fut élu gouverneur du Texas pour la première fois : une majorité d'électeurs des États du Sud, traditionnellement démocrate, avaient voté pour le parti républicain. L'événement est historique, et rien ne vaut le commentaire sur la nature profonde de l'administration Bush que je tiens de René Girard :

> « Il y a eu dans la politique américaine une révolution. Depuis la guerre de Sécession, le Sud était resté démocrate parce que c'était le parti républicain qui avait fait la guerre contre l'esclavagisme. George W. Bush incarne pour la première fois une administration républicaine appuyée par les électeurs du Sud, qui votent désormais majoritairement pour le parti conservateur. Auparavant, dans l'univers de Roosevelt, on avait affaire à un phénomène bizarre, l'alliance contre-nature au sein du parti démocrate entre la gauche syndicaliste et la partie la plus réactionnaire des États-Unis des démocrates sudistes. Le génie politique du New Deal, c'était d'avoir fait une synthèse des deux. Cette synthèse de politique intérieure américaine et son équilibre modérateur ont

d'ailleurs longtemps exercé des effets importants sur la politique française. Roosevelt avait envoyé les éléments les plus réactionnaires de son parti à l'étranger, dans une position qui ne dérangeait pas la conduite des affaires intérieures. De ce fait, la diplomatie américaine a été longtemps plus réactionnaire, plus conservatrice que la politique intérieure. C'est ce qui explique qu'en 1940, les diplomates américains étaient favorables à Vichy. Quand on lit les journaux américains de l'époque, c'est clair : la presse américaine ne se gênait pas pour attaquer la diplomatie des États-Unis préférant défendre Vichy à de Gaulle, alors que déjà l'Amérique était entrée en guerre contre Hitler. L'élection de George W. Bush a donc été un tournant historique. Elle a montré que l'alliance contre-nature destinée à soutenir le New Deal ne tenait plus en politique intérieure, et que désormais il revenait au parti républicain d'épouser toute l'opinion réactionnaire des États-Unis. »

En 1994, la cohabitation à l'américaine entre un président démocrate et un Congrès républicain est recoupée en France, mais selon un scénario exactement inverse. Pour gagner en 1995, le candidat de la droite Jacques Chirac a dû multiplier les ouvertures à gauche pour capter les voix d'une majorité de Français très attachés au renforcement de l'État-Providence. Sa victoire s'est faite sur un programme de « lutte contre la fracture sociale » qui promettait une mobilisation de l'État pour garantir à tous un emploi et sa durée. Son Premier ministre Alain Juppé, dès sa nomination, entreprit une politique courageuse de réformes en profondeur des dépenses publiques, mais elles sont très vite apparues à l'opinion publique en contradiction avec les engagements électoraux du Président. Deux ans après son élection, le pays était bloqué par les grèves. La dissolution de l'Assemblée nationale, voulue par Dominique de Villepin, a apporté une majorité parlementaire socialiste plus conforme à la ligne électorale du Président de « droite ».

Sous l'administration Clinton, Bill Kristol occupe un rôle d'agitateur d'idées au sein du parti républicain. Il avait commencé sa carrière politique en 1985, dans l'administration Reagan, au cabinet du secrétaire à l'Éducation William Bennett. Sous l'administration Bush père, il fut le chef de cabinet du vice-président Dan Quayle. En 1994, deux ans après l'élection de Clinton à la Maison Blanche, il convainc Bob Dole, le leader des républicains au Congrès, de prendre la tête de l'opposition au plan d'assurance-maladie d'Hillary Clinton. Pari gagnant : avec la victoire historique des républicains aux élections du Congrès de 1994, c'est l'agenda de politique intérieure de Ronald Reagan, sous la présidence Clinton, qui est de nouveau entériné.

Bill Kristol se souvient de cette époque comme d'un moment décisif pour l'Amérique, qu'il n'hésite pas à comparer à celui qu'a connu l'Europe avec l'échec du référendum sur la Constitution.

« En 1994, les conseillers d'Hillary Clinton étaient persuadés que le système européen était supérieur au système américain, et qu'il était important pour l'Amérique d'aller dans cette direction concernant l'assurance-maladie. Le débat qui s'est engagé est allé bien au-delà d'une simple réforme technique. L'assurance-maladie est devenue alors un débat symbolique pour savoir s'il fallait dépendre du secteur privé, de la concurrence, ou si nous devions avoir un plan de protection national pour l'État, ce que notre pays n'a pas. Le projet a été présenté au Congrès. C'était d'ailleurs une première en quarante ans de législature. Si vous voulez, les États-Unis ont eu à cette époque une sorte de référendum sur ce que vous appelez en Europe le modèle anglo-saxon. Ce fut un moment très important. Les gens ont fait marche arrière sur le projet de réforme du gouvernement. Ça a pris deux ans, et en janvier 1996 le projet était abandonné. La victoire des libéraux dans le sens européen et des néo-conservateurs dans le sens américain. Ce n'est pas que tout soit merveilleux depuis, mais fondamentalement on a tranché. Et ça n'a pas changé depuis les derniers quinze ans. »

Ce consensus américain, auquel les démocrates se sont ralliés de gré ou de force sous Clinton, est encore plus édifiant en ce qui regarde la réforme du Welfare. Cette réforme entreprise par le président Clinton lui-même dès son accession au pouvoir devait s'appliquer à un programme d'aides publiques mis en place en 1930, pour subvenir aux besoins des mères seules avec enfant. Un des best-sellers de l'ère Reagan, le livre du néo-conservateur Charles Murray, *Losing Ground : American Social Policy (1950-1980)* [1], avait révélé les effets pervers de ce programme qui avait semblé généreux. Il encourageait en fait la multiplication les foyers mono-parentaux, il décourageait le retour au travail, et pour finir, beaucoup de femmes seules avec enfants fraudaient en cumulant un travail avec les aides d'État. En 1930, ce programme, dans son esprit d'origine, était destiné à venir en aide aux veuves ; en 1990, il avait beaucoup grossi et il profitait aux jeunes femmes célibataires vivant en concubinage, dont le contre-modèle familial était encouragé par le système. Les effets sur l'éducation des enfants étaient désastreux. Après un an de débat intense, Bill Clinton contresigna, contre son parti, le projet de loi républicain,

---

[1] Un tel livre manque aujourd'hui à la France pour éclairer le diagnostic de la crise des banlieues ; une crise que les États-Unis connurent pour la population noire dans les années 60, et pour la résolution de laquelle la politique sociale néo-conservatrice a démontré son efficacité, en substituant à l'assistanat les incitations au retour au travail, avec pour résultat l'émergence d'une classe moyenne noire-américaine.

resserrant drastiquement les critères pour bénéficier de cette aide. Cette réforme fut accompagnée par une revalorisation des salaires pour rendre plus attractif le retour au travail des femmes. En 1996, 4,8 millions de familles bénéficiaient de ce programme. En 2000, elles n'étaient plus que 2,2 millions [1].

> « La réforme du Welfare en 1996, ce fut ici une année de débat intense, les conservateurs voulaient revoir en profondeur ce système et tous les libéraux disaient : "Horreur ! On va augmenter la pauvreté et faire mourir les gens dans les rues." Dix ans ont passé, personne ne revient sur la réforme. Le Welfare n'est plus un sujet de débat entre les démocrates et les républicains. Il n'y a pas davantage de pauvreté, pas plus d'exclusion. Beaucoup de couples se sont reformés, beaucoup de femmes ont trouvé du travail, la communauté noire a reconnu elle-même que la famille noire a bénéficié de cette réforme apparemment cruelle. La question du Welfare n'est plus un sujet de débat entre républicains et démocrates. Bien sûr, là encore, tout n'est pas parfait mais la preuve a été faite que le "Big Government" pouvait avoir des effets désastreux. »

Je découvrais avec Bill Kristol, que sous la présidence Clinton qui passe ici pour de gauche, les acquis conservateurs de l'administration Reagan n'ont pas été remis en cause. C'est Clinton lui-même, en 1996, qui a fait passer la réforme du Welfare, démantelant une politique familiale mise en place par Roosevelt et qui s'était révélée à long terme antifamiliale. Quant au volet de l'assurance-

---

[1] Voir le livre de la journaliste du *New York Times*, Jason De Parle, *American Dream : Three Women, Ten Kids and a Nation's drive to End Welfare*, New York, Viking Penguin, 2004. Et aussi l'article de Christopher Jenks, « What happened to Welfare ? », in *New York Review of Books*, 15 décembre 2005.

maladie, qui devait être la grande œuvre de son épouse, inspirée de la Sécurité sociale européenne, son échec politique retentissant a durablement compromis une nouvelle réforme. La politique économique de George W. Bush suit en réalité un consensus libéral au sens européen du terme, et néo-conservateur au sens américain, qui a été la constante de l'Amérique depuis vingt-cinq ans.

« Nous avons fait un autre choix en 2001 et en 2002, c'est celui de la réduction des impôts. Bush voulait diminuer les impôts, les démocrates ont dit non, Bush a répliqué : "Nous avons une croissance de 4 % par an et l'Europe est stagnante. Je crois que le monde regarde du côté des États-Unis, de l'Espagne, de l'Irlande, et même des pays de l'Europe de l'Est, et ils disent que les politiques sociales de gauche ne fonctionnent pas." Les républicains ont gagné. Pour résumer : entre le rejet de l'assurance-maladie, la réforme du Welfare, et la réduction des impôts, en Amérique, il y a un sentiment général que les politiques d'inspiration conservatrice ont été efficaces. Et vous savez, l'Amérique est un pays très pragmatique. Ce n'est pas un combat idéologique, la formule d'aujourd'hui la plus performante s'est révélée de fait. »

J'ai quitté le bureau de Bill Kristol quelque peu dérouté. Tout se passait comme si une guerre était rattrapée par une autre. Ce voyage dans les souvenirs de Bill Kristol m'avait rendu optimiste : je pouvais croire que les États-Unis connaissaient peut-être pour la première fois de leur histoire, loin de l'Europe, la réalité du rêve américain. Cette guerre intérieure que les néo-conservateurs avaient menée depuis les années 60 contre la « Grande Société » avait porté ses fruits en donnant les moyens à ce pays de réaliser autrement et mieux leur idéal de toujours : une chance de réussite pour tous. Mais cette guerre gagnée était bientôt rattrapée par une autre, extérieure celle-là, très loin de l'Amérique, au Moyen-Orient, qui avait tout l'air d'être perdue. La déroute de l'armée américaine en Irak venait comme un boomerang briser le rêve américain réalisé à l'intérieur, une prospérité générale palpable presque physiquement pour tout voyageur honnête parcourant cet immense pays. Quelle ironie noire ! Les mêmes hommes qui avaient réussi ce miracle intérieur avaient mis sur les bras de leur pays ce désastre extérieur.

*

Paris, 30 avril 2006.

John Kenneth Galbraith est mort hier soir, à Cambridge (USA), dans sa quatre-vingt-dix-septième année. Je lis dans la presse sa nécrologie, qui le présente comme « l'un des plus célèbres économistes de "gauche" de la deuxième moitié du XXe siècle ». Ancien conseiller de Kennedy et de Johnson, membre illustre du star-system académique de Harvard, son nom reste attaché au projet de « Grande Société » de l'Amérique des sixties. Il contribua, continue l'hommage au défunt, à faire des théories keynésiennes le socle de la science économique dans les années 1970, jusqu'à ce que Milton Friedman et l'École de Chicago engagent l'Amérique de Reagan sur une nouvelle voie. John Kenneth Galbraith est mort en ancien combattant. Une biographie de John Kenneth Galbraith, parue aux États-Unis en 2004, a fait le bilan de son œuvre, retraçant sa traversée du siècle, de son enrôlement dans l'administration Roosevelt jusqu'à ses années de solitude, pendant lesquelles il vécut retranché dans sa villa de Cambridge en survivant des années Kennedy [1].

---

[1] Richard Parker, *John Kenneth Galbraith, his Life, his Politics, his Economics*, University of Chicago Press, nouvelle édition, 2006.

Né en 1908, John Kenneth Galbraith servit à trente-trois ans l'administration Roosevelt au sein du Bureau du contrôle des prix, la plus controversée des directions de l'arsenal administratif du New Deal, sur laquelle les républicains exercèrent une extrême vigilance. Deux ans plus tard, il fut accusé par l'opposition de « tendance communiste », et contraint à la démission : dès le début des années 40, le maccarthysme avait déjà commencé. En 1943, Henry Luce, le fondateur du *Time*, opposant notoire à la politique de Roosevelt, offre à John Kenneth Galbraith une position d'éditorialiste dans l'une de ses publications économiques, le magazine *Fortune*. À la différence du *Wall Street Journal*, de *Business Week*, ou de *Forbes*, farouchement conservateur, *Fortune* consacrera régulièrement des articles destinés à expliquer et à défendre les politiques keynésiennes, dont Galbraith fut le pédagogue. C'est à cette époque qu'il apprend à écrire pour le grand public, un talent qui fera le succès spectaculaire de ses ouvrages de politique économique. Devenu après la guerre professeur d'économie politique à Harvard, John Kenneth Galbraith publie son best-seller en 1958, *The Affluent Society*[1], vendu à plus d'un million d'exemplaires, un ouvrage tenu de ce côté-ci de l'Atlantique comme le livre symbole de l'Amérique de la prospérité.

Ce livre a en effet tout pour plaire à l'Europe, car il est d'abord une défense des services publics à l'européenne, tels qu'ils ont été mis en place en France par le CNR et le général de Gaulle au lendemain de la Libération. Avec *The Affluent Society*, Galbraith a écrit une critique de la société de consommation américaine, incapable à ses yeux de résoudre les problèmes sociaux. Selon lui, la prospérité engendrée par les politiques keynésiennes mises en œuvre en Amérique, stimule une production dans la sphère

---

[1] John K. Galbraith, *The Affluent Society*, 1958 ; *L'Ère de l'opulence*, Calmann-Lévy, 1961.

privée qui ne correspond pas aux besoins réels de la demande. Poussés par l'offre et le marketing, les Américains sont comme conditionnés à acheter des biens superflus dont ils n'ont pas nécessairement besoin, au détriment de l'offre en biens publics de première nécessité, dans les transports, l'éducation, l'habitat, et la santé.

Dix ans plus tard, Galbraith récidive en publiant *The New Industrial State*[1], virulent procès de la « technostructure » dont Jacques Chirac fit son thème de campagne en 1995. Pour Galbraith, le capitalisme libéral s'est retourné en oligarchie de production, efficace pour assurer le progrès technologique et scientifique, mais malthusien en ce qu'il empêche la maximisation de la croissance. Par le marketing et la publicité, le *big corporate* encadre et contrôle la demande des consommateurs, s'assurant une rente de position dominante qui freine la croissance du marché. Au nom de la croissance et de l'emploi, Galbraith plaide pour une économie mixte, où l'État sert de contrepoids à la technostructure pour redonner au marché toute son efficacité. Pour briser le contrôle du marché par la technostructure, Galbraith défend le contre-pouvoir de l'État, et conclut ce livre en faisant le pronostic d'une convergence à terme du capitalisme américain et de l'économie de planification soviétique. Il utilise pour la première fois le mot de « socialisme » dans son dernier grand ouvrage *Economics and the Public Purpose*[2] publié en 1973. Il plaide pour une nationalisation partielle de l'économie, et défend la mise en place d'un contrôle administratif des prix et des salaires pour lutter contre l'inflation. À lire de près ce livre américain, on y retrouve à la lettre le programme économique du candidat François Mitterrand en 1981.

---

[1] John K. Galbraith, *The New Industrial State*, 1967 ; *Le Nouvel État industriel*, Gallimard, 1968.
[2] John K. Galbraith, *Economics and the Public Purpose*, 1973 ; *La Science économique et l'intérêt général*, Gallimard, 1974.

Qui a dit que la classe politique française était anti-américaine ? Si j'en crois les souvenirs de Bill Kristol, et son récit de la rupture idéologique au sein de la gauche américaine qui eut lieu au milieu des années 60, il est clair que le fameux modèle anglo-saxon est à plusieurs entrées. Le paradoxe de notre combat national contre ce modèle, tel que l'enjeu du référendum sur la Constitution l'a précipité, c'est qu'il se fait au nom d'un autre modèle, qui n'est pas moins anglo-saxon mais qui a le défaut de dater de quarante ans. Jacques Chirac n'est pas anti-américain : il a simplement été éduqué dans une modernité « anglo-saxonne », c'est-à-dire essentiellement américaine des années 60, une modernité dont le programme de la « Grande Société » conçu par John Kenneth Galbraith a fait la théorie et dont la France du président Chirac, comme de son opposition de gauche, a fait le dogme national de l'exception française et de celui de l'Union européenne. Le discernement français dans l'affaire irakienne peut-il servir de rideau de fumée à cet étrange anachronisme dont la France seule peut être à même d'arracher l'Europe continentale ? Pour s'éclairer sur la France, il est bon de faire le détour par l'Amérique.

CHAPITRE 8

DERNIÈRES NOUVELLES DE NEW YORK

> « *L'analyse judicieuse de la réalité est un exercice de discernement qui n'est plus adapté au monde tel qu'il fonctionne aujourd'hui. Désormais, l'Amérique est un empire et, quand nous agissons, nous produisons notre propre réalité. Et pendant que vous serez occupés à analyser cette réalité – avec tout le discernement requis –, nous, nous continuerons à agir, en en créant de nouvelles.* »
>
> Déclaration à la presse
> d'un collaborateur de George W. Bush,
> cité par Frank Rich in *The Greatest Story ever Sold*

Paris, novembre 2006.

J'ai rencontré Robert Dujarric au moment où, de passage à Paris, il donnait une conférence au CERI[1] sur la politique étrangère américaine. C'était en juin 2004. La guerre de Bush en Irak entrait dans sa deuxième année, et à Paris on commençait à croire qu'Emmanuel Todd, le prophète du déclin de l'Empire américain, avait peut-être eu raison. Robert Dujarric

---

[1] Centre d'études et de recherches internationales, rattaché à Sciences Po Paris et au CNRS.

venait de publier aux États-Unis une défense et illustration de l'Amérique impériale, intitulée *America's Inadvertent Empire*[1], coécrit avec son ancien professeur de Yale, le général William Odom, spécialiste de l'URSS, ancien conseiller de Zbigniew Brzezinski à la Maison Blanche et patron de la National Security Agency dans les années 1980.

L'assistance était peu nombreuse ce jour-là, comme si la ville natale de Robert Dujarric ne voulait pas entendre ce Français de naissance devenu Américain d'adoption. Pour moi, j'étais venu parce que j'avais lu son livre ; j'étais intrigué par sa thèse inattendue et par l'indépendance d'esprit qu'elle supposait. Dujarric critiquait l'administration Bush selon une argumentation paradoxale : loin d'y voir l'interprète de l'« hyperpuissance » au sens où on l'entend en France, cet Américain, très attaché à son pays d'adoption, reprochait à son président de compromettre et même de ruiner ce qui l'avait rendu si puissant. Si Robert Dujarric s'est opposé dès le début à la guerre d'Irak, c'est au nom la pérennité de l'Empire américain tant redouté en France. Impressionné par sa conférence, je lui ai demandé un entretien. Nous nous sommes retrouvés dans un bistrot de la rue Jacob. Le compte rendu de cette conversation a paru dans la *Revue des Deux Mondes*, sous le titre « Du bon gouvernement impérial »[2]. J'en reprends aujourd'hui le fil.

Robert Dujarric avait 13 ans lorsqu'en 1974 il quitta la France pour s'installer à New York. Sa mère, Anka Muhlstein, historienne, s'était remariée aux États-Unis avec un avocat new-yorkais, Louis Begley, devenu depuis lui-même un écrivain très estimé. Aux États-Unis, il suivit tout le *cursus honorum* classique de beaucoup de jeunes

---

[1] William E. Odom et Robert Dujarric, *America's Inadvertent Empire*, Yale University Press, 2004.
[2] « Du bon gouvernement impérial », entretien avec Robert Dujarric, *La Revue des Deux Mondes*, janvier 2005.

de Manhattan : études de sciences politiques à Harvard et MBA à Yale, puis carrière dans la finance à Wall Street, chez First Boston à New York, Madrid et Tokyo et Goldman Sachs à Londres. En 1993, il décide de quitter Londres, d'abandonner la finance, il part pour Washington et se consacre à l'étude des affaires internationales. Il entre au Hudson Institute, où il est, avec son mentor William Odom, le seul qui ne soit pas un néoconservateur (le Hudson fut fondé par le célèbre futurologue Herman Kahn, théoricien de la guerre nucléaire). Au Hudson, il publia un livre avec William Odom sur l'Asie centrale et le Caucase du Sud, un petit ouvrage sur l'avenir de l'Europe, et deux études sur la Corée avant d'écrire, toujours avec lui, sur l'Empire américain. L'ancien élève de l'École alsacienne est devenu un « croisé » laïc de la puissance américaine telle que la concevait Harry Truman.

Robert Dujarric est de dix ans mon aîné : nous appartenons presque à la même génération. J'ai été frappé par ce qu'il devait à son éducation américaine, un esprit de rigueur et une exigence de vérité qui me sont apparus avec d'autant plus de force qu'il s'exprime dans un excellent français. Son expérience américaine a agi sur son fonds européen et français comme un décapant. Il ne conserve de ce fonds original que l'essentiel. Pour lui, les deux grands noms de l'histoire de France sont Jean Calvin et Jean Monnet, le puritain et l'européen ! Il fallait donc passer par les États-Unis pour qu'un jeune Français mette la barre si haut. Il y a du moine-soldat chez Dujarric, animé par un idéal transatlantique, où l'héritage européen et l'héritage américain se rejoignent. J'en ai pris de la graine. L'idée d'une citoyenneté supérieure, celle d'une civilisation ouverte aux démocraties libérales issues d'autres cultures, tels le Japon et la Corée (du Sud), a inspiré ce livre. L'exemple de Robert m'a fait découvrir une dimension politique à laquelle mon éducation française ne m'avait pas toujours préparé. Il m'a aussi initié à ne pas confondre cette civilisation avec les erreurs dont sont capables ses élites et ses chefs. Il n'hésitait pas à critiquer violemment le président Bush et sa garde rapprochée des néo-conservateurs au nom d'un drapeau transatlantique quelque peu détesté en France parce que pourvu de trop d'étoiles américaines.

« Depuis la fin de la Seconde Guerre mondiale, me disait-il au cours de notre première conversation, l'Empire américain gouverne le monde riche. La guerre froide en a retardé la prise de conscience, notamment en Europe, et particulièrement en France. Mais dès 1945, les dés étaient jetés face à un Empire soviétique de façade amputé de toute puissance économique. C'est Roosevelt qui a gagné en 1944 la guerre froide en assurant aux armées alliées l'occupation des zones les plus riches du Vieux Continent. Face à Churchill qui préconisait un débarquement par le front sud pour occuper les Balkans et l'Europe méridionale, Roosevelt a défendu une stratégie visant à sécuriser la partie industrielle de l'Allemagne. Si la frontière Est-Ouest avait été le Rhin, l'Empire soviétique, même avec l'occupation par les Alliés occidentaux de la Yougoslavie et des autres pays balkaniques, aurait eu de sérieuses chances de succès.

« L'Empire américain est un empire par inadvertance. Paradoxalement, Hitler a aidé à sauver l'Amérique de la ruine et à lui donner le contrôle de la planète. Seul, le New Deal rooseveltien aurait eu bien du mal à sortir le pays de la crise. C'est Roosevelt qui a redonné l'espoir à l'Amérique, mais c'est Hitler qui a facilité à partir du début du deuxième conflit mondial une politique keynésienne via le réarmement américain. Roosevelt a non seulement sauvé la planète, en engageant l'Amérique dans la destruction du Reich hitlérien, mais il a aussi posé les conditions de la victoire de l'Amérique sur l'URSS, et assuré la suprématie de l'Empire américain. Sur les ruines de l'Europe et du Japon, au lendemain de la défaite du Reich et de l'Empire japonais, Truman et Marshall ont compris que les États-Unis devaient reconstruire le monde industriel. Depuis cette date, les États-Unis, chef de file d'une coalition mondiale, ont été les seuls à avoir les moyens et la volonté de la puissance. »

Dans *America's Inadvertent Empire*, Robert Dujarric et William Odom se font les avocats d'une l'Alliance atlantique dont dépendent plus que jamais aujourd'hui la survie et la puissance des États-Unis. À l'opposé des néoconservateurs et de leur idéologie armée de « la fin de l'Histoire », tentés de construire une puissance américaine débarrassée de l'Europe, Robert Dujarric et William Odom postulent que l'Amérique, si elle veut résister au déclin, n'a d'autre choix que d'assumer sa dimension impériale, ce qui implique une alliance toujours renouvelée avec la Vieille Europe et ses partenaires asiatiques. La Seconde Guerre mondiale a jeté les bases d'une jurisprudence politique qui devait orienter les États-Unis au XXIe siècle.

« Ce qui doit demeurer essentiel pour les États-Unis, me disait Robert Dujarric, ce sont les deux piliers historiques de sa puissance, l'Europe et le Japon, qui sont les deux régions qui génèrent de la richesse. Les pays de la périphérie n'ont pas d'importance stratégique pour l'Amérique. En ce sens, l'Amérique se distingue des autres empires de l'histoire. Pour Washington, le coût de l'empire est beaucoup moins important que les richesses qu'il génère, si celui-ci se limite aux frontières de ses alliés historiques, le Japon, l'Europe et les économies libérales du bassin Pacifique (Corée, Taiwan, Singapour, Australie, Nouvelle-Zélande et Canada). L'Amérique a la chance d'être un pays qui sera toujours plus puissant, tant qu'elle saura se concentrer sur ses alliés "rentables". À tel point que l'Amérique peut se payer le luxe de faire des erreurs, qui lui coûtent beaucoup, comme le Vietnam hier, comme l'Irak aujourd'hui, et survivre à ses égarements. Mais rien n'est indestructible : l'invasion de l'Irak a déjà considérablement nui aux États-Unis. »

L'Irak : cette guerre est devenue pour Robert Dujarric un triste symbole du dérèglement du gouvernement de l'Amérique impériale. La guerre de Bush a violé la Constitution de l'Empire. Or, celle-ci n'est pas remplaçable à volonté. Elle repose sur une réalité historique donnée, la fin de la Seconde Guerre mondiale, et la guerre froide qui en a écrit la jurisprudence. L'empire autorise lorsque c'est nécessaire une bonne dose d'unilatéralisme de la part des États-Unis, comme il garantit, si telle est la volonté des alliés, la liberté de quitter l'Alliance.

« Les États-Unis sont chef de coalition. Il est inévitable que parfois ils violentent leurs alliés, pour éviter la paralysie de l'alliance. Cela doit être accompli dans l'intérêt bien compris de tout le monde. Mais l'Amérique est un empire où les alliés sont à tout moment libres de partir. C'est une de ses lois constitutives, qui s'est affirmée dans l'opposition à l'Empire soviétique, et à son dogme de la "souveraineté limitée", mais aussi en rupture avec la vision coloniale européenne. En 1967, de Gaulle a quitté l'Otan, et obtenu de Washington l'évacuation des troupes américaines. La France était très faible. Les États-Unis auraient pu penser à fomenter un complot anti-gaulliste (autour des nostalgiques de la IVe République ou de l'Algérie française), mais ils ne l'ont pas fait car c'eût été une option aussi néfaste que l'invasion de l'Irak. Ils ont laissé de Gaulle poursuivre librement sa politique d'indépendance nationale dans le respect mutuel. La France ne fut même pas punie (les USA auraient pu l'exclure de tout le système Otan, interdire les exportations d'armes vers la France, etc.). Les États-Unis aidèrent même la France à bâtir sa force de frappe, en lui vendant des avions ravitailleurs KC-135 fabriqués par Boeing. Punir la France aurait été une politique contre-productive, mais certains empires l'auraient suivie. »

L'Amérique impériale, telle que la conçoit Robert Dujarric, suppose en outre une capacité américaine à la modération, dont les alliances servent d'indicateurs et de baromètre d'équilibre.

« Le gouvernement Bush n'a pas compris les responsabilités que la puissance américaine des États-Unis impose à son président. La présidence Bush est tout le contraire d'une présidence impériale : elle n'a pas compris l'utilité de se servir des alliances américaines pour garantir la stabilité mondiale. Plus vous êtes puissant, plus vous devez penser aux autres. Votre intérêt propre est de penser aux autres. L'Amérique est un empire qui fonctionne sans contre-pouvoir, et qui n'a pour seul ennemi que lui-même. Prenez la crise de Suez en 1956. Quand les Français et les Britanniques ont fait une erreur, voulant déloger Nasser, Eisenhower a arbitré. Il y avait un arbitre. Quand George Bush a envahi l'Irak, il n'y a pas eu d'arbitre. Contrairement à Guy Mollet et Anthony Eden, il n'y a personne pour le sauver de lui-même. Sa décision est sans appel, ce qui nécessite qu'elle se limite de son propre chef. »

L'Empire américain doit par ailleurs se montrer fidèle au devoir de protection de ses alliés, ce qui suppose le maintien d'une présence militaire américaine sur leur territoire.

« Je crois que le transfert des forces militaires américaines de l'Europe vers le Moyen-Orient, tel qu'il a été mis en œuvre avec l'administration Bush, et tel qu'il devrait se poursuivre, fragilise l'empire. Le contrôle d'un territoire se fait par l'armée de terre. La présence sur le sol européen de soldats américains renforce les liens de l'empire et contribue à former des cadres qui, une fois rentrés à Washington, ont une excellente connaissance de la politique des pays alliés, ce qui facilite l'unité de la coalition et sa bonne entente. Par ailleurs, les forces américaines basées en Europe ont permis après la guerre de mettre fin aux rivalités occidentales sur le Vieux Continent, et créer les conditions d'un Marché commun, devenu Union européenne, tel que l'a imaginé Jean Monnet. J'ajoute, enfin, qu'après quarante ans de paix et de prospérité l'Europe s'est de nouveau déchirée dans les années 1990 dans les Balkans. La France soutenait la Serbie, l'Allemagne la Croatie, et l'Italie avait un contentieux avec la Slovénie. Le Vieux Continent a toujours besoin de stabilisation américaine. Il serait plus utile d'avoir 100 000 soldats américains dans les Balkans qu'au Moyen-Orient. Une intervention immédiate des États-Unis aurait pu éviter le génocide bosniaque. Transférer les troupes américaines où sont concentrés, en Europe et en Corée, les centres névralgiques de la puissance, pour être mobilisées sur des territoires de conquête, dans des provinces étrangères aux intérêts des États-Unis, est contraire au bon gouvernement de l'empire. »

De cette règle découle la suivante : l'Empire américain n'est pas internationaliste. C'est un club fermé, fruit d'une histoire particulière, où chaque pays qui s'y retrouve partage une même tradition libérale. Il peut s'ouvrir, mais graduellement, aux pays qui comme la Corée sont, en plusieurs décennies, parvenus à devenir de vraies démocraties libérales.

« Calvin partait du principe que certains sont élus, et d'autres pas. La plupart des pays de la périphérie ne sont pas des pays élus, du moins pas avant le siècle prochain. Ils sont un bourbier pour n'importe quelle puissance qui souhaite s'y engager. L'idée d'apporter la démocratie en Afghanistan et en Irak est absurde. N'en déplaise aux illusions de certains néo-conservateurs, cette région est ingouvernable et ne peut espérer que des progrès lents et limités. Le jour où l'Amérique aura trouvé une énergie de substitution, l'Irak sera évacué et la région laissée à elle-même. C'est sans doute moralement regrettable. Je ne dis pas du tout cela de gaieté de cœur. Mais *that's life*. L'Amérique ne doit pas faire de la périphérie le centre de ses préoccupations. Tout colonialisme est corrupteur, car dans ces pays, il faut gouverner de façon violente. Regardez l'Europe : ses empires coloniaux du XIXe et du XXe siècle lui ont causé bien des problèmes. Rares sont aujourd'hui les pays de la périphérie où pointe une possibilité de transformation libérale. Si dans cinquante ans la Turquie ressemble à la Grèce, si dans cent ans le Mexique rejoint le niveau de l'Espagne de la fin du régime de Franco, ce sera miraculeux. »

Après onze ans passés à Washington, au centre de l'État-major politique militaire des États-Unis, Robert Dujarric a décidé de s'installer au Japon pour apprendre à mieux connaître le fonctionnement de ce pays d'Asie, allié essentiel de cette civilisation transatlantique qu'il défend avec une foi brûlante. Depuis trois ans, il vit à Tokyo où il est rattaché à l'Institut japonais des relations internationales (JIIA). Il se consacre à la rédaction de son prochain ouvrage, *Le Japon a-t-il un avenir ?* Je l'ai souvent revu lors de ses passages fréquents à Paris. À chaque fois, la situation en Irak était au centre de nos conversations. Je lui ai envoyé le manuscrit de ce livre. Je lui demandais ses impressions et ses suggestions.

Robert était à New York pour les élections au Congrès américain du 7 novembre 2006. J'ai reçu de lui ce courriel daté du 13 novembre 2006.

« Cher Sébastien,

« J'ai bien reçu ton livre que j'ai lu avec attention et, comme tu me le demandes, je t'envoie ces quelques réflexions au lendemain de la répudiation de Bush aux élections du 7 novembre. Si la victoire des démocrates est sans appel, je crains que ce ne soit pas encore la victoire du retrait de l'Irak. Elle l'est certainement plus que si les républicains avaient gagné. Mais la majorité des démocrates ne sont pas prêts à partir d'Irak. Je crois, hélas, qu'ils n'ont pas bien compris encore l'histoire tragique dans laquelle Bush a plongé l'Amérique. Il suffit de lire l'éditorial du *New York Times* du 12 novembre, qui prend position pour un envoi supplémentaire de soldats américains pour stabiliser Bagdad. Le mois dernier, un ami qui travaille au Sénat me disait que nous serons en Irak encore pour dix ans ! La situation peut durer encore longtemps. L'Amérique est riche – contrairement à la France en Indochine, elle peut "s'offrir" une guerre coloniale pendant des décennies.

« L'administration Bush reçoit chaque jour des dizaines de rapports sur la situation en Irak pour trouver une solution tactique, opérationnelle ou stratégique à cette crise dont elle est la cause. Le dernier en date, proposé par le sénateur démocrate Joseph Biden, défend la solution de la partition du pays. Est-ce qu'on peut organiser une partition de l'Irak avec 100 000 soldats américains sur place ? Qui va gérer le déplacement des populations ? L'armée américaine ? Tout cela me paraît totalement irréaliste. La partition risque d'être une vraie tuerie et les pertes américaines considérables. Il y aura peut-être un éclatement du pays, avant ou après le départ de nos soldats, mais les États-Unis sont, en fait, impuissants pour influer sur le cours de l'histoire en Irak. Tout le monde à Washington travaille 24 heures sur 24 sur la question irakienne. Mais la vérité, c'est qu'il n'y a pas de penseurs sur l'Irak, et il n'y a pas d'autre solution que rentrer chez nous.

« Comme tu le sais, je suis favorable à un retrait immédiat et sans conditions de l'armée américaine en Irak. Gagner est impossible, à moins que l'on ne soit prêt à adopter des méthodes totalitaires, c'est-à-dire à massacrer des millions d'Irakiens. Consolider un gouvernement stable en Irak l'est tout autant. La présence de l'armée américaine est même devenue le principal obstacle qui empêche toute chance de voir émerger en Irak un gouvernement qui jouisse d'un semblant d'autorité. La fin de la guerre de Bush en Mésopotamie ne sera pas glorieuse : ce sera aux Irakiens de se débrouiller et il faut s'attendre à un bain de sang. Le pays vit déjà un cauchemar quotidien. Hier on annonçait une nouvelle explosion de la violence à Bagdad : deux attentats-suicides dans la capitale ont fait plus de trente morts et cinquante blessés. Au total pour cette seule journée, on décompte plus de 150 victimes dans tout le pays. Une fois l'armée américaine partie, il restera pour seul espoir que les différentes communautés sunnites, chiites et kurdes trouvent un moyen de s'entendre. Ce n'est pas garanti, mais c'est se leurrer que de croire que notre présence empêche les Irakiens de s'entretuer.

« Les démocrates se félicitent d'avoir obtenu la tête de Rumsfeld. C'est la preuve qu'ils n'ont pas encore compris la gravité de la situation. Il n'a jamais été un des grands partisans de l'invasion. Sa mission à lui, c'était la réforme des forces armées. Ces réformes ont fait plus de mal que de bien, mais même des hommes de la trempe d'un George Marshall ou d'un Dwight Eisenhower n'auraient pas pu gagner la "guerre de Bush". La responsabilité de cette sanglante aventure repose entièrement sur le président des États-Unis. Mais à partir du moment où la guerre est déclarée, le rôle du ministre de la Défense est de faire la guerre. Il doit être sanctionné pour incompétence, mais pas pour la décision d'envahir l'Irak. Il a été tenu responsable de l'échec de la "bataille de Bagdad", déclenchée il y a deux mois par l'État-major américain pour assurer le retour à l'ordre dans la capitale irakienne. Mais cet échec était inévitable. L'Algérie en 1960, c'était perdu d'avance pour des raisons politiques ! Et militairement, l'Algérie était plus facile que l'Irak. La France possédait un remarquable cadre de militaires et de civils qui connaissaient parfaitement le Maghreb, alors que presque aucun Américain ne comprend la société irakienne. Un récent sondage de l'université de Maryland montre que 61 % de la population irakienne approuve les attentats de l'insurrection contre les forces américaines. Que peut faire une armée d'occupation dans cette situation ? Rien, à moins qu'elle ne se comporte avec la brutalité des hordes mongoles. Le vrai problème, c'est la décision de faire une guerre qui ne pouvait pas être gagnée. Rumsfeld a payé pour les autres, mais rien n'est réglé.

« Le sort de Saddam Hussein s'ajoute à toutes ces difficultés. Le Premier ministre irakien a annoncé l'exécution de l'ancien dictateur avant la fin de l'année. Cette déclaration arrive au pire moment pour les Américains. Pour beaucoup de sunnites, Saddam Hussein reste, à tort ou à raison, un symbole. Sa pendaison fera de lui un martyr, entraînant la colère de la rue contre les forces américaines, créant un obstacle supplémentaire pour trouver la voie de la réconciliation. Je ne sais pas quelle sera l'attitude des monarchies arabes face à cette exécution. Car, après tout, le régime de Saddam Hussein n'était pas pire que ceux des États arabes voisins. Ils pourraient se sentir directement menacés par l'élimination de l'ancien tyran de Bagdad, et rechigner à appuyer une nouvelle stratégie américaine en Irak.

« Contraint d'accepter une " cohabitation " aussi difficile qu'humiliante, George W. Bush est aujourd'hui dans la situation de Mitterrand en 1986. Son action a été répudiée par les électeurs américains, comme celle de Mitterrand le fut par les Français en 1986. Mais il est probablement beaucoup plus surpris et désarçonné que le président français, car ce sont toutes ses convictions qui sont remises en cause par le désaveu des urnes. Mitterrand, lui, n'en avait aucune. Je me demande même au fond si la cohabitation ne l'a pas amusé. C'était une situation politique où son machiavélisme pouvait briller : au bout du compte, il a pu rajouter Chirac à son tableau de chasse (où il y avait déjà VGE et Rocard). Que fera Bush ? Il reste le commandant en chef et ses pouvoirs en politique étrangère sont affaiblis, mais restent considérables. La seule manière qu'ont les démocrates de lui lier les mains est de refuser de voter les crédits de la guerre, comme au temps du Vietnam. Or, le syndrome " Vietnam ", que les démocrates ont payé très cher politiquement, leur fait peur. De ce point de vue, la victoire électorale du 7 novembre est aussi un piège pour eux. Ils vont être obligés de collaborer avec Bush et de tremper leurs mains dans cette sanglante affaire. Si Bush est rusé, il peut trouver un intérêt à laisser les démocrates gérer le retrait. Le parti républicain pourra à son tour reprendre l'antienne du Vietnam en disant aux Américains : " Vous voyez, les démocrates sont toujours les mêmes. Nous allions vers la victoire, et ils ont déshonoré l'Amérique." Si j'étais démocrate, je ne prendrais pas la responsabilité d'un retrait sans qu'une sorte d'union nationale avec les républicains soit passée. Il faut que Bush, Cheney et Rice signent l'"acte de reddition", faute de quoi, les démocrates risquent d'être victimes de la légende noire du "coup de poignard dans le dos". De toute façon, je te le répète, les démocrates en majorité ne sont pas favorables au retrait. Ils sont très préoccupés par l'Iran. Ils sont très attachés à l'alliance avec Israël, tout autant si ce n'est plus que les républicains, et il est évident que l'homme fort qui s'imposera dans l'Irak d'après l'occupation américaine ne sera pas un ami de l'État juif. Ils n'ont donc comme solution que d'essayer de trouver un compromis difficile et bancal. Sur le long terme, il aurait sans doute été préférable pour eux de ne pas gagner cette élection. Si les démocrates avaient perdu il y a une semaine, ils auraient triomphé aux présidentielles de 2008 dans le sillage de la plus humiliante défaite de l'histoire de notre pays. Avec cette victoire, le parti républicain a malgré tout une chance de reprendre la Maison Blanche aux prochaines élections. Si les démocrates sont intelligents, ils pousseront au retrait sur le thème de "la Corrèze plutôt que le Zambèze", c'est-à-dire en expliquant aux électeurs que l'argent gaspillé pour "aider l'Irak" est gaspillé par les Ali Baba et les 40 voleurs de Bagdad et qu'il vaut mieux s'en servir pour améliorer le sort des classes populaires et des classes moyennes en Amérique.

« Il est donc trop tôt pour connaître les conséquences de la défaite de Bush dans les urnes. En revanche, le sursaut électoral du parti démocrate met un terme au pouvoir incontesté de George W. Bush depuis six ans. Il place la politique étrangère au centre du débat américain, avec un premier bilan : l'échec des néo-conservateurs en Irak.

« Qu'est-ce que la démocratie en Irak ? Si on organisait un référendum pour savoir s'il est légitime d'exécuter les apostats, 95 % des Irakiens voteraient oui. C'est ça la démocratie en Irak : l'expression populaire et majoritaire de valeurs liberticides. On est au Moyen Âge dans ces pays, à l'époque des guerres de religion. Il y règne une violence politique qui doit nous faire admettre qu'aussi horrible que fût la dictature de Saddam Hussein, on ne pouvait guère espérer mieux. Mais les démocrates comme les néo-conservateurs refusent d'accepter cette réalité. La force de l'Amérique c'est son idéalisme – jamais les Européens n'auraient fait le plan Marshall –, mais cet idéalisme est aussi la faiblesse du pays quand il s'agit d'une situation comme l'Irak. En intervenant au Moyen-Orient pour changer de régime et démocratiser l'État irakien par la force, l'administration Bush a voulu créer quelque chose qui n'existait pas. Au fond, les néo-conservateurs sont restés à gauche. La guerre d'Irak n'a pas été une guerre réactionnaire. Si l'Irak avait été une guerre de droite, on aurait attaqué ce pays parce qu'il était notre ennemi, et on aurait renversé Saddam Hussein pour le remplacer par un dictateur pro-américain, comme les États-Unis l'ont fait en Amérique latine ou la France en Afrique. L'Irak est une guerre révolutionnaire. C'est une invasion pour changer la société. Le problème, c'est que George W. Bush n'est pas Staline, et que l'Amérique ne peut pas se permettre d'utiliser les méthodes politiques de terreur et de répression mises en œuvre par l'ancienne URSS pour créer un "paradis terrestre" (et un énorme Goulag). Le projet de démocratisation de l'Irak est animé d'une ambition néostalinienne (ou trotskiste), mais avec des moyens américains pour sa réalisation. C'est cette inadéquation entre l'objectif et les moyens qui fait de cette aventure une guerre qui ne pourra jamais être gagnée.

« Quoi qu'en disent les néo-conservateurs, l'Irak n'est pas la continuation des guerres de libération du

Japon et de l'Europe conduites par Roosevelt et Truman. L'Amérique n'a pas transformé la société allemande, elle a extirpé le virus nazi, réglé le problème constitutionnel et recréé l'Allemagne civilisée qui existait depuis des siècles. C'est la même chose pour les pays de l'Europe de l'Est derrière le rideau de fer. On peut dire aujourd'hui que des pays comme la Tchéquie, la Slovaquie ou la Hongrie ont atteint le niveau de développement qui aurait été le leur s'il n'y avait pas eu deux guerres mondiales et d'occupation soviétique. La Russie est une exception. Les États-Unis n'ont jamais eu de projet en Russie, justement parce qu'il manque à la société russe une tradition libérale. Contrairement à ce qu'ils revendiquent, les néo-conservateurs ne sont pas les héritiers de Reagan. Leur guerre en Irak a trahi l'héritage reaganien. Elle a trahi l'héritage de Raymond Aron qu'ils prétendent admirer : en 1957, Raymond Aron, lui, a très bien compris qu'on ne pouvait pas rester en Algérie. Cette guerre a fait dévier l'Amérique de sa tradition politique. Le libéralisme, comme l'a écrit Louis Hartz, est une culture politique hégémonique aux États-Unis. Le socialisme n'existe pas en Amérique. Or la guerre d'Irak, c'est une guerre digne de communistes et, pour utiliser une expression américaine, *un-American*. Les néo-conservateurs ont proposé une guerre qui est étrangère à la culture politique américaine, mais proche de la pensée révolutionnaire européenne ou asiatique (Pol Pot, Mao). Les néo-conservateurs se prennent pour les héritiers d'Aron, mais c'est en fait Sartre qui guide leurs pas. Ce qui est incroyable, c'est que Bush, craignant Dieu et texan, est le fer de lance de cette folie néo-communiste.

« À propos des néo-conservateurs, tu as raison de parler d'eux. Ils ne sont pas responsables de la guerre, Bush est le coupable N° 1. Mais, nés à gauche, ils ont su convertir une partie des démocrates et de l'opinion " progressiste " à la guerre. Sans eux, il eût été difficile à Bush de mener à bien son opération car le Président avait besoin d'un consensus qui aille bien au-delà du parti républicain. Dans le tableau que tu fais de la jeunesse d'Irving Kristol et de Norman Podhoretz, tu montres bien leur ancrage à gauche. C'était celui de leurs parents, juifs immigrés d'Europe centrale et de Russie, de sensibilité menchevik (ou d'autres sectes communistes non bolcheviques), arrivés aux États-Unis au début du siècle. Il n'y avait pas dans ces familles d'orthodoxie politique comme chez les vrais bolcheviks, mais les idées de gauche, marxistes et révolutionnaires, dominaient. Eh bien, c'est comme si la dernière génération de néo-conservateurs n'avait pas renié le trotskisme (et ses différents avatars) de leurs parents ou grands-parents. Ils ont gardé intact leur projet utopique de " changer le monde " en substituant au socialisme d'hier une " idéologie américaine " (qui, en fait, n'est pas plus américaine que Trotski et Staline) extrémiste et internationaliste, dont les conséquences catastrophiques sont évidentes en Irak.

« Il y a beaucoup de néo-conservateurs chrétiens (comme William Bennett par exemple), mais chez les néo-conservateurs juifs, l'identité religieuse a joué un rôle. Il suffit de lire l'ouvrage d'un des esprits les plus brillants de ce courant idéologique. C'est le livre d'Elliott Abrams publié en 1997 sous le titre : *Faith or Fear : How Jews Can Survive in a Christian America*[1]. J'ai connu Elliot au Hudson Institute. Il est de la génération de Bill Kristol et de Robert Kagan (peut-être un peu plus âgé). Il a épousé la fille de Norman Podhoretz. Il fut une figure importante

---

[1] Elliott Abrams, *Faith or Fear : How Jews Can Survive in a Christian America*, New York, Free Press, 1997.

de l'administration Reagan. Après le départ de l'administration Bush de Paul Wolfowitz, de Douglas Feith et de Scooter Libby, il est un des derniers néo-conservateurs de premier plan qui soient restés en poste (au Conseil de sécurité nationale). *Faith and Fear* est le récit du tourment psychologique qui travaille certains néo-conservateurs retournés à la religion ancestrale, mais parfaitement intégrés dans l'establishment. Cette génération redoute la disparition du judaïsme par assimilation. Si tu es juif orthodoxe, comme l'étaient souvent leurs grands-parents en Europe centrale, ton identité juive va de soi. Si tu es assimilé, il n'y a plus rien qui te rappelle que tu es juif dans un pays comme les États-Unis, où l'antisémitisme a pratiquement disparu depuis les années 1960. Cette peur de l'assimilation explique le rapport qu'entretiennent avec Israël ces néo-conservateurs que tu as rencontrés. Israël est essentiel pour eux, car c'est le lien le plus important avec leur identité ethnique. Ce n'était pas vrai pour leurs parents : eux étaient de culture 100 % juive, même athées et communistes. Quand tu écoutes Irving Kristol parler, il a toujours un accent qui t'indique tout de suite que c'est un de ces intellectuels cosmopolites juifs d'Europe centrale et orientale qui faisaient la richesse de cette région avant la Shoah, bien qu'il fût né à Brooklyn. Ce n'est pas le cas de la génération suivante, qui se confond avec le noyau WASP de l'élite américaine. Au moment où le rêve américain devient une réalité pour eux, ils éprouvent comme une angoisse de devenir "Américains tout court". C'est aussi la grande peur des chrétiens fondamentalistes qui pensent que la société américaine, dominée par Hollywood, va faire sortir leurs enfants du droit chemin.

« Leur réaction se nourrit chez eux du souvenir de l'antisémitisme américain. On ne s'en rend pas bien compte en Europe, mais l'Amérique a été antisémite jusqu'à la fin des années 50 et au début des années 60. D'une manière bien différente de la France. Il n'y a pas eu d'affaire Dreyfus ni de statut des juifs du maréchal Pétain. Mais en France, les juifs étaient plus assimilés qu'aux États-Unis, depuis plus longtemps. Aux États-Unis, jusqu'aux années 50, les juifs américains ne pouvaient pas acheter un appartement dans certains quartiers de New York, même s'ils étaient prêts à payer le prix fort. Certains hôtels leur étaient encore fermés. Jusqu'aux années 1950, un Cohen ou un Rabinowitz avait beaucoup plus de mal à entrer à Harvard ou Yale qu'un WASP, même si le protestant était un médiocre étudiant. Les banques d'affaires étaient protestantes ou juives. Quand j'étais à la First Boston Corporation, banque WASP, au milieu des années 80, il n'y avait pas de juifs parmi les vieux dirigeants. Un réfugié viennois, notre économiste (un poste important mais pas mondain), disait fièrement avoir été le premier juif de l'entreprise. Chez Goldman Sachs, c'était l'inverse : les vieux associés étaient en général juifs. Aujourd'hui, Wall Street est mixte, mais c'est un phénomène relativement récent. Or au moment même où le rêve américain est devenu une réalité pour eux, les néo-conservateurs restent souvent persuadés que l'Amérique est antisémite (ce n'est pas le cas, il faut le souligner, d'Elliott Abrams). Il faut donc se rendre compte que la discrimination est pour les néo-conservateurs de 40 ou 50 ans une réalité dont leurs parents leur parlaient souvent. Cela suscite en eux un réflexe religieux identitaire. Si les néo-conservateurs étaient démocrates, je ne pense pas qu'ils seraient très sensibles à leurs origines juives dans ce parti peu religieux, new-yorkais et californien, intello et qui attire la majorité de l'électorat juif. Mais ils sont sûrement mal à l'aise chez les républicains. Qui sont les militants de base républicains ? Ils passent leur temps à l'église, tonnent contre Sodome et Gomorrhe (aux États-Unis Sodome et Gomorrhe = New York, centre du judaïsme américain, et San Francisco), méprisent la science (guerre à Darwin) et les professeurs, et pensent que l'Amérique est un pays chrétien corrompu par les athées homosexuels. Un néo-conservateur vivant entre New York et Washington, francophile, bardé de diplômes et juif, doit quand même se sentir mal dans sa peau parmi ces gens-là ! Il faut imaginer un harki 100 % français et anti-algérien dans un meeting du Front national. Même s'il admire l'hostilité de Le Pen au FLN, il doit quand même s'apercevoir qu'il est dans une situation un peu étrange.

« Dans *Faith and Fear*, Elliott Abrams écrit qu'Israël doit devenir la référence de l'identité juive en Amérique. Les néo-conservateurs se sont laissé convaincre qu'un Irak démocratique serait la solution au problème de la sécurité d'Israël. Ils ont fini par croire que "la route de Jérusalem passait par Bagdad" et se sont engagés dans cette bataille en pensant non seulement à Bagdad, mais aussi à Jérusalem. Et il ne faut aussi pas oublier les chrétiens fondamentalistes, bien plus nombreux que les néo-conservateurs. Pour eux, la création de l'État d'Israël est le signe avant-coureur de l'Apocalypse et du retour du Christ sur terre, qu'ils attendent avec impatience. Ceci explique les propos du télé-évangéliste Pat Robertson appelant le Tout-Puissant à punir Ariel Sharon, coupable de brader la Terre sainte aux Arabes. (Robertson s'est excusé, mais Sharon, foudroyé par le cruel Dieu d'Athalie, est agonisant !)

« Les néo-conservateurs ont bénéficié du 11 Septembre qui a rendu ici les gens fous. Un événement mineur a été transformé en Pearl Harbor. Il n'y a eu que 3 000 morts. Tragique pour les victimes, mais bien inférieur aux dizaines de milliers de victimes d'accidents de la route et aux milliers d'Américains assassinés chaque année par d'autres Américains. Il n'y a pas eu de mobilisation, seule l'armée de métier a été utilisée, et les gens ont cru que c'était une nouvelle guerre mondiale. On a pu leur vendre n'importe quoi. Les armes de destruction massive en Irak, la restriction des libertés publiques, les écoutes téléphoniques illégales, le Patriot Act, la suspension de l'Habeas Corpus, la torture légale, Guantánamo et Abou Ghraïb. En juillet 1940, on comprend que les Français aient pu perdre la raison. En 1933, les Allemands ont appelé Hitler au pouvoir. L'Allemagne avait été défaite et humiliée en 1918. À la fin des années 20, l'hyperinflation avait plongé dans la ruine le pays tout entier. Après un tel traumatisme national, Hitler a pu attirer les électeurs allemands. Autrement, il serait resté un peintre de cartes postales de Vienne. Or le 11 Septembre est un événement qui n'est en rien comparable aux traumatismes qui ont fait basculer l'Europe dans la barbarie totalitaire. Et pourtant, en Amérique, la raison a déraillé (évidemment, on ne peut pas comparer Bush à Hitler, mais les quelques milliers de victimes américaines du 11 Septembre ont eu, proportionnellement, plus d'effet sur l'Amérique que les millions de morts, l'occupation, l'inflation, et la révolution sur l'Allemagne).

« Après le 11 Septembre, Bush a pris des décisions contraires à l'intérêt national américain. Une grande partie de l'intelligentsia les a acceptées et soutenues. Le rôle des compagnons de route du parti démocrate (et des républicains modérés) a été essentiel : les Thomas Friedman du *New York Times*, les Fareed Zakaria de *Newsweek*, les Leon Wieseltier du *New Republic*, les éditorialistes du *Washington Post*, ils ont tous accepté une partie de l'agenda des néo-conservateurs. Ils se sont laissé convaincre que Saddam Hussein était un danger. Ils ne l'auraient pas spontanément admis, mais après le 11 Septembre, ils ont cessé de réfléchir. Les néo-conservateurs se sont mis à penser pour tout le monde, obtenant une hégémonie idéologique grâce au court-circuit intellectuel qui plongeait l'Amérique dans le noir. On pouvait très bien dissuader Saddam. Les dirigeants républicains le savaient mieux que personne. En 1991, James Baker, le secrétaire d'État de Bush père, a brandi contre les représentants de Saddam (lors d'une ultime réunion avant la guerre de 1991) la menace de riposte massive : "Si vous tirez au chimique ou au biologique, nous utiliserons toutes les armes à notre disposition", lui a-t-il fait savoir. Et Saddam Hussein s'est conformé au diktat américain. Pendant la première guerre du Golfe, il n'a utilisé aucune arme chimique ou biologique contre l'Amérique et ses alliés. L'administration Bush père s'est montrée extrêmement prudente dans l'usage de la force militaire. Ils ont même commis l'erreur de ne rien faire en Bosnie. Face à Saddam Hussein, ils ont tout fait pour éviter la guerre, et quand celle-ci est devenue inévitable, ils l'ont faite à reculons. Dès que le Koweït a été libéré, ils ne sont pas allés plus loin. "Est-ce que vous croyez que c'est intéressant d'occuper une ville de cinq millions d'Arabes ?" aurait rétorqué Dick Cheney aux va-t-en-guerre qui voulaient que l'armée américaine aille jusqu'à Bagdad en 1991. On se demande bien pourquoi, une décennie plus tard, il ne s'en est pas souvenu. C'est là le mystère. Bush fils n'est pas un néo-conservateur, il n'a pas besoin d'eux, mais il a pris la décision d'envahir. C'est lui qui porte la responsabilité de cette tragédie et il est impossible de savoir pourquoi il a pris une telle décision.

« La guerre d'Irak, c'est l'échec intellectuel et moral de l'élite américaine. Presque aucune personnalité de premier plan de la classe dirigeante américaine ne s'est élevée pour dire clairement qu'il ne fallait pas la faire.

Par classe dirigeante, j'entends les anciens ministres, les grands professeurs, les grands éditorialistes qui ont la responsabilité intellectuelle et morale de la conduite de l'Amérique impériale. J'exclus les pacifistes, qui sont toujours contre la guerre. J'ai en ce moment une certaine admiration pour Noam Chomsky, mais son avis ne compte pas, car il a toujours été en dehors du consensus américain. Du côté démocrate, il y a eu le président Carter qui était contre, et l'opinion de Carter compte, ce n'est pas un pacifiste. Il a porté l'uniforme américain. Il a augmenté le budget du Pentagone et aidé les guérilleros afghans lors de sa présidence. Mais il est politiquement marginal, un président qui n'est pas arrivé à se faire réélire n'est jamais très crédible. Du côté républicain, un seul sénateur a voté contre la guerre (et certains démocrates, mais non Hillary Clinton, Joe Biden, et autres ténors du parti). John Mearsheimer était contre, mais seuls les spécialistes des relations internationales connaissaient son nom (depuis son essai sur le lobby israélien, il est célèbre). En bref, la situation intellectuelle et morale de l'Amérique après le 11 Septembre ressemble à celle de la France de la défaite de 1940. En juillet 1940, peu de personnalités importantes de l'establishment français étaient anti-pétainistes. Si de Gaulle a pu devenir le chef de la France libre, c'est seulement grâce à l'effet du *Blitzkrieg* qui a convaincu le reste de l'élite française que l'armistice était la moins mauvaise solution. Il a pu diriger la France libre – et la France libérée – parce que, pendant l'été 1940, les ministres, les députés, les grands chefs militaires, la haute fonction publique étaient dans leur écrasante majorité pour le Maréchal. Si cela n'avait pas été le cas, le général de brigade (à titre temporaire) de Gaulle n'aurait eu aucune chance de remonter les Champs-Élysées en août 1944 sous les applaudissements du peuple parisien. L'Amérique de Bush, c'est la France d'*Au bon beurre* de Jean Dutourd. J'ai beaucoup d'amis maintenant qui sont contre la guerre d'Irak, mais en 2002-2003, ils en étaient partisans.

« Quant à la politique de Jacques Chirac, tu connais mon opinion. La France a eu raison de ne pas aller en Irak. L'opposition de Chirac, son refus de soutenir les États-Unis dans cette aventure étaient raisonnables, mais la France s'est trompée en croyant que toute l'Europe allait adopter cette position, et en cherchant à l'imposer et à prendre ainsi le leadership de l'Europe. Mettre en avant le rêve passé d'une Europe française est contraire à la réalité depuis l'exil du héros de Dominique de Villepin, le très multilatéraliste Napoléon Bonaparte, à Sainte-Hélène. L'Europe était très divisée sur la guerre d'Irak. Les Polonais, par exemple, ne pouvaient pas ne pas soutenir les États-Unis. Les Français ne s'en rendent pas compte. Pour les Européens de l'Est, ce sont les Américains qui ont gagné la guerre froide. Et les Polonais ont gardé un très mauvais souvenir des voyages de De Gaulle à Moscou et du philosoviétisme d'une grande partie de l'intelligentsia française. Or, Chirac les a traités avec le même mépris que Bush a pour la France. Je crois, pour ma part, que l'unilatéralisme américain est parfois nécessaire, même s'il faut en général l'éviter. Sans l'Amérique impériale, le système ne fonctionne pas. On le voit bien aujourd'hui, les États-Unis ont une politique démente au Moyen-Orient, avec un président qui, comme son homologue iranien, se prend pour l'envoyé du Messie, et pourtant aucun pays n'a réussi à créer un contrepoids efficace à l'Amérique. L'Europe a besoin des États-Unis. On l'a vu avec la Bosnie, on le voit aujourd'hui avec l'Ukraine et la Turquie. Le défi pour l'Europe est d'essayer de faire entendre raison aux États-Unis, mais il faut malheureusement admettre que les chances de succès sont faibles.

« J'espère que ces quelques remarques te seront utiles. Je te souhaite bonne chance.

« Amitiés de New York et à bientôt à Paris,

Robert Dujarric »

C'est par cette lettre de Robert, et avec son accord, que j'ai souhaité conclure ce livre. Sa réaction lucide et à chaud sur son propre pays, par sa sévérité même, m'a donné une nouvelle preuve de la responsabilité avec laquelle l'élite américaine entend continuer d'affirmer le rôle de superpuissance des États-Unis dans le monde. Le retrait d'Irak, dont Robert Dujarric est partisan, ne signifiait nullement pour lui le retour à l'isolationnisme.

Une chose est sûre : la méthode brutale et unilatérale avec laquelle les États-Unis se sont engagés en Irak a été répudiée par le vote du 7 novembre. Après trois années de guerre, dominées par le dogme néo-conservateur, une page se tourne : l'heure est au dégel de la politique étrangère américaine et à la reconsidération sans a priori de sa stratégie et de ses alliances. L'unilatéralisme est mort et enterré. À Washington, une grande coalition bi-partisane se dessine pour tenter de sortir les États-Unis de l'impasse irakienne. On songe au New Deal, et peut-être même, face à la gravité de la crise extérieure, à une coalition beaucoup plus large et à plus grande échelle, comme celle qui avait relevé l'Europe en ruine, avec le plan Marshall. La guerre civile en Irak, l'envenimement du conflit israélo-palestinien, l'effondrement de l'État libanais, et le nouvel axe Téhéran-Damas, forcent les États-Unis à imaginer leur responsabilité dans un nouveau cadre plus global pour trouver une solution à l'instabilité politique dans cette région. Après les élections du 7 novembre, les décisions américaines sont imprévisibles, elles pourraient peut-être même nous surprendre.

TABLE

Avant-Propos 7

Chapitre 1. LE RETOUR DE CALLICLÈS
Avec Jeremy Rabkin et Avis Bohlen 11

Chapitre 2. EUROPE ANNÉE ZÉRO
Avec Tony Judt et Frits Bolkestein 41

Chapitre 3. CHATEAUBRIAND EN CALIFORNIE
*Avec René Girard, Hillel Fradkin
et Anne-Marie Slaughter* 63

Chapitre 4. SUITE FRANÇAISE
Avec Stanley Hoffmann, Leon Wieseltier et Joseph Nye . 97

Chapitre 5. LA PART DU DIABLE
Avec Samantha Power et Leon Wieseltier 141

Chapitre 6. RAISON ET DÉRAISON D'ÉTAT
*Avec John Mearsheimer,
Samuel Huntington et Hillel Fradkin* 173

Chapitre 7. DANS LE MIROIR AMÉRICAIN
Avec Bill Kristol, Avis Bohlen et Tony Judt 237

Chapitre 8. DERNIÈRES NOUVELLES DE NEW YORK
Avec Robert Dujarric 287

Achevé d'imprimer sur les presses de

BUSSIÈRE
GROUPE CPI

*à Saint-Amand-Montrond (Cher)
en décembre 2006*

N° d'édition : 566. N° d'impression : 064266/4.
Dépôt légal : décembre 2006.

Imprimé en France